中国历代科技
精英成才故事

李 言 陈 明 编著

金盾出版社

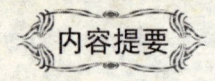

内容提要

本书分为六章,按照历史顺序精选科技精英成才故事43例,其中讲述了他们从小立志,勤奋好学的成长过程,也讲述了他们满怀报国之志,站在历史前沿,以前瞻性的眼光与智慧,探求真理,坚韧不拔,从而做出的科学成就。本书内容翔实,通俗易懂,是激励青少年实现理想抱负的教科书,是鼓舞科技爱好者积极奋进的小百科,是研究历代科学发展史的参考书。

图书在版编目(CIP)数据

中国历代科技精英成才故事/李言,陈明编著.—北京:金盾出版社,2017.10
ISBN 978-7-5186-1331-1

Ⅰ.①中… Ⅱ.①李…②陈… Ⅲ.①科学家—生平事迹—中国—青少年读物 Ⅳ.①K826.1-49

中国版本图书馆 CIP 数据核字(2017)第 114945 号

金盾出版社出版、总发行
北京太平路5号(地铁万寿路站往南)
邮政编码:100036 电话:68214039 83219215
传真:68276683 网址:www.jdcbs.cn
封面印刷:北京凌奇印刷有限责任公司
正文印刷:北京万博诚印刷有限公司
装订:北京万博诚印刷有限公司
各地新华书店经销
开本:880×1230 1/32 印张:10 字数:224千字
2017年10月第1版第1次印刷
印数:1~4 000册 定价:30.00元

(凡购买金盾出版社的图书,如有缺页、倒页、脱页者,本社发行部负责调换)

前　言

本书将和你一起迈进科技历史的殿堂，感悟历代科技精英的博大情怀、优秀品质和献身科学的精神——勤勉认真、坚韧不拔、勇于创新，为了探求真理，敢于面对现实提出问题、分析问题、解决问题。

春秋战国时期，鲁班从实践中发明了许多木工器械，如墨斗、刨子、钻子等，把当时的人们从繁重的劳动中解放出来，使劳动效率成倍提高，使木工工艺出现了新的面貌，被建筑工匠尊为"祖师"。墨子不仅是一位思想家，更是一位科学家，被后人称为"科圣"，被西方科学界称为"东方的德谟克利特"（德谟克利特：古希腊哲学家、学者）。李冰领导创建了历史悠久的水利工程——都江堰，在水利史上立下了千古奇功，名扬世界，恩泽万世。

汉朝时期，张衡发明了浑天仪、地动仪，为我国天文学、地震学的发展做出了杰出贡献，联合国天文组织将月球背面的一座环形山命名为"张衡环形山"，太阳系中的1802号小行星命名为"张衡星"。刘洪撰写的《乾象历》，是我国传世的第一部引进月球运动不均匀性理论的历法，被称为"琅琊三圣"之一。蔡伦勤于思考，善于观察，敢于尝试，发明了我国"四大发明"之一的造纸术。

三国魏晋南北朝时期，刘徽是中国古典数学理论的奠基人之一，他全面论述了《九章算术》的方法和公式，写出了《九章算术注》和《海岛算经》等著作，在数学方法和数学理论上做出了突出贡献。

祖冲之在数学、天文历法和机械方面做出了重要贡献，世界历史学家建议把"π"叫作"祖率"。郦道元撰《水经注》，被称作是"世界地理学的先导""中世纪世界上最伟大的地理学家"。贾思勰著《齐民要术》，被称为中国古代的"农业百科全书"，他被誉为"农圣"。

隋唐五代时期，陆羽的《茶经》，闻名于世，被称为世界第一部关于茶叶的专著，他被称为"茶圣"。僧一行编制《大衍历》，成为历史上实测子午线的第一人。

宋元时期，沈括的《梦溪笔谈》，被称作"中国科学史上的里程碑"；秦九韶的《数书九章》，概括了宋元时期中国传统数学的主要成就，他被国外科学史家称为"他那个民族，那个时代最伟大的数学家之一"；郭守敬制定的《授时历》，是当时世界上最先进的一种历法，通行三百六十多年。

明清时期，潘季驯四次主持治理黄河与运河，他发明的"束水冲沙法"，为中国古代治河事业做出了重大贡献；程大位的《算法统宗》，开创了中国珠算的里程碑，被称为"珠算鼻祖"；徐霞客历经三十年写成《徐霞客游记》，在国内外具有深远的影响……

这样的科学家还有很多，他们为了捍卫真理、传播科学，为人类做出了重要贡献。

历代科技精英在求知的道路上不懈努力、勇于探索的精神，将给立志为科学技术发展做出贡献的读者尤其是青少年读者，打造一幅清晰的愿景，让年轻的学子明白他们是怎样一步步成长起来的，让有志者为实现自己的梦想而增添无穷的精神力量。

在本书编写过程中，得到鲍健明、邱胜、何金生、何金玲、罗英、陈金华、朱伟英、韩丁柱、常嫱、凌忠、李玲玲、邱政、郭金莉等人的大力协助，在此深表谢意。由于水平有限，书中不足之处在所难免，祈请读者不吝指教。

编著者

目 录

第一章 春秋战国时期 …………………………………… 1

一、鲁班：天下巧士，工匠师祖 …………………………… 2
　（一）出身工匠世家，自幼耳濡目染 ………………… 2
　（二）离家拜师学艺，刻苦勤学不怠 ………………… 2
　（三）苦学三年有成，不负师父培养 ………………… 4

二、墨子：中国的"科圣"，东方的"全才" …………… 8
　（一）自幼聪明巧思，做事犹如做人 ………………… 8
　（二）发明制作"规矩"，被人称作"圣人" ………… 9

三、李冰：修建都江堰，"川主"留名声 ……………… 15
　（一）从默默"隐士"，到蜀地郡守 ………………… 15
　（二）勘测复杂地形，治理洪水泛滥 ………………… 17

第二章 汉朝时期 ………………………………………… 25

四、张衡：天文学家，冠绝一代
　（一）出身官宦家族，早年离家游学 ………………… 26
　（二）处世从容恬淡，注重钻研科技 ………………… 27

　　（三）精通天文历算，写出天文著作…………………… 28
五、刘洪：珠算发明人，完善《乾象历》………………………… 32
　　（一）宫廷运筹急，发明珠算法…………………………… 33
　　（二）应邀游东海，珠算扬名声…………………………… 37
　　（三）培养接班人，名篇垂青史…………………………… 38
六、蔡伦：内廷为官，造纸鼻祖…………………………………… 41
　　（一）家境贫寒，被迫入宫………………………………… 41
　　（二）投其所好，聪颖创新………………………………… 42
　　（三）蔡侯造纸，被称巨人………………………………… 43

第三章　三国魏晋南北朝时期………………………………… 47
七、马钧：天下名巧，机械大师…………………………………… 48
　　（一）不擅辞令，曾遭责难………………………………… 48
　　（二）傅玄推荐，不被重视………………………………… 49
八、刘徽：奠数学理论，称中国"牛顿"…………………………… 55
九、祖冲之：创作《大明历》，精算圆周率…………………… 60
　　（一）工匠世家，耳濡目染………………………………… 61
　　（二）专功数术，著有《缀术》…………………………… 61
　　（三）国家内乱，上书安民………………………………… 62
十、郦道元：地理学先导，《水经注》作者……………………… 67
　　（一）游览四海，博览群书………………………………… 68
　　（二）考察地理，完善《水经》…………………………… 69
　　（三）继承爵位，为官清刻………………………………… 70
十一、贾思勰：誉当代"农圣"，著《齐民要术》……………… 74
　　（一）书香门第，潜心农学………………………………… 74

　　（二）亲身实践，终成巨著 …………………… 75
　　（三）重视农耕，勤谨力功 …………………… 76
　　（四）治学严谨，继承创新 …………………… 77

第四章　隋唐五代时期 …………………… 83

十二、宇文恺：擅长工艺，建筑巧匠 …………… 84
　　（一）出身显赫，初露锋芒 …………………… 84
　　（二）筑大兴城，闻名于世 …………………… 85
　　（三）学识渊博，博学多艺 …………………… 86

十三、李淳风：通晓天文学，撰著《推背图》 … 91
　　（一）少年神童，如鱼得水 …………………… 91
　　（二）预测日蚀，先知先觉 …………………… 92
　　（三）坐山林间，推古今事 …………………… 93
　　（四）算大唐运，劝遂天意 …………………… 94
　　（五）辞官隐居，风水宝地 …………………… 95

十四、陆羽：一生嗜茶，撰写《茶经》 ………… 100
　　（一）弃婴之说，学得茶术 …………………… 101
　　（二）吉人天相，巧遇贵人 …………………… 102
　　（三）结识皎然，忘年之交 …………………… 103
　　（四）《茶经》付梓，名闻朝野 …………………… 105
　　（五）造诣深厚，被封"茶圣" …………………… 106
　　（六）观察特性，把握时机 …………………… 106
　　（七）饮茶防疾，烹饮有方 …………………… 108

十五、僧一行：实测子午线，撰写《大衍历》 … 111
　　（一）博览经史，一举成名 …………………… 111

　　（二）出家为僧，拜师学法 …………………………… 112
　　（三）被召入京，学习密法 …………………………… 114
　　（四）献身天文，精确历法 …………………………… 114

第五章　宋元时期 ……………………………………………… 119

十六、毕昇：布衣发明家，享誉全世界 ……………………… 120
　　（一）从学徒到工匠 ……………………………………… 120
　　（二）首创泥活字版 ……………………………………… 121

十七、苏颂：制造天文钟，绘《图经本草》 ………………… 122
　　（一）幼承家教，进士及第 ……………………………… 123
　　（二）为民造福，体恤百姓 ……………………………… 123
　　（三）醉心科技，博闻强识 ……………………………… 125

十八、沈括：北宋科学家，著《梦溪笔谈》 ………………… 129
　　（一）爱好广泛，善于观察 ……………………………… 129
　　（二）涉猎广泛，见解精辟 ……………………………… 131
　　（三）兴修水利，精确测量 ……………………………… 132
　　（四）地质考察，成果辉煌 ……………………………… 133
　　（五）潜心笔耕，写出巨著 ……………………………… 134

十九、李诫：著名建筑学家，编写《营造法式》 …………… 138
　　（一）家世显赫，脱颖而出 ……………………………… 138
　　（二）承上启下，成就名著 ……………………………… 139
　　（三）精于绘画，乐善好施 ……………………………… 140

二十、杨辉：南宋数学家，创制纵横图 ……………………… 143
　　（一）外出巡游，孩童挡道 ……………………………… 143
　　（二）算式游戏，九宫图解 ……………………………… 144

　（三）推演著书，流传后世 ………………………………… 145

二十一、李冶：称数学大家，著《测圆海镜》 ……………… 149

　（一）自幼聪敏，喜爱读书 ………………………………… 149
　（二）经为通儒，文为名家 ………………………………… 150
　（三）北渡避难，著书为乐 ………………………………… 151
　（四）收徒讲学，婉拒为官 ………………………………… 152

二十二、秦九韶：称数学大家，著《数书九章》 …………… 155

　（一）处处留心，好学不倦 ………………………………… 156
　（二）巧解纠纷，传为佳话 ………………………………… 157
　（三）丁忧在乡，完成著述 ………………………………… 157

二十三、郭守敬：全能科学家，制定《授时历》 …………… 160

　（一）天资过人，热爱科学 ………………………………… 161
　（二）智指桥基，拜师成才 ………………………………… 162
　（三）经人推荐，走上仕途 ………………………………… 162
　（四）修通惠河，利大都城 ………………………………… 163
　（五）先见之明，声望更高 ………………………………… 164

二十四、朱世杰：誉数学大家，著《四元玉鉴》 …………… 168

　（一）刻苦读书，热爱数学 ………………………………… 168
　（二）苦海救女，成为夫妻 ………………………………… 169
　（三）定居扬州，著书立说 ………………………………… 170

二十五、王祯：元代农学家，《农书》称第一 ……………… 174

　（一）文人荟萃，接触农学 ………………………………… 174
　（二）两任县尹，惠民有为 ………………………………… 175
　（三）劝农兴桑，著书立说 ………………………………… 176

第六章 明清时期 …… 181

二十六、潘季驯:明朝治黄专家,世界水利泰斗 …… 183
  (一)生在水乡,因水留名 …… 183
  (二)治河保漕,不辱使命 …… 183
  (三)负重前行,大河安澜 …… 185

二十七、程大位:因著《算法统宗》,被称"珠算鼻祖" …… 189
  (一)自幼聪颖,喜欢算术 …… 190
  (二)遨游吴楚,眼界大开 …… 191
  (三)游历归来,编纂专著 …… 192

二十八、赵士桢:明代火器专家,科技成果累累 …… 197
  (一)书香世家,少经倭患 …… 197
  (二)制"迅雷铳",著《神器谱》 …… 198
  (三)自掏私囊,苦心经营 …… 199
  (四)著书立说,成就斐然 …… 200

二十九、徐光启:明末科技大家,交流中西文化 …… 204
  (一)家境艰难,成就才子 …… 204
  (二)屡试不中,备受辛苦 …… 205
  (三)大器晚成,合译出书 …… 207
  (四)热爱农学,编著农书 …… 209

三十、宋应星:投身科技事业,著作《天工开物》 …… 213
  (一)少聪强记,出口成章 …… 213
  (二)投身科技,成果辉煌 …… 214
  (三)政绩显著,列为"名宦" …… 215

三十一、徐霞客：伟大地理学家，著述千古奇书 …… 218
  （一）博览群书，志在四方 …… 218
  （二）母亲鼓励，决心远游 …… 219
  （三）惊人游迹，千古奇人 …… 220
  （四）困难重重，硕果累累 …… 222
  （五）锐意探索，力图求新 …… 224

三十二、王锡阐：明清天文学家，尤精历象之学 …… 228
  （一）自命遗民，气节之士 …… 229
  （二）天文历算，为人称道 …… 230

三十三、梅文鼎：清初天文学家，历算第一名家 …… 234
  （一）聪颖过人，热爱科学 …… 234
  （二）著书立说，学贯中西 …… 235
  （三）康熙赏识，三次召见 …… 236

三十四、明安图：蒙古族数学家，创割圆十三术 …… 239
  （一）勤奋苦学，精奥异人 …… 240
  （二）安于本职，孜孜不倦 …… 240
  （三）编制历法，尽心尽职 …… 243
  （四）绘制地图，贡献巨大 …… 245

三十五、汪莱：清代数学家，著《衡斋算学》 …… 250
  （一）早年岁月，铸就个性 …… 251
  （二）舌耕生涯，结交学者 …… 251
  （三）坚持治学，刻意求新 …… 252
  （四）天下奇才，县学教渝 …… 253

三十六、郑复光：称光学先驱，著《镜镜诊痴》 …… 255

　　（一）爱好广泛，学有所成 …………………… 256
　　（二）擅长光学，撰写成书 …………………… 257
　　（三）研究数年，写出专著 …………………… 258
三十七、吴其濬：称"宦迹半天下"，著《植物名实图考》 ………………………………………… 261
　　（一）科举世家，高中状元 …………………… 261
　　（二）水果神奇，激发兴趣 …………………… 262
　　（三）宦游天下，完成巨著 …………………… 264
三十八、丁拱辰：机械工程专家，著作《演炮图说》 ……………………………………………… 267
　　（一）酷爱天文历算，自制观测仪器 ………… 267
　　（二）出国谋生期间，发挥仪器作用 ………… 268
　　（三）正值鸦片战争，精于火炮研制 ………… 269
　　（四）火炮研制先驱，专注科技报国 ………… 270
三十九、李善兰：称数学教育鼻祖，著《则古昔斋算学》 ……………………………………… 273
　　（一）勤于算学，用心极深 …………………… 273
　　（二）潜心研究，合作译著 …………………… 274
　　（三）绝意时事，著书立说 …………………… 275
四十、徐寿：近代化学先驱，创建科技学校 …… 278
　　（一）吃苦耐劳，自学成才 …………………… 278
　　（二）结识名人，探求新知 …………………… 279
　　（三）大办洋务，制造战船 …………………… 280
　　（四）投身翻译，创建书院 …………………… 282

四十一、邹伯奇：中国照相机之父，百科全书型学者
.... 285
（一）学习算术，研究光学 285
（二）自制仪器，巧解难题 286
（三）执着研究，淡泊名利 287

四十二、华蘅芳：近代科学先行者，文集《行素轩算稿》
.... 291
（一）刻苦自学，广求师友 291
（二）倾心洋务，译著颇丰 292
（三）建造轮船，自制镪水 293
（四）武备任教，自制教具 294
（五）潜心编译，引进"概率" 295

四十三、徐建寅：清末兵工学家，无烟火药之父 298
（一）勤敏察微，随父创业 298
（二）临危受命，出国考察 299
（三）尽职爱国，建厂著书 301

第一章　春秋战国时期

春秋战国时期，社会生产力水平和科学技术的发展，主要体现在以下三个方面：一是在天文历法方面，留下了关于哈雷彗星的记录，确立了十九年七闰的规律，比西方早160年；出现了世界上最早的天文学著作《甘石星经》。二是在物理学方面，《鲁班经》是流传至今的民间木工专用书；《墨经》中关于光影关系、小孔成像等理论，被后人称为光学八条。三是在水利方面，出现了兴建大型水利工程的高潮，主要有黄河堤防的修筑，蜀守李冰主持都江堰水利工程，秦王嬴政开凿郑国渠等。

本章代表人物：工匠祖师鲁班、中国"科圣"墨子、水利专家李冰。

一、鲁班：天下巧士，工匠师祖

鲁班（约前 507—前 444），姓公输，名班，又称公输子、公输盘、鲁般，春秋末期著名工匠，木工使用的很多器械都是他发明的，被建筑工匠尊为"祖师"。

（一）出身工匠世家，自幼耳濡目染

鲁班出身工匠世家，幼年喜欢用树枝搭房子，用砖石垒小桥，找些树根雕个什么玩意儿等，有时一玩儿就是一整天，甚至连吃饭都忘了。左邻右舍的人都认为，他应该用功读书、写字，而鲁班的母亲却认为鲁班玩儿得很有意义。他摆弄这些建筑是动脑筋的，所以，母亲相信自己的孩子，认为鲁班很有想法，将来能成大器。于是，母亲就鼓励他去做自己喜欢做的事，发展自己的才干，开拓自己的智慧。

（二）离家拜师学艺，刻苦勤学不怠

鲁班少年时，决心上终南山拜师学艺。他拜别父母，越过一座座山岗，蹚过一条条溪流，一连跋涉了很多天，终于到了终南山。

鲁班到了山上，只见树林里露出一带屋脊，走近一看是三间平房。他轻轻地推开门，只见屋里满是斧子、刨子等工具，一位须发皆白的老者，正在床上睡觉。鲁班心想，这位老师傅

一定就是精通木匠手艺的神仙了。他小心翼翼地把斧子、刨子收拾在木箱里,然后规规矩矩地坐在木箱上等待老师傅醒来。

直到太阳落山,老师傅才睡醒并坐起来。鲁班走上前去,跪在地上说道:"师傅啊,请您收下我这个徒弟吧。"老师傅问:"你叫什么名字,从哪儿来的?"鲁班回答:"我叫鲁班,是从很远的鲁家湾来的。"老师傅说:"我要考考你,你答对了,我就收你为徒;答错了,你怎么来就还怎么回去。"鲁班不慌不忙地说:"我今天答不上,明天再答。哪天答上来了,师傅就哪天收我做徒弟。"

老师傅捋了捋胡子说:"普普通通的三间房子,需要几根大柁,几根二柁,多少根檩子,多少根椽子?"鲁班回答:"普普通通的三间房子,四根大柁,四根二柁,大小十五根檩子,二百四十根椽子。五岁的时候我就数过,师傅看对不对?"老师傅轻轻地点了点头。

老师傅接着问:"一件手艺,有的人三个月就能学会,有的人三年才能学会。学三个月和学三年,有什么不同?"鲁班想了想回答道:"学三个月的,手艺扎根在眼里;学三年的,手艺扎根在心里。"老师傅又轻轻地点了一下头。

老师傅接着提出第三个问题:"两个徒弟学成了手艺下山去,师傅送给他们每人一把斧子。大徒弟用斧子挣下了一座金山,二徒弟用斧子在人们心里刻下了一个名字。你愿意跟哪个徒弟学?"鲁班马上回答:"愿意跟第二个学。"老师傅听了,哈哈大笑。他夸奖鲁班说:"好孩子,我一定把全套手艺都教给你!"说完就把鲁班领到一间屋里。原来这屋里摆了好多模

型,有楼有阁,有桥有塔,有桌有椅,有箱有柜,各式各样,精致极了。鲁班看得眼花缭乱。老师傅笑着说:"你把这些模型拆下来再安上,每个模型都要拆一遍,安一遍,自己专心学,手艺就学好了。"

老师傅说完,就出去了。鲁班拿起这一件,看看那一件,一件也舍不得放下。他把模型一件件擎在手里,翻过来倒过去地看,每一件都认真拆三遍安三遍,每天饭也顾不得吃,觉也顾不得睡。老师傅早上来看他,他在琢磨;晚上来看他,他还在琢磨。老师傅催他睡觉,他随口答应着,可就是不放下手里的模型。

(三)苦学三年有成,不负师父培养

鲁班苦学了三年,把所有的手艺都学会了。师父还要试试他,把模型全部毁掉,让他重新造。他凭记忆,一件一件都造得和原来的一模一样。师父又提出好多新模型让他造,他一边琢磨一边做,结果都按师父说的式样做出来了。师父非常满意,对他连连点头。

一天,师父把鲁班叫到眼前,对他说:"徒弟,三年过去了,你的手艺也学成了,今天该下山了。"鲁班说:"不行,我的手艺还不精,我要再学三年!"师父笑着说:"以后你自己边做边学吧。"

鲁班舍不得离开师父,自知师父不肯留他了,恋恋不舍地说:"我给师父留点什么东西呢?"师父笑了笑说:"师父什么也不用了,只要你不丢师父的脸,不坏师父的名声就足够了。"

鲁班只好依依不舍地拜别了师父,含着眼泪下山了。

1. 石磨的发明。鲁班所处的那个时代,人们吃面非常困难,都是拿一些麦子,放在石臼里,用石杵去捣。用劲小了,砸不碎,用劲大了,又把麦粒砸跑了,在当时的条件下大家用的都是这个办法。

鲁班决心改造它,为人们解决困难。一天,他看到一个老太太正在捣麦子。只见她扶着石杵,在石臼里研着麦粒。鲁班走过去一看,石臼里的麦粒有不少已经磨成了粉,他顿时从这里得到了启发。

回到家里,鲁班叫他的妻子找来两块石料。他先把石料凿成两个大圆盘,又在每个圆盘的一面凿出一道道沟槽,在其中的一个圆盘中间凿了两个圆洞,在圆盘边上安个木把。然后,把两个圆盘摞在一起,将凿有沟槽的两面相合,有木把的圆盘在上面,中心还装了个轴。他在圆盘上方中间的洞内放上麦粒,然后转动上面的石盘,麦粒很快就被磨成了面粉。大家高兴极了,鲁班真是为人们立了一大功啊!这就是两千多年来,在我国农村曾经广泛使用过的石磨。

2. 锯子的发明。有一次,国君命令鲁班带领徒弟在十五天内伐出三百根梁柱,用来修一座大宫殿。于是,鲁班带着徒弟们上山一连砍了十天,他们一个个累得筋疲力尽,才砍了一百来棵大树。工期就要到了,如果木料准备不齐,是要受到惩罚的,

这可怎么办呢?

有一天晚上,鲁班怎么也睡不着觉,于是他早早起床,向山上走去。突然,鲁班觉得手被什么东西划了一下,抬手仔细一看,手上划出一道口子,渗出了几个血珠。他认真观察周围,原来是被丝茅草划破的。鲁班感到惊奇,他顺手摘了一片草叶,发现草叶边缘长着许多锋利的细齿。他一转身,又看见一只大蝗虫正张着两个大板牙,快速地吃着草叶。鲁班捉了只蝗虫一看,它的板牙上长着一排利齿。看看丝茅草的叶子,再看看蝗虫的大板牙,他心里一亮,豁然开朗。于是,他尝试用毛竹做了一条竹片并在上面刻了很多小齿。用它对着树去拉,只拉了几下,树皮就破了,再一用力,树干出了一道深沟。可是,时间一长,竹片上的锯齿不是钝了,就是断了。这时,鲁班好像想起了什么,急急忙忙跑下山去,请铁匠按照自己制作的竹片的样子,打造了一根带齿的铁条,然后用它去拉树,真是快极了!

有了它,鲁班和徒弟们,只用了十三天,就伐了三百根梁柱,提前完成了任务。

3. 刨子的发明。 鲁班是个木匠,他的技术很高,特别善于用斧头,几下子就能把木料砍成需要的样子。但是,用斧子把木料砍得光滑,就很难做到,特别是碰到木纹粗、疤节多的木料,就更难做到了。为了解决这个问题,他苦思冥想,白天琢磨,夜里思考,他先是做了一把很薄的斧头,磨得很锋利,砍起来比以前好多了,可还是不理想。

于是,他又磨了一把小小的、薄薄的斧头,上面盖上块铁

片,只让斧头露出一条窄刃,他用窄刃在木料上推。用力一推,推下薄薄一层木片,推了十几次,木料的表面变得既平整又光滑,比用斧子砍强多了。然而,他发现这东西拿在手里推时,既卡手又使不上劲儿,于是,他又做了一个木座,把它装在里面,"刨子"就这样诞生了。

4. 墨斗、墨线和班母的发明。鲁班创造了木匠画线用的墨斗,那是他看到母亲裁衣服时,用一个粉袋画线,受到启发的结果。墨斗刚做好时,鲁班每次弹线,都请母亲帮忙,捏住墨线的一头。有时,母亲正在做衣服或煮饭,也不得不放下,赶来帮忙。有一天,母亲对他说:"你做个小钩子,不就可以代替我捏墨线了吗?"鲁班一听,很有道理!他很快就做了一个小钩子。从此,一个人就可以弹墨线了。直到现在,木工师父们还把这个小钩子叫"班母"呢!

5. 鲁班尺、木马车的发明。鲁班做木匠活儿,常常遇到直角。虽然他有画直角的矩,可是用起来比较费事。他经过一番改进,做成了一把"L"形的木尺,量起直角来,非常方便!后来,人们就把它叫作"鲁班尺"。

鲁班十分孝敬父母。有一年,其父故于吴国,母子赶去奔丧,可路途太遥远了。他担心母亲走不了那么远的路,于是连夜设计,造了一辆木马车子,车内安装有木制摇把,只要摇把一转,就能驱动前行,如果不断摇动,车子就不断向前运动。车子造好之后,鲁班让母亲坐在上面,很快就到达了吴国。

中国古代的建筑技术,多是历代匠师以口授和抄本的形式相传,由匠师自己编著的专用书甚少。唯独明代的《鲁班经》是流传至今的一部民间木工行业的专用书。鲁班生活在劳动人民之中,在实践中不断摸索,在摸索中发明创造,成就了他的一生。两千多年来,人们为了表达对鲁班的热爱和敬仰,他的名字,已经成为古代劳动人民智慧的象征。

二、墨子:中国的"科圣",东方的"全才"

墨子(约前468—前376),姓墨,名翟,战国时期著名思想家、政治家、军事家,同时又是著名的科学家,如力学、光学、声学等,小孔成像原理正是墨子发现的。他的微分学原理,比西方还要早,因此,他被西方科学界称为"东方的德谟克利特"(德谟克利特:古希腊杰出的全才)。

(一)自幼聪明巧思,做事犹如做人

墨子自幼聪明巧思,喜欢手工技艺。小的时候接受了儒家的教育,老师所教的六艺(礼、乐、射、御、书、数),他对后四项尤其感兴趣,因为这几项能够促进人的动手能力。老师

也很注重培养墨子这方面的能力,经常带墨子去参观工匠们的作坊。有一次,老师带墨子去了染布坊,让他观察布匹是怎么染成的。墨子对工匠们的劳作很感兴趣,看得聚精会神,老师说:"看到了吧,这些丝绢本来都是雪白雪白的,把它们放进黑色的染料中,就变成了黑的;把它们放在了黄色的染料中,就变成了黄色的。"

墨子说:"丝会随着染料的颜色来发生变化,是这样的吗?"老师说:"是啊,做人的道理与染丝一模一样,所不同的是,丝是被人放进染料的,而如何做人,则完全是自己做出的选择。"

墨子明白了老师的意思,更加严格要求自己了。当他后来收了门徒后,也经常用这个例子来教导自己的学生。

(二)发明制作"规矩",被人称作"圣人"

墨子出生在一个以木工为谋生手段的手工业者家庭,而当时的工匠是世代相传的,因此,墨子从小就承袭了木工制作技术。他自幼勤奋好学,善于钻研,从小就对木、车、皮革、制陶、冶金、缝衣、织布、制鞋等技术充满了兴趣,年轻时就是远近闻名的能工巧匠。他心灵手巧,尤通木工。他能片刻之间削木为"车儿",装在车轴上,能承受六千斤的重量,这说明墨子的确在这一领域具备了相当的知识能力。

在几何学方面,墨子主要集中在基本的概念,以及运用这些概念解决实际的问题。他总结前人的经验,形成了画线、选点、为方、画圆、取高等几何学最基本的方法,并把这些方法

抽象成一般规律，形成了我国古代最早的较成体系的形学，即几何学。

墨子既是发明家又是实践家，他将形学研究成果即时应用于实践。制造了矩尺，使制方有了标准；制造了圆规，使制圆有了更好的方法；还使取直有了墨线，取平有了水平仪等。这些形学基本理论的应用，不仅有力地推动了木工领域的技术进步，还对整个社会的生产、生活带来了巨大的影响。时至今日，木工等操作技术还是以墨子成规为基础，我们所说的"墨守成规"这句成语，正好说明墨子是这些规律的发明创造者。

由于墨子主张从劳动者中选拔人才，受到普通民众的欢迎，被称为"平民圣人"。

1. **宇宙时空理论。** 墨子认为，宇宙是一个连续的整体，个体或局部都是由这个统一的整体分出来的，都是这个统一整体的组成部分。换句话说，也就是整体包含着个体，整体又是由个体所构成，整体与个体之间有着必然的有机联系。从这一连续的宇宙观出发，他建立了关于时空的理论。他把时间命名为"久"，把空间命名为"宇"，并给出了"久"和"宇"的定义，即"久"包括古今旦暮的一切时间，"宇"包括东西南北中的一切空间，时间和空间都是连续不间断的。

在时空理论基础上，墨子建立了自己的运动论。他把时间、空间和物体运动统一并联系在一起。他认为，在连续统一

的宇宙中，物体运动表现为在时间中的先后差异和在空间中的位置迁移。没有时间先后和位置远近的变化，也就无所谓运动，离开时空的单纯运动是不存在的。

物质的本原和属性问题。关于物质的本原，他指出，"无"有两种：一是过去有过而现在没有了，如某种灭绝的飞禽，不能因其现在不存在而否定其曾经"有"；二是从来没有过的事物，如天塌陷的事，这是本来就不存在的"无"。本来就不存在的"无"不会生"有"，本来就存在的而后来不存在的，更不会"有"生于"无"。

关于物质属性的问题，他认为，如果没有石头，就不会知道石头的坚硬和颜色；如果没有日和火，就不会知道热。也就是说，属性不会离开物质客体而存在，属性是物质客体的客观反映。人之所以能够感知物质的属性，是由于有物质客体的客观存在。

2. 数学概念定义。墨子是中国历史上第一个从理性高度提出了一系列数学概念的命题与定义，这些命题与定义具有高度的抽象性和严密性。

一是"倍"的定义。墨子说："倍，为二也。"即原数加一次，或原数乘以二称为"倍"，如二尺为一尺的"倍"。关于"平"的定义，墨子说："平，同高也。"这与欧几里得几何学定理"平行线间的公垂线相等"意思相同。

二是"同长"的定义。墨子说："同长，以正相尽也。"也就是说两个物体的长度相互比较，正好一一对应，完全相等，称为"同长"。

三是"中"的定义。墨子说:"中,同长也。"这里的"中"指物体的对称中心,也就是物体的中心为与物体表面距离都相等的点。

四是"圆"的定义。墨子说:"圆,一中同长也。"这里的"圆"即为圆,他指出圆可用圆规画出,也可用圆规进行检验。圆规在他之前早已得到广泛应用,但给予圆以精确的定义,则是墨子的贡献。他关于圆的定义与欧几里得几何学中圆的定义完全一致。

五是正方形的定义。墨子说,四个角都为直角,四条边长度相等的四边形即为正方形。正方形可用直角曲尺"矩"来画图和检验。这与欧几里得几何学中的正方形定义也是一致的。

六是关于直线的定义。墨子说,三点共线即为直线。三点共线为直线的定义,在后世测量物体的高度和距离方面得到广泛的应用。墨子把点、线、面、体分别称为"端、尺、区、体",并给出了它们各自的定义。他还指出,"端"是不占有空间的,是物体不可再分的最小单位,与古希腊的原子论相类似。

墨子还对十进位制进行了论述。他指出,在不同位数上的数码,其数值不同。例如,在相同的数位上,一小于五,而在不同的数位上,一可多于五。这是因为在同一数位上(个位、十位、百位、千位……),五包含了一,而当一处于较高的数位上时,则反过来,一包含了五。

3. 物理概念定义。物理学研究涉及力学、光学、声学等分支。墨子给出了不少物理学概念的定义,并有很多重大的发现,总结出了一些重要的物理学定理。

一是给出了"力"的定义。墨子说:"力,刑(形)之所以奋也。"(《墨经上》)意思是,力是使物体运动的原因,即使物体运动的因素叫作力。对此,他举例说明,好比把重物由下向上举,就是由于有力的作用才能做到。同时,物体在受力之时,也产生了反作用力。例如,两质量相当的物体碰撞后,两物体就会朝相反的方向运动。如果两物体的质量相差甚大,碰撞后质量大的物体虽不会动,但反作用力还是存在的。

二是关于"动"与"止"的定义。墨子认为"动"是由于力推送的缘故。更为重要的是,他提出了"止,以久也,无久之不止,当牛非马也"的观点,意思是物体运动的停止来自阻力的作用,如果没有阻力的话,物体会永远运动下去。这样的观点,被认为是牛顿惯性定律的先驱,比牛顿时代的思想超出了一千多年,也是物理学诞生和发展的标志。

三是关于杠杆的定义。墨子指出,称重物时秤杆之所以会平衡,原因是"本"短"标"长。用现代语言来说,"本"即为重臂,"标"即为力臂,写成力学公式就是力×力臂(标)=重×重臂(本)。现在人们一般习惯于把杠杆定理称为阿基米德定理,其实墨子的杠杆定理比阿基米德早了200年。

四是对光学问题的研究。在光学史上,墨子是第一个进行光学实验,并对几何光学进行了系统的研究。正如李约瑟在《中国科学技术史》物理卷中所说,墨子关于光学的研究,"比我们所知的希腊的为早","印度亦不能比拟"。

五是对平面镜、凹面镜、凸面镜的研究。墨子指出,平面镜所形成的是大小相同、远近对称的像,但却左右倒换。如果

是两个或多个平面镜相向而照射，则会出现重复反射，形成无数的像。凹面镜的成像是在"中"之内形成正像，距"中"远所成像大，距"中"近所成的像小。在"中"处则像与物一样大；在"中"之外，则形成的是倒像，近"中"则像大，远"中"则像小。凸面镜则只形成正像，近镜像大，远镜像小。这里的"中"为球面镜之球心，虽未区分球心与焦点的差别，但其结论与近现代球面镜成像原理是基本相符的。

六是对声音的传播进行研究。墨子发现井和罂（罂：ying，一种大腹小口的容器）有放大声音的作用，并加以巧妙地利用。他曾教导学生说，在守城时，为了预防敌人挖地道攻城，每隔三十尺挖一井，置大罂于井中，罂口绷上薄牛皮，利用声音共振机理，让听力好的人伏在罂上进行侦听，以监知敌方是否在挖地道，地道挖于何方，而做好御敌的准备。这个防敌方法，具有丰富的科学内涵。

4. 机械制造技术。 墨子是一个精通机械制造的大家，在止楚攻宋时与鲁班进行的攻防演练中，已充分地体现了他在这方面的才能和造诣。他是一个制造车辆的能手，可以在不到一日的时间内造出载重30石的车子。他所造的车子运行迅速又省力，且经久耐用，被当时的人们所赞赏。

墨子几乎谙熟当时各种兵器、机械和工程建筑的制造技术，并有不少创造。在《墨子》一书中的《备城门》《备水》《备穴》《备蛾》《迎敌祠》《杂守》等篇，他详细介绍和阐述了城门的悬门结构，城门与城内外各种防御设施的构造，弩、桔槔和各种攻守器械的制造工艺，以及水道和地道的构筑技术。

他所论及其中的这些器械和设施,对后世的军事活动有着很大的影响。

点评

墨子是位思想巨子,是位大爱无言的圣贤,还是位科学家。他是中国历史上第一位在力的作用、杠杆原理、光线直射、光影关系、小孔成像以及点、线、面、体、圆概念等众多领域都有精深造诣的人,后人尊称墨子为"科圣"。其著作《墨子》内容广博,包括政治、军事、哲学、伦理、逻辑、科技等方面,是研究墨子及其所学的重要史料。

三、李冰:修建都江堰,"川主"留名声

李冰(约前302—前235),战国时期著名的水利工程专家,我国科学治水的典范。秦昭襄王末年为蜀郡太守,期间,李冰治水,创建了奇功,其中以他和其子一同主持修建的都江堰水利工程最为著名。几千年来,该工程为成都平原成为"天府之国"奠定了坚实的基础。后世为纪念李冰父子,在都江堰修有二王庙。

(一)从默默"隐士",到蜀地郡守

古代蜀地(今四川地区)非涝即旱,有"泽国""赤盆"

之称，蜀地人民世世代代同洪水作斗争。秦惠文王九年（前316年），秦国吞并蜀国，秦朝为将蜀地建成其重要基地，决定彻底治理岷江水患。秦昭襄王听说李冰才华出众，百姓亲附，在秦国负责兴建过大型工程，由此受到秦昭襄王的重用。一天李冰被召进宫中，昭襄王对他说："现在蜀郡缺人，朝廷打算派你去做太守，可那里并入秦国不久，人心不定，不知你会用什么方法去统治？"

李冰说："我没有什么灵丹妙药，但我相信只要一心想着老百姓，多为他们造福，他们就会支持。"昭襄王对李冰的回答很满意，于是就派他取代政治家张若任蜀守。

秦国实行的官吏选拔制度，是非常严格的。一般说来，要有"五大夫"（爵位名，为十二级爵的第九级）以上的高级爵位，才能担任郡守这样的高级官吏。蜀郡是个大郡，无论是所处的经济地位，还是战略地位，对秦朝来说都很重要。蜀郡地处"西僻"，是谓"戎狄之国"，秦对蜀郡一向很不放心。为了南向伐楚，北向中原，问鼎东周，急需经营这块地方。这样的重要，这样的急迫，秦国怎么可能派一个没有一点资历，默默无闻的"隐士"去担任郡守呢？因此，后来的历史学家认为，李冰任蜀守以前有过一段军旅生涯，立过战功，获得过高级爵位，或在秦国其属郡担任过司空之类的官职，管理过农田水利、盐铁工程，在推行耕战政策方面，表现突出，建立了功劳，因此，为朝廷发现并重用，被派到蜀郡任郡守。

（二）勘测复杂地形，治理洪水泛滥

李冰到蜀郡后，立即着手了解民情。他看到成都平原广阔无边，土地肥沃，却人烟稀少，非常贫穷，开垦的田地也不多，感到很纳闷，就问当地的百姓为什么会这样。一位老人指着贯穿成都平原的岷江，告诉他：就是因为这条害人的河，从我小时候记事起就年年泛滥，不仅庄稼颗粒无收，有时整个村庄也被淹没。李大人要是晚来几年，恐怕连人也要搬完了。

听过之后，李冰决心要征服这条河流，为当地的老百姓谋福。不久，李冰就带领他的儿子，沿岷江进行实地考察，几次深入高山密林，追踪岷江的源头与流向；他不畏长途跋涉，沿江漂流，直达岷江与长江的汇合处，掌握了关于岷江的第一手材料。他发现岷江发源地一带，两岸山高谷深，水源丰沛，水流湍急；而到了灌县，地势一下变得平坦，水无遮拦，往往冲决堤岸，泛滥成灾；从上游挟带来的大量泥沙也淤积在这里，不断抬高河床；特别是在灌县城西南，有一座玉垒山，阻碍江水东流，每年夏秋洪水季节，水流无处排泻，常常造成东旱西涝。这些都是成都平原水害频繁的主要原因。

在了解水情地势情况后，李冰认为，要消除水患，就必须在平原上广修渠道。一则可以泄洪，减少灾害；二则可以灌溉，发展生产。要使水源灌入渠中，必须凿开玉垒山，使岷江之水滚滚东流。这样让江河进行自动调节，看似简单又随意的设计，却使都江堰历经千年风雨而屹立不倒。

民间传说故事

故事一：开凿盐井

李冰在蜀地除了修建都江堰外，还有开凿盐井的大功，记下了我国井盐生产史上的第一笔，在世界盐业生产史上占有重要地位。据《华阳国志》记载，李冰还在蜀郡修筑桥梁，在广都主持开凿了盐井，为开发成都平原，发展农业生产，做出了重大贡献。郭沫若题词说："李冰掘离堆，凿盐井，不仅嘉惠蜀人，实为中国二千数百年前卓越之工程技术专家。"

作为史学家的郭沫若，他的见解独到、深刻。他把李冰"掘离堆""凿盐井"两大功劳并列，并称李冰为"杰出的工程技术专家"，这就比单称李冰为水利专家更准确、全面。水与盐是生命的两大支柱，缺一不可。李冰为人民成功地解决了这两大问题，造福万代。

故事二：治水斗江神

由于李冰治水成功，在民间就流传了许多关于他的传说。《华阳国志》卷三，记载了这一传说："冰凿崖时，水神怒，冰乃操刀入水中与神斗，迄今蒙福。"《水经注》卷三三引《风俗通》对此也作了精彩的记述，说李冰豪气冲天，刺杀江神为民除害，"蜀人慕其气决，凡壮健者，因名冰儿也"。后来的《太平广记》卷二九一引《成都记》，也记述了这一传说。

相传李冰上任之后，听说成都附近的江神年年要娶新妇，就把自己的两个女儿打扮起来，准备送给江神，但是江神毫无动静。李冰大怒，奋力拼杀，终于杀死了由江神变成的苍牛。

后来，李冰塑造了三个大石人放在江心，并与江神约定：水枯的时候，不能低于石人的脚背；水涨的时候，不能超过石人的肩头。另外，李冰还刻了五条石牛作为自己的化身，沿江放置，来镇守江面，不让江中的妖怪作恶。

又传说，古时的岷江中恶龙为害，李冰的儿子二郎带领梅山七圣去降龙。一场恶斗下来，七圣和猎狗哮天犬全部战死，恶龙也身负重伤向南逃去。二郎追到青城山，却不见恶龙的踪影，坐在一块大石头上休息时，遇到一位老婆婆。老婆婆知道他是李冰的儿子，为了捉住恶龙来到此地，就对他热情款待，烧好了面条请他吃饱肚子。不久，化作人形的恶龙也来到老婆婆的家，向老婆婆乞求食物充饥。老婆婆一眼就看出这是一条恶龙，也煮了一锅面条让它吃，谁知，面条到了恶龙的肚子里，都变成了带铁钩的链条，将恶龙从肚子里锁起来，使它不得不束手就擒。至今，青城山下还有李二郎坐过的屁股印和恶龙打滚的"滚龙槽"这两处遗迹。

唐代蜀地发生特大洪水，李冰又再次化为神龙，与江神斗于灌口。五代时期，杜光庭《录异记》、张唐英《蜀梼杌》、黄休复《茅亭客话》等，也都记述了李冰显灵再斗江神的故事。由此可见，在当时蜀人的心目中，李冰因全心全意为民造福而被描绘成了一位非凡的英雄。

故事三：镇水神兽

2012年年底，在成都市最中心的天府广场，修建四川大剧院的工地上，一尊神秘的石兽惊天出世，经多位考古专家考察，其制作年代大致距今两千多年。石兽由整块的红砂岩雕刻

而成,长3.3米,宽1.2米,高1.7米,重约8.5吨,耳朵、眼睛、下颌和鼻部清晰可辨。最大的特点是整个头部长度几乎有身长的三分之二,局部装饰祥云图案,四肢短粗,身体浑圆。就这个形象而言,很难和已知的动物完全对上号。

相传,当年李冰父子为治水,除了修筑举世闻名的都江堰之外,还埋下了镇水神兽,从此成都平原成了千里沃土,享有天府的美誉。再传,神兽被人挖出来后,成都遂现涝灾,古人又将神兽再次掩埋。两千年来的历史中,神兽被挖出来数次但数次埋回。《蜀王本纪》《华阳国志·蜀志》等史料记载,秦国的蜀守李冰在修建都江堰时,曾经下令雕刻了5只石犀,两头运到了成都,另外3头则在灌县的江中,作为镇水石神。因此有人认为,这就是李冰当年打造的镇水神兽。

李冰治水时,打造了造福蜀人两千多年的都江堰水利工程,是全世界迄今为止年代最久、唯一留存、以无坝引水为特征的宏大水利工程,至今仍在发挥作用。

建在都江堰渠首的二王庙,是老百姓对李冰父子治水伟业的纪念。其中的碑刻,多是对灌区水利工程维护的技术要领。每年的清明时节,当地的居民都会在二王庙举行祭祀活动和开水(岁修完工后放水)典礼。李冰已成为都江堰灌区老百姓所崇拜的神灵。

李冰总结了前人治水的经验,在渠首工程的选点上,做了深刻的科学研究。精心选择在成都平原顶点的岷江上游出山口处作为工程地点,采用乘势利导、因时制宜的治水方略,修建了都江堰水利工程:无坝引水的鱼嘴分水堤,泄洪排沙的溢洪

道，保证成都平原引足春水和控制洪水的咽喉工程宝瓶口。使鱼嘴分水堤、宝瓶口、飞沙堰溢洪道三大主体工程，各有其独特的功能和作用。它们之间相互依存，相互制约，形成布局合理的系统工程，联合发挥分流分沙、泄洪排沙、引水输沙的重要作用。

据《华阳国志·蜀志》记载，李冰曾在都江堰安设石人水尺，这是中国早期的水位观测设施。他还在今四川宜宾、乐山境开凿滩险，疏通航道，又修建汶井江（今崇庆县西河）、白木江（今邛崃南河）、洛水（今石亭江）、绵水（今绵远河）等灌溉和航运工程，以及修索桥，开盐井等。

中国古代兴修了许多水利工程，其中颇为著名的还有芍陂、漳水渠、郑国渠等。唯独李冰创建的都江堰经久不衰，至今仍发挥着防洪灌溉和运输等多种功能，它保证了流区千万亩农田和城市用水的需要，使其枯水不缺、洪水不淹、泥沙少淤、水旱从人，堪称"天然佳构"。其科学合理的设计方案，仍令当今科学界赞叹不已。李冰是在大禹之精神激励下完成建堰伟业的。综观都江堰的创建史，"大禹肇其端，开明继其业，李冰总其成"。李冰不愧是一位总其成的伟大治水专家，中华民族的骄傲。

科学成就

1. 竹笼填石，简单高效。 经过周密策划，李冰制订了治理岷江的规划方案。为了使岷江的水能够东流，他首先把玉垒山

凿开了一个二十米宽的口子,叫作"宝瓶口"。被分开的玉垒山的末端,状如大石堆,后人称作"离堆"。此外,他还采取在江心构筑分水堰的办法,把江水分作两支,迫使其中一支流进宝瓶口。在修筑分水堰的过程中,采用江心抛石筑堰失败后,李冰另辟新路,让竹工编成长三丈、宽二尺的大竹笼,装满鹅卵石,然后一个一个地沉入江底,终于战胜了急流的江水,筑成了分水大堤。大堤前端犹如鱼头,所以取名叫"鱼嘴"。它迎向岷江上游,把汹涌而来的江水分成东西两股。西股的叫外江,是岷江的正流;东股的叫内江,是灌溉的总干渠。渠首就是宝瓶口,流经宝瓶口再分成许多大小沟渠河道,组成纵横交错的扇形水网,灌溉成都平原的千里农田。分水堰两侧垒砌大卵石护堤,内江一侧的叫内金刚堤,外江一侧的叫外金刚堤,也称"金堤"。分水堰建成后,内江灌溉的成都平原,就很少有水涝灾害了。

2. 分水鱼嘴,外流内灌。 为了进一步控制流入宝瓶口的水量,在鱼嘴分水堤的尾部,又修建了分洪用的平水槽和"飞沙堰"溢洪道。飞沙堰也用竹笼装卵石堆筑,堰顶做到适宜的高度。当内江水位过高的时候,洪水就经平水槽漫过飞沙堰流入外江,以保障内江灌区免遭水淹。同时,由于漫过飞沙堰流入外江的水流的漩涡作用,有效地冲走了沉积在宝瓶口前后的泥沙。鱼嘴的分水量有一定的比例。春耕季节,内江水量大约占六成,外江水量大约占四成。洪水季节,内江超过灌溉所需的水量,由飞沙堰自行溢出。宝瓶口是节制内江水量的"闸门"。为了控制内江流量,李冰父子制作石人立在江中,作为观测水

位的标尺,要求水位"竭不至足,盛不没肩"。

3. 深淘滩,低作堰。李冰还制作石犀,埋在内江中,做为"岁修"时淘挖泥沙的深度标准。"岁修"的原则是"深淘滩,低作堰"。"深淘滩"是说淘挖淤积在江底的泥沙要深些,以免内江水量过小,不敷灌溉用;"低作堰"是说飞沙堰堰顶不可修筑太高,以免洪水季节泄洪不畅,危害成都平原。后人把这六个字刻在内江东岸为纪念李冰父子而建的二王庙的石壁上,很是醒目。"岁修"的方法:每年水量最小的霜降时节,在鱼嘴西侧,用杩槎(马扎)在外江截流,使江水全部流入内江,然后淘挖外江和外江各灌溉渠道淤积的泥沙。到第二年立春前后,外江"岁修"完毕,把杩槎移到内江,让江水流入外江,然后再淘挖内江河槽,进行平水槽和飞沙堰的"岁修"工程。清明节前,内江"岁修"完毕,撤除杩槎,开始放水灌溉。杩槎是一种简单、有效的临时性截流装置,是由三根大木桩用竹索绑成的三脚架,中设平台,平台上用竹笼装卵石压稳。把适当数量的杩槎横列在江中,迎水面加系横竖木头,围上竹席,外面再培上黏土,就可以挡住水流,不致渗漏。

4. 沃野千里,天府之国。都江堰的修成,不仅解决了岷江泛滥成灾的问题,而且从内江下来的水还可以灌溉十几个县,灌溉面积达三百多万亩。从此,成都平原成为"沃野千里"的富庶之地,获得"天府之国"的美称。

除都江堰外,李冰在蜀郡还主持兴办了其他一些水利工程。如对发源于蒙山的沫水(又名青衣水),李冰组织百姓开凿河心中的山岩,整理水道,便利了航行。李冰还对筦江、汶

井江、洛水进行疏导，又引绵水出紫岩山到资中一带灌溉稻田。

李冰领导创建了世界历史悠久的水利工程——都江堰，在水利史上立下了奇功，名扬世界，造福百姓，功垂千秋，恩泽万世。蜀地水利开发，使农业生产迅猛发展，成为闻名的鱼米之乡。西汉时，"下巴蜀之粟致之江南"，唐代，"剑南之米，以实京师"。唐代杜甫云："君不见秦时蜀太守，刻石立作五犀牛，自古虽有厌胜法，天生江水向东流，蜀人矜夸一千载，泛滥不近张仪楼。"从此，蜀地"旱则引水浸润，雨则杜塞水门，故水旱从人，不知饥饿，则无荒年，天下谓之天府"。渠道开通，使岷山梓柏大竹"颓随水流，坐致材木，功省用饶"。而且，有名的蜀锦等当地特产，亦通过这些渠道运往各地。

李冰为蜀地的发展，做出了不可磨灭的贡献，人们永远怀念他。两千多年来，四川人民把李冰尊为"川主"。正是由于李冰的创举，才使成都不仅成为四川而且是西南政治、经济、交通的中心，同时成为中国工商业和交通极为发达的城市。

第二章 汉朝时期

西汉时期,已经使用丝絮和麻造纸,是纸的始祖;而东汉时期,蔡伦改进了造纸术,形成了现代意义上的纸。由此,造纸术成为中国的四大发明之一。

张衡制成了世界上第一台能够预报地震的候风地动仪。《太初历》是中国古代第一部比较完整的汉族历法,也是当时世界上最先进的历法,它第一次将二十四节气订入历法。

刘洪的《九章算术》,是数学领域的杰作。书中列有四则运算、开平方与开立方、各种面积与体积公式、线性方程组解法、正负数运算的加减法则、勾股形解法等方法,形成了一个以筹算为中心的与古希腊数学完全不同的独立体系。

本章代表人物:天文学家张衡、珠算之父刘洪、造纸鼻祖蔡伦。

四、张衡：天文学家，冠绝一代

张衡（78—139），字平子，南阳西鄂（今河南南阳）人，东汉时期伟大的天文学家，南阳五圣之一。为我国天文学、机械技术、地震学的发展做出了杰出的贡献，发明了浑天仪、地动仪，是东汉中期浑天说的代表人物之一。被后人誉为"木圣"，联合国天文组织将月球背面的一个环形山命名为"张衡环形山"，太阳系中的1802号小行星命名为"张衡星"。

（一）出身官宦家族，早年离家游学

张衡，出生于南阳一个官僚家庭，其祖父张堪为官清廉，伐蜀时他首先攻入成都，但他对公孙述留下的堆积如山的珍宝毫无所取。蜀郡号称天府，但张堪在奉旨调离蜀郡太守任时，乘的是一辆破车，携带的只有一卷布被囊。张衡幼年时，家境已经衰落，有时还要靠亲友接济。"自古英才多贫贱，从来纨绔少伟男"，正是这种贫困的生活，对他的成长起到了很好的作用。当时的南阳，是经济和文化发达的地区，有"南都"之称。张衡在这样的环境下，加上他自幼刻苦好学，在青少年时代就为后来从事文学与科学事业，打下了良好的基础。

张衡像他的祖父一样，自小刻苦向学（向学：立志求学），很有文学才华。由于家中的经卷典籍，不能满足其求知欲望，张衡16岁以后曾离开家乡到外地游学，广结学者名流。他曾到汉朝故都长安一带，游览名胜古迹，考察山川形势、物产风

俗、世态人情。这一地区壮丽的山河和宏伟的秦汉古都遗址,给他提供了丰富的文学创作素材。后来,他又到了东汉首都洛阳,进入了当时最高的学府——太学,结识了一位青年学者崔瑗,并结为挚友。崔瑗是当时的经学家、天文学家贾逵的学生,也精通天文、历法、数学等。当时,地方上曾经推举张衡做"孝廉",公府也多次招聘他去做官,但都被他拒绝了。

(二)处世从容恬淡,注重钻研科技

和帝永元十二年(公元100年),张衡应南阳太守鲍德之请,做了他的主簿,掌管文书工作。后来,鲍德调任,张衡便辞职回家。掌握朝政的皇亲邓骘,为了笼络士人,几次邀请张衡做他的幕僚,以增强自己的势力,但张衡一心钻研学问,都拒绝了。为了回应好心人的劝慰,他写了《应闲》一文,以表明自己的志向。文中说到,有的人劝他不要去钻研那些难而无用的学术,应该屈己待人,美言以求多福。他回答说:"君子不患位之不尊,而患德之不崇;不耻禄之不夥(huǒ,多),而耻智之不博。"这两句掷地有声的话,表明了他不慕势利而追求德智的高尚情操。

在张衡34岁的时候,他的研究兴趣,逐渐转到哲学和自然科学方面。他很喜爱扬雄的哲学著作《太玄经》,其内容涉及天文、历法、数学等方面,引起他极大的兴趣。《太玄经》里的一些观点,也给了张衡以很大的启发。

安帝永初四年(111年),张衡应征进京,先后任郎中、太史令、公车司马令等官职。其中担任太史令时间最长,前后达

十四年之久。太史令是主持观测天象、编订历法、候望气象、调理钟律（钟律：泛指音律）等事务的官员。在他任职期间，对天文历算进行了精湛的研究，做出了重大的贡献。

（三）精通天文历算，写出天文著作

汉朝时，关于天体运动和宇宙结构的学说，已经出现了三种：盖天说、浑天说和宣夜说。盖天说创立最早，它认为天在上，地在下，天就像一个半圆形的罩子，大地是平的，或者像一个倒扣着的盘子。浑天说主张天是浑圆的，日月星辰会转入地下。至于大地，早期的浑天说认为，大地是平的，东汉三国时期的陆绩等人，进一步提出了大地是球形的概念，使浑天说臻于完备。宣夜说却认为天没有一定的形状，而是无边无际的充满气体的空间，日、月、五星（金、木、水、火、土五大行星）等都飘浮在气体中。

张衡根据自己对天体运行规律的认识和实际观察，认真研究了上述三种学说，认为浑天说比较符合观测的实际。他继承和发展了前人的浑天理论，在西汉耿寿昌发明浑天仪的基础上，创制了一个能够精确表现浑天思想的"浑天仪"。他精通天文、历算，具有很强的革新思想，先后写出了《灵宪》《灵宪图》《浑天仪图注》等天文学著作，成为东汉中期浑天说的代表人物之一。

科学成就

1. 浑天仪和地动仪。张衡创制的"浑天仪"用来演示天体运行的"浑象",类似近代的天球仪,球上刻有二十八宿和中外星官。浑天仪的主体是一个空心的铜球,直径四尺六寸五分,周长一丈四尺六寸一分。球内有铁轴支持,按天轴方向贯穿球心,与球面的两个交点表示天球的南北极,因而这根铁轴称为极轴,可转动。天球转动时,球上星体有的露出地平环之上,意指星出;有的正过子午线,意指星中;而有的没于地平环之下,意指星没。铜球上还刻有黄道圈和赤道圈,相交成二十四度角。其上各有二十四节气刻度,且从冬至点起,列有三百六十五又四分之一度,每度长四分,分为四格,表示太阳每天在黄道上移动一度。

张衡在地震学领域的代表作就是发明的震古烁今的候风地动仪。候风地动仪又称地动仪,制成于阳嘉元年(132年),是世界上第一台观测和报告地震的仪器。根据《后汉书》中的记载,地动仪是用精铜铸成,像一个卵形的酒樽,直径有8尺。仪体外铸有"山龟鸟兽",象征地上的山峦和天上的青龙、白虎、朱雀、玄武等二十八宿。体外八方刻有八卦篆文,表示八方之气。体外附有八条龙,龙首各朝八方,象征阳;八只蟾蜍抬首张口居龙首之下,象征阴。由此构成了阴阳、上下、动静的辩证关系。仪体内有一根高且细的铜柱,称为"都柱"。都柱在仪体内居于顶天立地的位置,是按古代天柱之说设计的。

都柱旁有八组滑道，滑道通过杠杆连接龙头，龙头嘴内含有铜球。地震时，倾斜的都柱倒向地震方向的滑道，倒向尽头推动杠杆，通过杠杆作用引发一个像擎机一样的牙机，龙首打开，铜球落入下面的蟾蜍口中，发出"当"的声响。司仪之人根据落球的方位，便可报告地震发生的方向。这台仪器构思巧妙，制作精密，据史书记载"验之以事，合契若神"。不仅可以测出近距离的人们可以感觉得到的地震，还可测出发生的数千里之外的地震！

2. 研究天文，著作《灵宪》。《灵宪》是一部阐述天地日月星辰生成及其运动的天文理论著作，代表了张衡研究天文的成果。它总结了当时的天文知识，提出了不少先进的科学思想和独到的见解。例如，关于"天球"的直径问题，张衡提出在"天球"之外还存在空间。他说："我们能够观测到的空间是有限的，观测不到的地方是无穷无尽、无始无终的宇宙。"在当时能提出这样的思想，是难能可贵的。

张衡在《灵宪》中指出，月亮本身并不发光，月光是反射太阳的光。他生动形象地把太阳和月亮比作火和水，火能发光，水能反光，指出月光的产生是由于日光照射的缘故，有时看不到月光，是因为太阳光被遮住了。他这种见解在当时是十分正确的。同时，张衡还进一步解释了月食发生的原因。他说："望月"时，应该能看到满月，但是有时看不到，这是因为日光被地球遮住的缘故。他将地影的暗处叫作"暗虚"，月亮经过"暗虚"时就发生月食，精辟地阐述了月食的原理。

张衡在《灵宪》中还算出了日、月的角直径，记录了在中

原洛阳观察到的恒星二千五百颗。他在《浑天仪图注》里,还测出地球绕太阳一年所需的时间是"周天三百六十五度又四分度之一",说明张衡对天文学的研究已经达到了很高的水平。

3. **瑞轮䔲荚**。瑞轮䔲荚是张衡创造的自动日历,它模仿神话中一种奇树䔲荚(䔲荚:míng jiá,树名,每月初,一日生一荚,至十五日毕,从十六日起,一日去一荚,以明日月也)的特征,靠流水作用,从每月初一开始,一天出现一片叶子,到满月出齐15片,然后每天再收起一片,到月末为止,循环开合。这个神话曲折地反映了尧帝时,天文历法的进步。张衡的机械装置就是在这个神话的启发下发明的。所谓"随月盈虚,依历开落",其作用相当于现今钟表中的日期显示。

4. **机械制造**。一是制造指南车。张衡利用机械原理和齿轮的传动作用,由一辆双轮独辕车造成指南车。车内用一种能自动离合的齿轮系统,车箱外壳上层置一木人,无论车子朝哪个方向转动,木人伸出的臂都指向南方。二是制造记里车。据《古今注》记载:"记里车,车为二层,皆有木人,行一里下层击鼓,行十里上层击镯(镯:zhuó,古代乐器,钟状的铃)。"记里鼓车与指南车,制造方法相同,所利用的差速齿轮原理,早于西方一千八百多年。三是制造木雕。这是一件神奇的器物,能在天上飞翔,是模仿鸟类高空翱翔的滑翔翼型设计。北宋类书《太平御览·工艺部九引·文士传》中有一段记载说:"张衡尝作木鸟,假以羽翮,腹中施机,能飞数里。"这里说到"腹中施机",而且"能飞数里",那么,装在飞行器上的动力机必须重量足够轻而马力足够大,并且还要求飞行器本身具有

一定的适宜起飞、上升的形状等，这些条件在张衡所处的时代是很难做到的。现在看来，真是不可思议。

张衡是我国东汉时期伟大的科学家，他发明制造的地动仪、浑天仪，在世界科学史上占有重要地位。在天文历算上，有他的综合研究；在机械制造上，有他的特殊技巧；在自然科学方面，有他的浑天仪和地动仪等的空前发明。在张衡的一生中，其造诣是广博而精深的。可谓"精仪揭天地，科圣著千秋"。正如《简明不列颠百科全书》所言："张衡两度任太史令，是中国古代宇宙结构理论浑天说的代表。"这些丰富而珍贵的劳绩（劳绩：功劳和成绩），在我国和世界科学史上都占着崇高的地位，值得我们纪念和学习。

五、刘洪：珠算发明人，完善《乾象历》

刘洪（约130—210），字元卓，泰山郡蒙阴（今山东临沂蒙阴）人，东汉鲁王刘兴的后裔，东汉杰出的天文学家和数学家，珠算发明人，人称"算圣"。在天文学方面，著有《七曜术》《乾象历》；在数学方面，对《九章算术》进行注释，撰成《九章算术注》；与学生徐岳问答而成的《数术记遗》，比欧洲的数学印本早近300年。临沂人将算圣刘洪同智圣诸葛亮、书圣王羲之并称为"琅琊三圣"。

（一）宫廷运筹急，发明珠算法

刘洪自幼勤奋好学，具有渊博的知识。由于他是汉光武帝刘秀的侄子鲁王刘兴的后代，自幼便能得到良好的教育，故在年轻时即踏入仕途。由于他担任过"上计掾"和"检校东观"等技术性、学术性的官职，故逐渐"专心锐思于天文、数术"，成为"当世无偶"的天文历算学家和数学家。

"珠算"一词，最早出于东汉徐岳的《数术记遗》一书。徐岳是刘洪的学生，刘洪曾向他传授了14种算法，其中之一是珠算。可以说，"珠算"是刘洪在实践中被"逼"出来的重大发明。

当年，东汉灵帝刘宏下令，要当时任上计掾（上计掾：佐理州郡上计事务的官吏）之职的刘洪，在短时间内将全国各州的人丁、地亩、赋税数字，计算清楚后交尚书院。于是，上计署厅堂内一千人，在刘洪的带领下连日来聚精会神、不辞辛劳，为朝廷计算出一项又一项数字。

然而，当时的运算工具，只是竹、木或兽骨制成的，宽约二厘米、长约十几厘米的筹签，计算时对筹签在案几上，进行时而横、时而竖地移来挪去，就叫运筹。成语"运筹帷幄"便由此而来。用筹签计算极易出错，还特别慢，更无法作高深的数学运算。

日夜运筹计算，时日一长，人们就吃不消了。离上报日期越来越近，而运算数字条目却越来越大，况且，还常常重复运算，更加耽误时日。刘洪为此，忧心忡忡！

怎样用一种比筹签更先进的工具,来代替这种筹算呢?忽然,他脑海中出现了两幕场景。

场景一:

去年,他回蒙阴老家探视父母时,邻居货郎用大中小三种杏核记数的情景。货郎记数的方法是小的一个当一,中等的一个当五,大个的一个当十,这样就比画道记数方便多了。

场景二:

不久前,在皇城洛阳街道上一个店铺前,一位白发道人背着一袋东西走出店铺,店主抓着一把筹签,气呼呼地追出店门高喊:"你是何方老道,竟敢诬蔑本店,你不知本店的筹术是当朝的官算国术吗?"

白发道人不卑不亢,彬彬有礼:"店主息怒,贫道只是认为你家账房计算有误,并无诬蔑之意,既然你家账房坚持贫道计算错了,非要依你家的计算付货兑银,贫道只好将山珍另寻别处了。"

路人见状,纷纷围观。此时,刘洪的舆马被挡住了,他掀起舆帏朝外观望,只见两人正在争执不下。

"你有何能耐说本店计算有误?"

"贫道自有贫道的算具算术。"

"哈哈……难道就是你刚才摆弄的那些桃核吗?乡伎俚俗也称得上算具算术?"

"看来店主不信贫道,贫道愿以桃核与你手中的筹签比试运算如何?"白发道人不慌不忙,不气不馁。

店主冷笑着正欲说些什么,见刘洪下车走了过来,赶忙施

礼:"上计老爷做主,这老道要以桃核乡伎俚俗扰乱官算国术。"

道人针锋相对:"上计老爷明察,桃核也许是颗颗珍珠,乡伎俚俗也许是难得的算术哩!"

刘洪望望道人,颇有兴致地问店主:"我出几个数字,你敢与这位道长比试运算吗?"

店主一愣,继而问道:"你能公辨谁对谁错?"

刘洪点头:"我胸中自有答案。"

于是,道人与店主在店铺门前,相对席地而坐,一个从算袋中掏出了桃核,一个摆开了竹制筹签。

随着刘洪的报数之声,白发道人和店主各自运算。结果道人算得又快又准,店主算得又慢又屡屡出错,最后,店主羞愧惶然,在围观者的哄笑声中沮丧地离去。

刘洪来到白发道人面前,虔诚有礼地说道:"师父,你算得既快又准,请予赐教。"

白发道人不语,提起算袋,背起褡裢欲走。

刘洪紧紧相随,再次施礼:"今日我刘洪大开眼界,如何以桃核运算,还望师父赐教一二。"

白发道人这才开口,边走边说:"贫道视这种算法为'核算',桃核中有大有小,大者以一当十,中者以一当五,小者以一当一……"

刘洪一下从床上翻身坐起,呆呆地凝思遐想。他望着窗子,月光将几串挂在窗前的山楂映在窗纸上,构成一幅图案。这图案,朦朦胧胧,神秘诱人。

刘洪的眼神集中起来,移到木几面上的几十颗桃核上,桃

核旁是十数根筹签。他轻轻将筹签推到一边,然后把桃核分成大小两组。大的摆前,小的摆后,推来挪去的摆弄。过了一阵,他眼前不觉一亮,于是站立起来,围着木几转了几圈,又坐下摆:左中右三排,大中小每排十个。审视、思考、摆放:左中右三排,各排上下两组,上一下四。刘洪慢慢移核计算。面生笑意,眉飞色舞。

雄鸡高唱,东方欲晓。刘洪彻夜未眠,终于舒了一口气,不禁呼道:"成了,成了!"

管家听到喊声,急忙赶来询问:"老爷,您怎么了?"

刘洪兴奋地对管家说:"快唤人来,算法改成了,算法改成了!"

众人闻讯赶来。"算法改成了!"刘洪指着案几上摆放的桃核,兴奋地对众人说:"每排上面的一个以一当五,中间留个空档,下面的四个以一当一,右起第一排是个位,第二排是十位,第三排是百位,往左依次类推。求和差积商,积少凑多往上进……"他边说边演示给大家看……

以桃核计算,实际上是由长形筹易为圆形筹,圆形筹要比长形筹简化了许多,且既快又准。围观的人无不赞叹称奇。

刘洪夫人说:"只是仍然容易移动,不太方便。"

刘洪点头:"是有这个缺陷,能固定下来就好了!"

佣人木工听了说:"这有何难,找块木板,做个盘儿,刨上几道小槽,不让桃核乱串就行了。"

一家人端详一阵说:"这些桃核不好看,也不好移动,依我看,还不如让木工旋些木珠,再染些颜色,岂不是好用又

好看?"

"真是众人拾柴火焰高呀!"刘洪甚是欢喜,急忙吩咐下去:"管家快去找块板,做个盘儿,刨几道槽,再去旋些木珠,染好颜色放进去。叫它什么呢?叫……盘儿?不……不对!就叫算——盘!"人类算学史上,第一个游珠算盘,就这样做成了!

(二)应邀游东海,珠算扬名声

刘洪于188年发明的"正负数珠算",为研究天文历算,起了很大作用。

刘洪有个学生叫徐岳,家住东海边的"掖县",当他跟刘洪学会珠算术后,盛情邀其老师漫游东海沿岸。刘洪看到渔民们忙忙碌碌地出海捕鱼,又看到鱼贩子们争先恐后地收鱼。有的在海滩上画杠计数,有的用算筹计算,时常被风吹雨打而出错,引起相互争吵。这时,刘洪对徐岳说,你把咱们研究的珠算术教给他们!徐岳尊师所嘱,把珠算术教给了渔民,一传十,十传百,传遍了所有的渔民。从此,再也看不到因错算数而争吵的情景了。次年,徐岳家乡受益最大的渔民,把刘洪邀去作客,以鲜活的鳗鱼招待,他们共餐畅谈。自从学会了珠算术,再也没发生过算错账的事,彼此加强了团结,扩大了贸易。这时,渔民们听说教珠算术的先生来了,一起前来看望,你一言他一语,说了不少感激的话。刘洪看到渔民多是面黄肌瘦,破衣烂衫,忙问:"是捕获不够好吗?"有位老翁有气无力地说:"不是捕获不好,而是捕到的鳗鱼上岸就全死了,根本卖不出好价钱,所以,都受穷了。"刘洪十分纳闷,刚才吃的

都是活鳗鱼,这是为什么?当刘洪离开大渔户时,十分动情地说:"请把你捕鱼的妙术传给他们吧,多谢了!"

大渔户既感激刘洪的珠算术,又怕捕鱼妙术传出去自己收入会受影响,左右为难,忽然间想出了一个两全其美的妙计。于是,大渔户只把亲朋好友邀来,将捕活鱼的妙术传授给他们,从此这些渔民也学会了捕活鳗鱼的技术。慢慢地,亲朋相传,好友相说,很快传遍了东海。

后来,连同捕鳗鱼的技术一起传到日本,这就是珠算和鳗鱼的故事。

(三)培养接班人,名篇垂青史

约184年,刘洪出任会稽郡(今浙江绍兴)东部任都尉(郡太守的副手)。在此任期内,他初步完成并向朝廷献上了他的《乾象历》。由于初成的《乾象历》,对于月亮运动的描述,具有明显的优越性和可靠性,当即被采纳,取代了东汉《四分历》的月行术。

约189年,汉灵帝特召刘洪返回洛阳,商议历法改革事宜。但由于当年四月汉灵帝驾崩,接着又有董卓等人为乱,时局骤变,朝廷无暇顾及改革历法,而在这时,刘洪正在返京的途中,于是,朝廷改任其为山阳郡(今山东金乡)太守。在此后约十多年时间里,他一方面努力料理政务,一方面继续完善《乾象历》事宜,而且注重培养学生,力图后继有人。当时著名的学者郑玄,以及徐岳、杨伟、韩翊等人,都先后得到刘洪的指点,他们后来为普及或发展《乾象历》,做出了各自的贡献。

刘洪在任山阳太守以后，还曾迁任曲城（今山东掖县）侯相，地位与太守相当。他在为侯相期间，赏罚分明，移风易俗，吏民畏而爱之，成为远近闻名的颇有威望和政绩的行政官员。

206年，刘洪最后审定了《乾象历》，这是他在初成《乾象历》以后，又经过十余年的研究、检验、充实和提高而成的历法杰作。经徐岳的学生阚泽等人的努力，《乾象历》在232—280年正式在东吴行用。更重要的是，《乾象历》以它众多的创造，使传统历法面貌一新，对后世历法产生了巨大的影响，在中国古代历法史上写下了光辉的篇章，刘洪以取得跨时代成就的天文学家而名垂青史。他的天文学成就大都载于《乾象历》中，其中以对月亮运动和月食的研究成果最为突出。

科学成就

1. 完成《九章算术》。 175—177年，刘洪因其父去世，辞官守孝三年。在这期间，刘洪完成了他的《九章算术》，这是对同名经典进行注释并融入研究心得的数学著作。因此，刘洪又以通晓算术而知名。由于这个缘故，在刘洪守孝期满后，即被任命为主管财政事务的上计掾。

178年，刘洪又为郎中。由于他在天文历算上的造诣，经蔡邕的推举，到东观和蔡邕一同编撰东汉律历志。蔡邕善著文，通音律，刘洪精通历理，密于运算，二人优势互补，密切合作，出色地完成了任务。

此后，他与蔡邕等人一起测定了二十四节气时，太阳所在

恒星间的位置，太阳距天球赤极的度距，中午太阳的影长，昼夜时间的长度，以及昏旦时南中天所值的二十八宿度值等五种不同的天文数据。这些观测成果，被列成表格收入东汉《四分历》中，依据这一表格，可以用一次差内插法，分别计算任一时日的上述五种天文量。从此，这些天文数据表格及其计算，成为中国古代历法的传统内容之一。刘洪参与了开创这一新领域的重要工作，这也是他步入天文历法界的最初贡献。

2. 创造首部历法《乾象历》。在汉灵帝光和年间，由太史蔡邕推荐，刘洪被调回京师，专门从事历法研究。在此期间，他除了按照皇帝的旨意参与"考验日月"，审核、课校他人呈报上来的研究成果外，还把多年来研究的成果汇集起来，写成《乾象历》《七曜术》和《九章算术》等专著。经过精心研究，他发现当时采用的《四分历》不准确，于是参照历代历法加以演算、改进，创造了我国第一部历法《乾象历》。

《乾象历》是考虑了月球运动不均匀的历法，在推算日食、月食时采用了定朔的方法，测得近月点的长度为27.5508日，白道和黄道约呈6度的角，从中找出每天实际运动度数和平均运动度数的差，由此可从平朔推求定朔。《乾象历》对历代历法的修订，产生极大的影响，为后世所沿用。

刘洪取得了一系列令人瞩目的天文学成就，这些成就以"新"和"精"为显著特点，或是使原有天文数据精确化，或

是对新天文概念、天文数据、天文表格、推算方法的阐明,它们大都见于《乾象历》中。郑玄称赞《乾象历》是"穷幽极微"的杰作,唐代天文学家李淳风十分中肯地指出,《乾象历》是"后世推步之师表"(《晋书·律历志中》)。

刘洪发明珠算,绝非偶然。一是其数学天才的反映,二是其担任职务所逼,三是其得益于平时,留心民间的多种计算方法。

在刘洪的一生中,如果没有这种孜孜不倦、终生求索的精神,就不可能做出如此巨大的贡献。

六、蔡伦:内廷为官,造纸鼻祖

蔡伦(61—121),字敬仲,东汉桂阳郡(今湖南耒阳)人,著名的科学家。蔡伦一生在内廷为官,因改进了造纸术,对人类文明做出了巨大的贡献,被纸工奉为造纸鼻祖、"纸神",并屹立于古今中外的杰出人物之列。在美国《影响人类历史进程的100名人排行榜》中,蔡伦名列第六位,远远排在哥伦布、爱因斯坦、达尔文之前。2007年,蔡伦又被美国《时代》周刊评选为人类"有史以来最佳发明家"。

(一)家境贫寒,被迫入宫

蔡伦出生在一个贫苦家庭,自小家境贫寒,无法正常读书。他处处留意生活中的新奇现象,有什么不懂的,非要弄个明白才肯罢休。他聪明伶俐,好动脑筋,所以心灵手巧。汉章

帝刘炟即位后，到各地挑选聪明伶俐的幼童入宫。永平十八年（75年），蔡伦被选入洛阳宫内做了太监，当时他才十四五岁。

在古代，宦官的来源主要有两种。一是从民间征选，二是受宫刑的罪人。宫刑是对重罪犯的刑罚之一，属"五刑"之一。这样，年仅十五岁的蔡伦，因家境贫寒，不得不走应宦（民间征选）这条路。

由于蔡伦聪慧，读书识字，成绩优异，于建初元年（76年）任小黄门（小黄门：低于黄门侍郎一级的宦官；泛指宦官），后作黄门侍郎，掌管宫内外公事，传达引导诸王朝见，安排就座等事务。

正宫窦太后无子，指使蔡伦诬陷章帝妃宋贵人"挟邪媚道"，通令她自杀。蔡伦因功被提拔为中常侍，随侍幼帝左右，参与国家机密大事，秩俸二千石，地位与九卿等同。

（二）投其所好，聪颖创新

永平九年（97年），窦太后卒，和帝亲政，立邓绥为皇后，蔡伦立即投靠邓皇后。邓绥喜欢舞文弄墨，蔡伦投其所好，甘心屈尊兼任尚方令，主管宫内御用器物和宫廷御用手工作坊。凡是帝、后喜欢的器物，都在尚方精制。邓后喜欢文史与纸墨，曾令各州郡岁贡献纸墨。由于职务关系，蔡伦得以有观察、接触生产实践的条件。他每有空闲，就闭门谢客，亲自到作坊进行技术调查，学习总结工匠们多年积累的经验。因其聪颖创新，对发展当时的金属冶炼、铸造、锻造及机械制造工艺，起到了不小的推动作用。如当时的钢刀制造，以炒铁为

料,经多次锻打而百炼成钢。当时,所制造的器物,在质量、性能及外观上,确实是精工制造,堪为后世仿效。

在长期的宫廷生活中,蔡伦深感没有简易的文字载体的不便,他决心要解决这个问题。

自从有了文字,就出现了书写文字的载体,如石头、龟甲、树叶、竹片、丝帛,乃至羊皮。但其作为文字载体,缺点是显而易见的,或笨重或昂贵或不易保存。相传,西汉的东方朔,给汉武帝写了一封长信,总共用了3 000根竹简,要用几个大力士才能搬动,汉武帝整整花了两个月的工夫,才把它阅读完。如果人类一直采用这些文字载体,文化传播的速度之慢,是可想而知的。

蔡伦很有才能,并且是个有心人,经常到田野、河边走访,观察妇女们在河边洗蚕丝和抽丝漂絮的过程。他发现好的蚕丝拿走后,会在席上形成薄薄的一层残留物,有人把它晒干,用来糊窗户、包东西,也可以用来写字。他还到造纸的作坊,向造丝絮纸的工匠们请教,逐渐了解和掌握了造纸的基本方法。

蔡伦深知,只有开辟更广泛的造纸的材料来源,改进造纸的技术和方法,才能造出既经济又实用的纸张,提高纸的实用性。

(三)蔡侯造纸,被称巨人

蔡伦从民间总结了制作雏形纸的零散经验,加上自己创造性的劳动,发明了一套系统的、具有实用价值的造纸技术,为纸的推广使用奠定了基础。他利用自己的地位,借助汉王朝中

央集权的力量，使纸张得以在全国推广。这样，蔡伦终于以自己的才智，为冲破书写的困境，做出了非凡的贡献。

传说，蔡伦在宫中任尚文令的时候，有一天，邓太后派人送给他一包新鲜的荔枝。原来地方上每年都要向宫中进献新鲜果品，邓太后因为蔡伦平日辛苦勤勉，对他格外恩赐。蔡伦拿着荔枝注视良久，忽然问来人："送果品的人，是否还在宫中？"来人摇摇头。

于是，蔡伦派人日夜兼程，追回了进贡的人。这是一位白发苍苍的老人，看到宫中使者，不知是祸是福，但也身不由己，只好跟着进宫。出乎老人意料，这位朝廷官吏待他为佳宾，问了他很多家乡的情况，最后还问到了包果品的"絮纸"，这是一种自然成形的丝质薄纸。面对如此和蔼的官吏，老人把制作絮纸的情况全盘道出，还把他的女儿带到宫中，让她给蔡伦演示如何炮制出"絮纸"。蔡伦由此受到启发，经过多次实验，发明了沿用至今的造纸术，终于造出了"蔡侯纸"。

蔡伦为满足社会需求而发明了纸。纸的发明与推广，使蔡伦的名字，进入科学巨人之列。那些在他前后出现的科学文化巨人们的成就，都因其造纸术的发展而得以广泛传播。

科学成就

蔡伦总结了前人的经验，扩大了造纸原料的来源，改进造纸技术，提高纸张质量，使纸张为大家所接受。他首先用树皮造纸，树皮是比麻类丰富得多的原料，可以使纸的产量大幅度

提高。树皮中所含的木素、果胶、蛋白质远比麻类高,因此,树皮的脱胶、制浆要比麻类难度大。这就促使蔡伦改进造纸的技术。西汉时,利用石灰水制浆;东汉时,改用草木灰水制浆,草木灰水有较大的碱性,有利于提高纸浆的质量。元兴元年(105年),蔡伦把他在尚方制造的优质纸张,献给汉和帝刘肇,汉和帝称赞他的才能,通令天下采用。这样,蔡伦的造纸方法,很快传遍全国各地。

蔡伦在造纸方面最突出的贡献,主要有三个方面:一是组织推广了高级麻纸的生产制作,促进了造纸术的发展。二是促进皮纸生产,在东汉创始并发展兴旺。三是受命对所藏经传的校订和抄写工作,形成了大规模用纸高潮,使纸本书籍成为传播文化的有力工具。

点 评

自从蔡伦发明纸后,纸张便渐渐深入社会生活的各个领域。官府的文书使用了纸张,便于传阅和向民众告示,使官府的行政方式大大简化了。在民间,纸张很快深入经济生活中,其中,租佃、买卖、雇佣、借贷等活动,广泛运用了纸张。

纸张对文化发展和社会生活,所产生的影响是无法估价的。纸张作为书写材料的出现,大大推动了中华民族文明史的进程。之后,纸张与印刷术、指南针、火药一起走出国门,传到欧洲,在那里石破天惊,使之站在了一个新的历史高峰上。

造纸术是我国古代"四大发明"之一,是中华民族对世界

文明做出的宝贵贡献。同时，造纸术对人类的影响更是巨大的，对文明的发展起到了不可估量的作用。蔡伦在世界上享有很高的声誉。随着国际贸易交流，造纸术沿着"丝绸之路"经过中亚、西欧，向整个世界广泛传播，大大加快了人类的文明进程。

第三章　三国魏晋南北朝时期

　　三国魏晋南北朝时期，科学技术有了显著进步，在数学、农学、地理学、天文历法、机械制造、冶炼技术、医学等方面，多有创新。魏晋时期数学家刘徽，提出了计算圆周率的方法，即"圆术"，祖冲之精确推算了圆周率的值，精确在 3.141 592 6 和 3.141 592 7 之间，这在世界科技史上，千年无人超越。

　　贾思勰的《齐民要术》，是我国最早的农书。该书集中、系统、全面地反映了古代农学成就，总结了魏晋南北朝时期北方的生产经验。

　　北魏郦道元的《水经注》，是一部全面系统的综合性地理学专著，《水经》记载了 137 条河流，《水经注》补入 1 000 多条，文字扩充了几十倍，内容包括河道流经地域的历史变迁、经济状况、自然景观等诸多方面。

　　本章代表人物：机械大师马钧、数学家刘徽、天

文学家祖冲之、地理学家郦道元、农学家贾思勰。

七、马钧：天下名巧，机械大师

马钧（生卒不详），字德衡，三国时期魏国扶风（今陕西兴平）人，是古代科技史上最负盛名的机械发明家之一。他制成了指南车和木偶百戏（又称"水转百戏"），改造了织绫机（提高了四五倍工效），研制了用于农业灌溉的龙骨水车（翻车），改制了诸葛连弩，对科学发展和技术进步做出了贡献。当时人们称他为"天下之名巧"。

（一）不擅辞令，曾遭责难

马钧从小口吃，所以不善言谈。但是，他很喜欢思索，善于动脑，同时注重实践，勤于动手，尤其喜欢钻研机械方面的问题。由于早年生活贫困，长年生活在乡间，因此，比较关心生产工具的改革，并为此做出了突出贡献。

马钧当博士时，由于改进织绫机，因而小有名气。后来，在魏朝担任给事中，同时研制机械。他善于巧思，注重实践，对解决技术问题有信心。

京师有位地图学家裴秀，见识精深，听到马钧的事迹，就到他那里与其辩论，马钧被他说得难以应对。文学家傅玄对裴秀说："您的长处是会讲话，短处是没有巧思。他的长处是有巧思，短处是不善讲话。用您的长处，攻他的短处，他当然不

能不屈服了；但如果用你的短处，去较量他的长处，那您一定有许多不理解的地方。机巧之类，是天下极微妙精深的事情，您并不理解还要不停攻击，那攻击的内容，一定离题万里了。他内心并不同意您，但嘴上又说不过，这就是他不再应对你的责难的原因了。"

（二）傅玄推荐，不被重视

马钧的设计，得到傅玄的理解和支持。傅玄去见安乡侯曹羲时说："圣人一生之中，具有各种才能德行，他选取人才并不局限于一个方面。有的以品德方面选取，有的从口才方面选取，有的从能力方面选取。从品德方面选取的人，不听他的言论就能看出他的诚心诚意，像颜渊等人就是；从口才方面选取的，能明辨是非，有机变，像宰我、子贡等人就是；从能力方面选取的，如政治上有能力的冉有、季路，文学上有能力的子游、子夏等人。圣人选用人才，一定先加考验。为什么这样？空谈理论，有很多事情是无法讲得清楚的，如果加以实践，讲不清楚的地方，一考验就容易得到证明了。马钧所要制作的，是国家精密的器械，军事上重要的战具，花费十丈木材，用去两个人的劳力，不需多少时间，就可知道是错是对。去责难那种很容易考验出结果的事情，随便用言语去压抑别人的才能，这犹如用自己的老一套去做天下的事，用不变的方法去看待层出不穷的新事物，事情当然就办不好了。马钧所制作的都是创新的东西，因此他开头的所说所为，不会马上就正确，如果认为他会有错误就不去支持他、任用他，那么杰出的奇才就无从

产生了。所以,君子不因为个人的私心去伤害别人的事业,一定要以实际考验来作标准。丢开实际考验这个标准不用,这就是为什么明明是块美玉而被诬说是石头,卞和要抱着玉璞痛哭了。"

安乡侯曹羲接受了傅玄的建议,并把情况转告给武安侯曹爽,但曹爽未予理睬。对此,傅玄感慨地说,试验一下,本来是极易办到的事,马钧是有名的巧人,尚且不受重视,何况那些怀才的无名之辈呢?

马钧在手工业、农业、军事等方面有很多发明创造,是三国时代最优秀的机械制造家,就是在中国古代几千年的历史当中,也不多见,堪称一代机械大师。但由于当时的情况,他的许多发明创造没有得到重视。

科学成就

1. 新式织绫机。 绫是一种表面光洁的提花丝织品。中国是世界上生产丝织品最早的国家,可那时的生产效率还很低。中国劳动人民在生产实践中逐步发明了简单的织绫机,这种织绫机有120个蹑(踏具),织一匹花绫得用两个月左右的时间。后来,这种织绫机虽经多次简化,可到三国时,仍然是五十根经线的织绫机五十蹑,六十根经线的织绫机六十蹑,非常笨拙。马钧看到工人在这种织绫机上操作,累得满身流汗,生产效率却很低,就下决心改良机器,以减轻工人的劳动强度。于是,他深入实践,认真研究,重新设计了一种新式织绫机。新

织绫机简化了踏具,不仅更精致、简单、适用,而且生产效率也提高了四五倍,织出的提花绫锦,花纹图案奇特,花形变化多端,受到了广大丝织工人的欢迎。新织绫机的诞生,是马钧一生中最早的贡献,它大大加快了中国古代丝织工业的发展速度,并为中国家庭手工业织布机奠定了基础。

2. **指南车**。指南车是一种辨别方向的工具。传说,四千多年前,黄帝和蚩尤作战,蚩尤故作雾气,使黄帝的军队迷失了方向。后来,黄帝制造了指南车,终于打败了蚩尤。又传说,三千年前,远方的越裳氏(今越南),派使臣到周朝,迷失了回去的路线,周公遂制造指南车相赠,作为指向工具。这些故事,虽是传说,但其发明实为久远。

三国时期,马钧对传说中的指南车极有兴趣,决心要把它重造出来。有一天,在魏明帝面前,一些官员就指南车和马钧展开了激烈的争论。马钧说:"愚见以为,指南车以往很可能是有过的,问题在于后人对它没有认真钻研,就原理方面看,造指南车还不是什么很了不起的事。"散骑常侍高堂隆听后轻视地冷冷一笑,骁骑将军秦朗更是摇头不已,他们极力嘲讽马钧。马钧说:"空口争论,又有何用?咱们试制一下,自有分晓。"明帝遂令马钧制造指南车。马钧在没有资料,没有模型的情况下,苦钻苦研,反复实验,终于制成了指南车。事实胜于雄辩,马钧用实际成就,结束了这场争论。马钧制成的指南车,在战火纷飞、硝烟弥漫的战场上,不管战车如何转动,车上木人的手始终指南,引起了满朝大臣的敬佩,从此,"天下服其巧也"。这充分体现了马钧刻苦钻研,敢想、敢说、敢做

的精神。

3. 龙骨水车。 龙骨水车,也叫翻车。它应用齿轮的原理使其汲水,很是好用。据《后汉书·张让传》记载,东汉中平三年(186年),毕岚曾制造翻车,用于取河水洒路,但那时的翻车还比较粗糙,大抵是我国乡村历代通用的龙骨水车的前身。直到三国时期,马钧重新创造了一种新式翻车,才使得翻车广泛推广应用,从而形成了从东汉到三国翻车的正式产生。

马钧当时在魏国作一个小官,经常住在京城洛阳,当时在洛阳城里,有一大块坡地非常适合种蔬菜,老百姓很想把这块土地开辟成菜园,可惜因无法引水浇地,一直空闲着。马钧看到后,就下决心要解决灌溉上的困难。于是,他又在机械上动脑筋。经过反复研究、试验,他终于创造出一种翻车,把河里的水引上了土坡,实现了老百姓多年的愿望。清代麟庆所著的《河工器具图说》记载了翻车的构造:车身用三块板拼成矩形长槽,槽两端各架一链轮,以龙骨叶板作链条,穿过长槽;车身斜置在水边,下链轮和长槽的一部分浸入水中,在岸上的链轮为主动轮;主动轮的轴较长,两端各带拐木四根;人靠在架上,踏动拐木,驱动上链轮,叶板沿槽刮水上升,到槽端将水排出,再沿长槽上方返回水中。如此循环,连续把水送到岸上。马钧所制的翻车,轻快省力,可让儿童运转,"其巧百倍于常",比当时其他提水工具强好多倍。它不但能提水,而且还能在雨涝的时候向外排水,可见进步之多,功效之高。这种翻车,是当时世界上最先进的生产工具之一,从那时起,一直被中国乡村历代所沿用,直至实现电动机械提水以前,它一直

发挥着巨大的作用。

4. 水转百戏。 马钧在传动机械方面的研究，造诣是很深的，成绩也是极其卓著的。"水转百戏"的研制成功，足以说明这一点。一次，有人进献给魏明帝一种木偶百戏，造型相当精美，可那些木偶只能摆在那里，不能动作，明帝觉得很遗憾，于是问马钧："你能使这些木偶活动吗？"马钧肯定地回答道："能！"明帝遂命马钧加以改造。没过多久，马钧便成功地创造了"水转百戏"。他用木头制成原动轮，以水力推动，使其旋转。这样，上层的所有陈设的木人都动起来了——有的击鼓，有的吹箫，有的跳舞，有的耍剑，有的骑马，有的在绳上倒立，还有百官行署，真是变化无穷。并且，这些木人出入自由，动作极其复杂，巧妙程度使原来的百戏木偶无法比拟。"水转百戏"的研制成功，在中国古代木偶艺术中，是非常卓越的创造。它虽然是玩乐的东西，但从另一方面看，马钧已能熟练掌握、巧妙利用水利和机械方面传动的原理。

5. 连弩。 由于马钧掌握了军事原理，因而他在兵器制造方面也有不少发明创造。历史文献证明，他在兵器学方面的精深研究，足以与同时代的军事学家诸葛亮相比。

那时候，魏国和蜀国经常打仗。蜀国大军事家诸葛亮，在出师北伐时，曾发明了一种可以把箭接连发射出去的兵器——连弩。它每次可发数十箭，威力很大。魏军在战场上拣到，颇感惊奇。当时，马钧看到连弩后，认为这种兵器很好，说："巧是很巧，但还有不足的地方，如再改进一下，威力还可增加五倍。"于是，他便将连弩进行了改进，果然效果甚佳，功

效可提高五倍。

6. 轮转式发石车。 汉末时官渡之战，曹操曾使用"发石车"攻击袁绍的阵地，但只能单发，效率不高。马钧担心敌方在城楼上挂起湿牛皮，就能挡住发石车抛出的石头，于是在原发石车的基础上，重新设计出了一种新式的攻城武器——轮转式发石车。原来的发石车，像个大天平，一头挂着一个斗，斗里装满大小石头，另一头挂着许多根绳子，作战时，兵士们一齐用力拉绳子这头，装石头那头就飞快地翘起来，这样，石头就被抛出去打击敌人。这种发石车缺点很多，每发射一次，都要花费一些时间，而且效果不大。马钧设计的新式轮转式发石车，则克服了这些缺点。它是利用一个木轮子，把石头挂在木轮上，这样，装上机械带动轮子飞快地转动，就可以把大石头接连不断地发射出去，使敌方来不及防御。马钧曾用车轮子来做试验，可以连续把几十块砖瓦射出几百步远（一步约1.45米），这在当时说来，威力是相当大的。

马钧的一生，虽然做过给事中官，但因其不善言辞，工作受到阻挠，技巧未得到顺利发展的机会。尽管文学家傅玄曾几次在魏国贵族安乡侯曹羲、武安侯曹爽那里推荐他，但还是没有受到重视。傅玄对此感慨颇深地说："马钧的巧，虽古时的鲁班、墨子，以及近代的张衡，也比不过，但鲁班和墨子都能见用于时，马钧的一生却不能发挥其长，真是最可痛心的事。"

傅玄的话，道出了当时社会里，许多发明家被埋没的事实。马钧对人类的贡献，虽然没被当权者所重视，但他的发明创造却得到了广大劳动人民的欢迎，几千年来，他的功绩和美名一直被人们传颂。

八、刘徽：奠数学理论，称中国"牛顿"

刘徽（约225—295），山东邹平人，魏晋时期伟大的数学家，中国古典数学理论的奠基人之一。他全面论述了《九章算术》，纠正了其中的错误，在数学方法和数学理论上做出了杰出的贡献。他是中国最早明确主张用逻辑推理方式来论证数学命题的人，其著作《九章算术注》和《海岛算经》是我国最宝贵的数学遗产。

刘徽作为现代被公认的中国历史上最杰出的数学家之一，在世界数学史上，也享有较高的声誉。但令人遗憾的是，历史上却没有留下有关他的详细生平史料。

刘徽聪明好学，幼时自学《九章算术》，长大后更加详细研究，因此，领悟了其中奥妙，并且采用自己的见解，在魏景元四年（263年）著《九章算术注》。刘徽对原书的方法、公式和定理进行一般的解释和推导，并弥补了其中的不足，撰《重差》作为《九章算术注》第十卷。他在数学方法及理论上贡献卓越，奠定了中国古代数学的理论基础。唐初以后，《重差》以《海岛算经》为名单行。刘徽的数学成就，完整地保留在

《九章算术注》中。可以说,这是我国古代数学史上的又一伟大成就,其中有着丰富多彩的创新与发明。

刘徽一生未任官职,以数学研究为己任,刻苦探求真理,为中华民族留下了无价之宝。他虽然地位低下,但是人格高尚。他不是沽名钓誉的庸人,而是学而不厌的伟人。

科学成就

1. 创立割圆术——被称为中国的"牛顿"。牛顿在数学上的最大贡献是创立了微积分,而微积分的基础是极限理论。在刘徽的著作中,已经充分体现了极限的思想。例如,刘徽在讲他所创立的"割圆术"中说:"割之弥细,所失弥少,割之又割,以至于不可割,则与圆周合体而无所失矣。"这句话是说,为求圆的周长及面积,可以用如下的办法去"割圆"。

第一次,先作圆的一个内接正多边形(如正六边形),显然,这个正六边形的周长小于圆的周长,正六边形的面积也小于圆的面积。

第二次,取图中各段弧的中点,并依次连结所有12个分点,得一个圆内接正12边形。显然,这个正12边形的周长小于圆的周长而大于原正六边形的周长,且正12边形的面积小于圆的面积而大于原正六边形的面积。

以此类推,每次都取前次"割圆"中所有弧的中点,并依次连结所有分点与上一个正多边形的顶点,依次得到圆内接正24边形,48边形,96边形……显然,每一个这样的多边形的

周长都小于圆的周长而大于前一个多边形的周长,每一个这样的多边形的面积都小于圆的面积而大于前一个多边形的面积。

所以,"割之弥细,所失弥少"的含义是"割圆"越来越细时,所得正多边形的周长或面积,与圆的周长或面积的差距越来越小;"割之又割,以至于不可割"的含义是将以上工作无限进行下去,到最后不可能分割时,所得"正多边形(边数无穷多)"与圆就没有区别了。

由于每一个正多边形的边长都可以根据上一个正多边形的边长利用勾股定理计算,所以利用这种"割圆"的办法就可以求得半径为 r 的圆的周长为 $2\pi r$,面积为 πr^2。

刘徽"割圆术"具有深远意义。

一是首次把极限思想运用于数学证明上。在这方面的成就,要比牛顿公式早 1400 年。而且他叙述极限思想的方式,比之牛顿关于极限的定义直观得多,也简单得多,是稍有数学知识的人都听得懂,看得明白的。

二是符合现代数学的发展潮流。他的每次"割圆",既有连续性又有递推性。只要求有这种递推关系,就可以编定适当的程序,利用现代计算机无限制地"割"下去。因此,现在人们可以轻而易举地将圆周率(圆的周长与其直径的比值)精确到小数点后任意多位。这种优越性,是牛顿的微积分所望尘莫及的。

三是其算法及程序化思想,给后人以巨大启迪。数学院院士吴文俊近年在机械化证明方面领先世界,他自言:"主要受中国古代数学的启发。"他指出:"《九章算术注》所蕴含的思

想影响,必将日益显著,在下一世纪中凌驾于'原本'思想体系之上,不仅不无可能,甚至说是殆成定局。"

2. 关于解决球体积的设想。《九章算术注》开立圆术所用的球体积公式,相当于刘徽指出这个公式是错误的,其原因在于,当时错误地把球与外切圆柱体积之比看成为3:4。他设计了一个牟合方盖(两个相等的圆柱体正交所得公共部分),提出球与牟合方盖的体积之比才是π:4,指出了解决球体积公式的正确途径。但他未能求出牟合方盖的体积。然而,刘徽为人谦虚,相信后学,表示"以俟能言者"。二百年后,祖暅提出"幂势既同则积不容异"的原理(即祖暅原理),求出了牟合方盖的体积,得出了正确的球体积公式:$V = 4\pi r^3/3$。

刘徽在证明羡除(楔形体)体积公式时,提出了"上连无成不方,故方锥与阳马同实"的论断,他还提出圆锥、圆亭分别与其外切方锥、方亭体积之比为π:4,从而证明了它们的体积公式。刘徽的这些思想,为后来祖暅原理的完成做了准备。此外,刘徽还提出圆锥与方锥侧面积之比为π:4的论断,从而求出了圆锥侧面积公式:$S = \pi l r$(l 是圆锥的侧长,r 是圆锥半径)。

3. 关于率的应用。刘徽给出率的定义是:"凡数相与者谓之率"。他把分数看成两个量相与,指出率具有"粗者俱粗,细者俱细"等性质,从而可以"乘以散之,约以聚之,齐同以通之",认为它们是数学运算的纲纪。并提出"凡九数以为篇名,可以广施诸率",而《九章算术》所提出的今有术(古算术名,亦称异乘同除)是普遍方法。他用率特别是用今有术注

解了《九章算术》的大部分术文，近200个问题。刘徽不仅用齐同原理，论证了分数运算、一般比例、连锁比例和比例分配问题（多集中在方田、粟米、衰分、均输诸章中），也论证了盈不足术、方程术和用勾股、测望类问题解决的正确性。

刘徽在数学上贡献极多。他发展了天文观测中的"重差术"，他说："凡望极高、测绝深而兼知其远者必用重差、勾股，则必以重差为率，故曰重差也。"他在《海岛算经》中提出重表法、连索法、累矩法三种基本方法，总结出"孤离者三望，离而又旁求者四望"。

刘徽在开方不尽的问题中提出求微数的思想，这方法与后来求无理根近似值的方法一致，它不仅是圆周率精确计算的必要条件，而且促进了十进小数的产生。在线性方程组解法中，他创造了比直除法更简便的互乘相消法，与现今解法基本一致。

刘徽提出并定义了许多数学概念，如幂（面积）、方程（线性方程组）、正负数（两算得失相反）等，从而改变了自墨学衰微以来靠约定俗成确定数学概念含义的做法。他的大多数推理、证明都合乎逻辑，十分严谨，从而把《九章算术》及他自己提出的解法、公式建立在必然性的基础之上。

简而言之，刘徽沿袭我国古代的几何传统，使之趋于完备，形成具有独特风格的几何体系。如果说《九章算术》本身建立了中国古代数学理论的框架，那么《九章算术注》的出现，则标志着中国古代理论体系的完成。其数学之树在《九章算术》的数学框架基础上加以改造，注入了血肉和灵魂，形成了一个以计算为中心，以演绎推理为主要逻辑方法

的理论系统。

刘徽的研究工作，不仅对中国古代数学发展产生了深远影响，而且在世界数学史上也确立了崇高的历史地位。《九章算术注》不仅在整理古代数学体系和完善古算理论方面取得了重要成就，而且提出了丰富多彩的创新和发明。在算术、代数、几何等方面，都有杰出的贡献。特别是在对奇零小数的处理上所创立的十进小数记法，在世界数学史上也是一项重要的成就。外国的同样方法，到14世纪才出现，比刘徽晚了千余年，因而，刘徽成为我国古典数学理论的奠基者之一。鉴于刘徽的巨大贡献，不少书上把他称作"中国数学史上的牛顿"。当代数学家吴文俊先生说："从对数学贡献的角度来衡量，刘徽应该与欧几里德、阿基米德等相提并论。"

九、祖冲之：创作《大明历》，精算圆周率

祖冲之（429—500），字文远，南北朝范阳郡遒县（今河北涞水）人。我国杰出的数学家、天文学家和科学家。他一生钻研自然科学，其主要贡献在数学、天文历法和机械制造方面。他首次将"圆周率"精算到小数点后第七位，即在

3.1415926 和 3.1415927 之间，他提出的"祖率"对数学研究具有重大贡献。他撰写的《大明历》是当时最科学最进步的历法，对后世的天文研究提供了正确的方法。

（一）工匠世家，耳濡目染

当时由于南朝社会比较安定，农业和手工业都有显著进步，经济和文化得到了迅速发展，从而也推动了科学的前进。因此，在这一段时期内，南朝出现了一些很有成就的科学家，祖冲之就是其中最杰出的人物之一。

西晋末期，祖冲之的先辈从河北迁徙到江南，并在江南定居下来。祖冲之就出生在江南，其祖父祖昌任刘宋朝大匠卿，是朝廷管理土木工程的官吏；父亲祖朔之做"奉朝请"（古代官职，定期参加朝会），学识渊博，常被邀请参加皇室的典礼、宴会。

祖冲之从小就受到很好的家庭教育。爷爷给他讲"斗转星移"，父亲领他读经书典籍，家庭的熏陶，耳濡目染，加之自己的勤奋，使他对自然科学和文学、哲学，特别是天文学产生了浓厚的兴趣，在青年时代就有了博学的名声。

（二）专功数术，著有《缀术》

祖冲之曾在自述中说，从小起便"专功数术，搜烁古今"。把上古以来的各种文献、记录、资料，几乎全都搜罗来进行考察。同时他主张，决不"虚推古人"，绝不把自己束缚在古人

的结论之中,并且亲自进行精密的测量和仔细的推算,每每"亲量圭尺,躬察仪漏,目尽毫厘,心穷筹策"。

由于祖冲之博学多才的名声,被南朝宋孝武帝派至当时朝廷的学术研究机关华林学省做研究工作,后来又到总明观任职。当时的总明观是全国最高的科研学术机构,相当于现在的中国科学院。总明观内分设文、史、儒、道、阴阳五门学科,实行分科教授制度,请来各地有名望的学者任教,祖冲之就是其一。在这里,祖冲之接触了大量国家藏书,包括天文、历法、术算方面的书籍,具备了借鉴与拓展的先决条件。

在天文历法方面,他所编制的《大明历》是当时最精密的历法。在数学方面,他推算出准确到七位小数的圆周率,取得了当时世界上最优秀的成绩,并著有《缀术》一书。

在机械制造方面,他重造指南车,发明千里船,制作定时器,改良水碓磨,为百姓生活质量的提高,做出了突出贡献。

(三)国家内乱,上书安民

祖冲之对于自然科学和文学、哲学都有广泛的兴趣,特别是对天文、数学和机械制造,更有强烈的爱好和深入钻研。

当祖冲之晚年时,齐朝发生了内乱,社会动荡不安,人民生活痛苦。在这种情况下,祖冲之的研究方向产生了很大的变化。他着重研究文学和社会科学,同时也比较关心政治。

在494—498年,他担任长水校尉的官职。当时他写了一篇《安边论》,建议政府开垦荒地,发展农业,增强国力,安定民生,巩固国防。齐明帝看到了这篇文章,打算派祖冲之巡行四方，兴办一些有利于国计民生的事业。但是由于连年战争，他的建议始终没能够实现。他的《安边论》虽未实现，但意义重大。

科学成就

1. 数学杰作《缀术》。 祖冲之写的《缀术》有五卷，是一部内容极为精采的数学书，很受人们重视。唐朝官办学校的算学科中规定：学员要学《缀术》四年；政府举行数学考试时，多从《缀术》中出题。其书汇集了祖冲之父子的数学研究成果，内容深奥，以至"学官莫能究其深奥，故废而不理"。

在《缀术》中，祖冲之提出了"开差幂"和"开差立"的问题。"差幂"是指面积之差，"开差幂"是指已知长方形的面积和长宽的差，用开平方的方法求它的长和宽，它的具体解法是用二次代数方程求解正根的问题。"开差立"是指已知长方体的体积和长、宽、高的差，用开立方的办法来求它的边长；同时也包括已知圆柱体、球体的体积，来求它们的直径的问题。所用计算方法，是用三次方程求解正根的问题，三次方程的解法以前没有过，祖冲之的解法是一项创举。

如何正确地推求圆周率的数值，是世界数学史上的一个重要课题。我国古代数学家们，对这个问题十分重视，研究也很早。在《周髀算经》和《九章算术》中，他提出了径一周三的古率，定圆周率为三，即圆周长是直径长的三倍。此后，经过历代数学家的相继探索，推算出的圆周率数值日益精确。

中国历代科技精英成才故事

祖冲之认为,自秦汉以至魏晋的数百年中,研究圆周率成绩最大的学者是刘徽,但并未达到精确的程度,于是他进一步精益钻研,去探求更精确的数值。

我国古代劳动人民在生产实践中求得的最早的圆周率值是"3",虽然不很精密,但一直被沿用到西汉。后来,随着天文、数学等科学的发展,研究圆周率的人越来越多。西汉末年的刘歆曾经采用过的圆周率是3.1547。东汉的张衡也算出圆周率为 π=3.1622。到了三国末年,数学家刘徽创造了用割圆术来求圆周率的方法,圆周率的研究才获得了重大的进展。

根据《隋书·律历志》的记载,祖冲之把一丈化为一亿忽,以此为直径求圆周率。他计算的结果共得到两个数:一个是盈数(即过剩的近似值),为3.1415927;一个是朒(nǜ)数(即不足的近似值),为3.1415926。圆周率的值正好在盈朒两数之间。

在推算圆周率时,祖冲之付出了辛勤的劳动。如果从正六边形算起,算到24 576边时,就要把同一运算程序反复进行十二次,而且每一运算程序包括加减乘除和开方等十多个步骤。用纸笔算盘来计算,是极其吃力的。当时祖冲之进行这样的计算,只能用筹码(小竹棍)来逐步推演。如果头脑不是十分冷静、精细,没有坚韧不拔的毅力,是绝不会成功的。祖冲之顽强刻苦的研究精神,是很值得推崇的。

2. 天文历法。 祖冲之在天文历法方面的成就,大都包含在他的《大明历》中,以及为此书写的驳议中。在祖冲之之前,常用的历法是天文学家何承天编制的《元嘉历》。祖冲之经过

多年的观测和推算，发现该书存在很大的差误。于是他着手制定新的历法，宋孝武帝大明六年（462年），他编制成了《大明历》，梁武帝天监九年（510年）正式颁布施行。《大明历》的主要成就有以下几个方面。

一是区分了回归年和恒星年。首次把岁差引进历法，测得岁差为45年11个月差一度。岁差的引入，是中国历法史上的重大进步。

二是规定了一个回归年为365.24281481日。直到南宋宁宗庆元五年（1199年）杨忠辅制统天历以前，它一直是最精确的数据。

三是采用了391年置144闰的新闰周。新的闰周，比以往历法采用的19年置7闰的闰周更加精密。

四是规定了交点月日数为27.21223日。交点月日数的精确测得，使准确的日月食预报成为可能，祖冲之曾用《大明历》推算了从元嘉十三年（436年）到大明三年（459年），23年间发生的4次月食时间，结果与实际完全符合。

五是得出了木星每84年超辰一次的结论。此结论得出，即定木星公转周期为11.858年。

六是给出了更精确的五星会合周期。其中水星和木星的会合周期，也接近现代的数值。

七是提出了用圭表测量正午太阳影长。用圭表测量正午太阳影长，是有效确定冬至时刻的最佳方法。

3. 机械制造。 祖冲之是一位博学多才的科学家和发明家，对于机械原理也很有研究。他曾设计制造水碓磨（利用水力加

中国历代科技精英成才故事

工粮食的工具），铜制机件传动的指南车，一天能走百里的"千里船"和"木牛流马"等水陆运输工具。还设计制造过漏壶（古代计时器）和巧妙的欹器（欹器：qīqì，倾斜易覆之器。其器注满则倒，空则侧，不多不少则正），并精通音律，是历史上少有的博学多才的人物。为纪念这位伟大的古代科学家，人们将月球背面的一座环形山命名为"祖冲之环形山"，把小行星1888命名为"祖冲之小行星"。

在中国古代，指南车的名称由来已久，但其机制构造则未见流传。祖冲之所制指南车的内部机件全是铜的，它的构造精巧，运转灵活，无论怎样转弯，木人的手总是指向南方。

祖冲之还制造了很有用的劳动工具。他看到劳动人民舂米、磨粉很费力，就创造了一种粮食加工工具，叫作水碓磨。古代劳动人民很早就发明了利用水力舂米的水碓和磨粉的水磨。西晋初年，杜预曾加以改进，发明了"连机碓"和"水转连磨"。一个连机碓能带动好几个石杵一起一落地舂米；一个水转连磨能带动八个磨同时磨粉。祖冲之又在这个基础上进一步加以改进，把水碓和水磨结合起来，生产效率更加提高了。这种加工工具，在我国南方现在有些农村还在使用着。

祖冲之还根据春秋时期文献的记载，制成了一个"欹器"，送给齐武帝的第二个儿子萧子良。欹器是古人用来警诫自满的器具，常放在身边以自警。器内没有水的时候，是侧向一边的；里面盛水以后，如果水量适中，它就竖立起来；如果水满了，它又会倒向一边，把水泼出去。这种器具，晋朝的学者杜预曾试制三次，都没有成功，祖冲之却仿制成功了。由此可见，祖冲之的机械制造才能确实了得！

祖冲之在天文历法、数学以及机械制造等方面的辉煌成就，充分体现了我国古代科学技术的高度发展水平。他认真学习，刻苦钻研，不避艰难，是取得杰出成就的重要原因。其制订《大明历》，导致历史上有名的历法改革，这是他用数学研究天文学的最大成果。华罗庚在《从祖冲之的圆周率谈起》一书中说道："祖冲之不仅是一位数学家，同时还通晓天文历法、机械制造、音乐，并且还是一位文学家。祖冲之制订的《大明历》，改革了历法，他将圆周率算到了小数点后七位，是当时世界最精确的圆周率数值，而他创造的'幂率'闻名于世。"祖冲之广泛吸收古人成就而不为其所拘泥，勇于创造和敢于坚持真理的精神，永远是我们学习的榜样。

十、郦道元：地理学先导，《水经注》作者

郦道元（约470—527），字善长。范阳涿鹿（今河北涿鹿）人。北朝北魏地理学家、散文家。其父郦范做过青州刺史，幼时随父亲到山东访求水道，后又游历秦岭、淮河以北和长城以南广大地区，考察河道沟渠，搜集有关风土民情、历史故事、

神话传说,撰《水经注》四十卷。是我国游记文学的开创者,对后世游记散文的发展影响颇大。

(一)游览四海,博览群书

郦道元在魏孝文帝延兴二年(472年),生于涿州郦亭(今河北涿州道元村),是郦范的长子,在我国郦姓宗族里面排列第九十八世。少年时期,因父亲担任青州刺史,跟随父母居住青州(今山东青州)。郦道元自此时起,对地理考察有浓厚的兴趣,有志于地理学的研究。十几岁时,他经常与朋友一起到有山水的地方游览,观察水流的情景。当时,他们游历过临朐县的熏冶泉水,又观看了石井的瀑布。瀑布奔泻而下的水流,激起了滚滚波浪和飞溅的水花,那铿锵有力的巨大音响,在川谷间回荡。这美丽壮观的景色,使郦道元大为陶醉。

他喜欢游览祖国的河流、山川,尤其喜欢研究各地的水文地理、自然风貌。他充分利用在各地做官的机会进行实地考察,足迹遍及今河北、河南、山东、山西、安徽、江苏、内蒙等广大地区,调查当地的地理、历史和风土人情等,掌握了大量的第一手资料。每到一个地方,他都要游览名胜古迹、山川河流,悉心勘察水流地势,并访问当地长者,了解古今水道的变迁情况及河流的渊源所在、流经地区等。他或跋涉郊野,寻访古迹;或走访乡老,采集民间歌谣、谚语、方言和传说,然后把自己的见闻,详细地记录下来。日积月累,他掌握了许多有关各地地理情况的原始资料。

同时,郦道元爱好读书,并以此闻名于世。在日常生活

中，书籍是他不可分离的伴侣。他一生中读过许多书，尤其是有关地理记述的书籍，他几乎读遍，如《山海经》《禹贡》《禹本纪》《周礼职方》《汉书·地理志》《水经》等，积累了丰富的地理学知识，为他的地理学研究和著述打下了基础。他读书非常严肃、认真，对书中的记载力求弄懂、弄通，对各书中记述同一地方而有出入的问题，更是着意探究其原因。大量地读书，使他具有渊博的学识，成为当时有名的学者。

（二）考察地理，完善《水经》

通过把自己看到的地理现象，同古代地理著作进行对照、比较，发现其中很多地理情况，随着时间的流逝发生了很大变化。如果不及时把这些地理现象的变迁记录下来，后人就更难以弄明白历史上的地理变化。因此，应该对此时的地理情况进行详细的考察，同时查阅古代文献，与古代的地理学著作相印证，将地理面貌的历史变迁尽可能详细、准确地记载下来。

为此，郦道元决定以《水经》为蓝本，以作注的形式写一本完整的地理学著作。通过实地考察和对地理书籍的研究，郦道元深切感到前人的地理著作，包括《山海经》《禹贡》《汉书·地理志》，以及大量的地方性著作，所记载的地理情况都过于简略。

三国时代桑钦所著的《水经》一书，虽然略具纲领，但却只记河流，不记河流流经地区的地理情况，而且河流的记述也过于简单，并有许多遗漏。更何况地理情况不是固定不变的，随着时间的推移，地理情况也不断发生变化。例如，河流会改

道，地名有变更、城镇村落有兴衰等，特别是人们的劳动会不断改变地面的风貌。因此历史上的地理著作，已经不能满足人们的需要了。郦道元决心动手写一部书，以反映当时的地理面貌和历史变迁的情况，其涉及地域东北至朝鲜的坝水（今大同江），南到扶南（今越南和柬埔寨），西南到印度新头河（今印度河），西至安息（今伊朗）、西海（今俄罗斯咸海），北到流沙（今蒙古沙漠）。可以说，《水经注》是北魏以前中国及其周围地区的地理学的总结。

（三）继承爵位，为官清刻

自父亲去世后，郦道元继承爵位，被封为永宁伯，担任太傅掾。大和十七年（493年）秋季，北魏王朝迁都洛阳，郦道元担任尚书郎。次年，跟随魏孝文帝出巡北方，因执法清正，被提拔为治书侍御史。

魏宣武帝景明二年（501年），郦道元担任冀州镇（今河北冀州）东府长史，他采取严厉手段，使奸匪盗贼闻风丧胆，纷纷逃往他乡，冀州境内大治。正始元年（504年），郦道元调任颖川（今河南许昌）太守。永平元年（508年），又调任鲁阳（今河南鲁山）太守，上表请求在当地建立学府，教化乡民。蛮人服其威名，不敢为寇。延昌二年（513年），升任辅国将军、东荆州刺史，威猛为政，如在冀州。其后，蛮人向朝廷诉讼郦道元为官严厉，朝廷召其返回洛阳。

魏孝明帝正光四年（523年），郦道元担任河南尹，治理京城洛阳。其后，奉诏前往北方各镇，整编相关的官吏，积极筹

备军粮，做好防守边关的必要准备。孝昌元年（525年），徐州刺史元法僧背叛北魏，投降南梁。郦道元奉诏率军征讨，全军在涡阳（今安徽涡阳）奋勇拼杀，多有斩获。返回京城后，升任御史中尉。

《水经注》是郦道元终其一生的心血，撰写而成的地理学巨著，内容丰富，包罗万象，对地理、历史、地名、语言文学、考古、古文献等学科，均有重要意义。

郦道元在给《水经》作注的过程中，十分注重实地考察和调查研究，同时还博览了大量前人的著作，查阅了很多地图。据统计，郦道元写《水经注》，共参阅书籍437种，经过长期艰苦的努力，完成了这一名著。《水经》记载的河流仅137条，文字只有一万多字。郦道元在《水经注》中补充了许多河流，数量比《水经》增加了近十倍，达1252条，其中有些还是独立流入大海的重要河流。《水经注》共计40卷，约30万字。它名义上是注释《水经》，实际上是在《水经》的基础上进行再创作。全书记述了1252条河流，比原著增加了近千条，文字量增加二十多倍，内容比《水经》丰富得多。

《水经注》以水道为纲，详细记述了各地的地理概况，开创了综合地理著作的新形式，涉及的范围十分广泛。从地域上讲，郦道元以河流水道这一自然现象出发，对全国的地理情况进行了详细记载。而且书中还谈到了一些外国河流，说明其对

于国外地理也非常注意。可以说,《水经注》是北魏以前中国及其周围地区的地理学的总结。

从《水经注》中我们可以看到,郦道元以其饱满的笔触,为我们展现了一千四五百年前中国的地理面貌,使人们读后可以对各地的地理状态及其历史变迁有较清晰的了解。例如,从关于北京地区的描述中,可以知道当时北京城的城址,近郊的历史遗迹、河流以及湖泊的分布等,还可以了解到北京地区人们早期进行的一些大规模改变自然环境的活动,像拦河堰的修筑、天然河流的导引和人工渠道的开凿等。这是现在所能得到的关于北京地区最早的地理资料,也是研究北京地区历史地理变迁的一个重要地点,这些资料对于今天仍然是非常有用的。科学与经验告诉我们,地理情况是随着自然条件变化的,是根据人类活动的加强而不断发生变化的。要真正了解和深刻认识今天的地理情况,单靠对现在的地理状态的研究是不够的,还必须深入了解地理情况的变化过程及其原因,以认识和掌握它的发展规律,为今天的建设事业服务。从这个意义上说,《水经注》在今天仍然具有生命力,是我们不可多得的珍贵的历史地理文献。

同时,《水经注》对考古学研究也有帮助。阴山岩画的发现,在很大程度上得益于该书的记载。《水经注》卷十六,详细记载了洛阳永宁寺的九层浮图塔,20世纪70年代的考古发掘工作,就利用了其中的资料,而且考察的结果与其材料基本吻合,说明了《水经注》内容的翔实可靠。

点评

郦道元著《水经注》,内容丰富,包罗万象,是他留给后世的宝贵财富。郦道元在写这本书时,突破了《水经》只记河流的局限。他以河流为纲,详细地记述了河流流经区域的地理情况,包括山脉、土地、物产、城市的位置和沿革、村落的兴衰,水利工程、历史遗迹等古今情况,并且具有明确的地理方位和距离的观念。像这样写作严谨、内容丰富的地理著作,在当时的中国,以至世界上都是无与伦比的。

《水经注》是第一部完整记录华夏河流山川地貌的书,在历史上被称为"圣经贤传""宇宙未有之奇书"。郦道元因此成为山水游记文学的"鼻祖"。后人创"郦学"以对《水经注》进行研究,其研究历史之悠久,内容之丰富,参与学者之众多,确乎当之无愧。

德国地理学家、地质学家李希霍芬称郦道元的《水经注》是"世界地理学的先导";东南亚学者认为郦道元是"中世纪世界上最伟大的地理学家"。郦道元对地理学的贡献和历史功绩,是值得人们尊崇的。因此,郦道元被后人尊为"中世纪最伟大的地理学家",是当之无愧的。

十一、贾思勰：誉当代"农圣"，著《齐民要术》

贾思勰（生卒不详），北魏益都（今山东寿光西南）人，农学家，出身儒学家族，官至高阳（今山东淄博一带）太守。贾思勰精通农业科学，所著《齐民要术》对中国古代汉族农学的发展产生了重大影响，为后世的农学著作提供了可遵循的依据。该书不仅是我国现存最早、最完善的农学名著，也是世界农学史上最早的名著之一，对后世的农业生产有着深远的影响。

（一）书香门第，潜心农学

贾思勰出生在一个世代务农的书香世家，他的祖上并非是"日出而作，日落而息"的农民，而是在劳作之余，喜欢读书、学习，特别重视对农业生产技术知识的学习和研究。这些于无形之中，在贾思勰的脑海里留下深深的烙印。并不很富裕的家中却拥有大量藏书，使其能够从中汲取各方面的知识，这些都为他日后编撰《齐民要术》打下了坚实的基础。

成年后的贾思勰，开始走上仕途，曾经做过高阳郡（今山东临淄）太守等官职。他每到一处，都非常重视农业生产，认真考察和研究当地的农业生产技术，并虚心向一些有着丰富实践经验的老农请教，从而积累了许多农业生产方面的知识。

（二）亲身实践，终成巨著

中年以后，他回到家乡，开始亲自从事养殖、种植等活动。在经营农牧业的过程中，他对农业生产也有了亲身体会。在遇到问题时，他还时常到各地向有经验的农夫请教。

有一次，贾思勰养的200多头羊因为饲料不足，不到一年就饿死了大半。事后他想，下次我事先种上20亩大豆，这下准备的饲料应该足够多了。这样，他又养了一群羊。可是过了一段时间，羊又死了许多。到底是什么原因呢？羊少饲料多，羊也会死亡？就在这时，有人告诉贾思勰，在百里之外有一位养羊能手，也许能帮助你。贾思勰立刻找到这位养羊能手，向他请教。他仔细询问了贾思勰养羊的情况后，找到了原因，原来是因为贾思勰随便把饲料扔在羊圈里，羊在上面踩来踩去，拉屎撒尿。羊虽然不会说话，但是拒绝吃这种不洁净的饲料，于是就饿死了。贾思勰在此住了几天，认真观察羊圈，学习养羊经验。回去之后，就按照这些方法，效果果然不错。

后来，贾思勰又陆续到过河南、河北、山西、山东等地，虚心地向当地有经验的老农请教，学习他们的宝贵经验。比如，长着茅草的地，要先让牛羊在上面踩过一遍，七月份翻地后，茅草才会死去；长得饱满的、颜色纯正的穗子，是首选的种子类型，把它们割下来，高高挂起，等到第二年春天再脱下粒来播种，庄稼长势才好；不同的地理位置，不同的气候环境，要选不同的作物种类。例如，风大霜重的山地种谷子，就得选用茎秆坚强的品种；而温暖潮湿的低地种谷子，就得选用

生长旺盛产量高的品种。他在不断探索和实践中,逐步掌握了丰富的生产经验。

贾思勰为什么会对农业生产经验如此感兴趣呢?因为他认识到,农业生产与人民的生活关系密切,国家能否强盛,几乎决定于君主是否重视农业生产,而农业生产要想有发展,就必须提高政府官员和农民的科学技术水平。他亲自进行农业生产活动,总结实践经验,研究前人成果。在公元534—544年,他写成了农业科学技术巨著《齐民要术》,内容包括各类农作物、纤维作物、油料作物、染料作物、香料作物、绿肥作物、饲料作物等,还包括水生植物、蔬菜、瓜果、实用木材等,就连养猪、养鸡、制造酱醋等农副产品,也都有详细说明,是我国最早的一部农业百科全书,为研究我国古代农业生产,提供了极为真实的详细史料。

(三)重视农耕,勤谨力功

贾思勰十分重视农业生产,认为奖励农耕,发展生产,是富民强国之道。因此,他主张推广农业科技,发展农业生产,以使人民富足,国家富强。他大量引用历史事实,说明"富国以农"的道理,并举例说明:魏文侯推行发展农业的政策,魏国富强了;秦孝公推行奖励耕战的政策,秦国也富强了。他称赞西汉以来,一些地方官吏奖励农耕、兴修水利、提倡节俭等政策取得的成效。对统治者不重视发展农业,而出现"满道白骨交横"的悲惨景象,进行斥责。他还以《管子》书中"一农不耕,民有饥者,一女不织,民有寒者"的论述,作为自己立

论的基础,说明发展农业生产的重要性。他这种"富国以农"的思想,有其积极的意义。

在农业生产上,贾思勰认为,农业收成的好坏,既不是上天的恩赐,也不是上天的惩罚,而是看人努力不努力,人勤劳了就不会贫穷。天时虽好,而不去种植,也不会得到粮食。他还进一步指出,如果四体不勤,又不开动脑筋,而能把事情办好、使生活富裕,这是从来没有听说过的事情。

在《齐民要术》中,贾思勰多次提到了"勤""谨""力""功"等概念,并结合具体情况分析它们之间的联系,及其与农业经济之间的关系。他明确提出:"勤力可以不贫,谨身可以避祸。"这清楚地表明了他对劳动的重视程度,说明了他已具有"劳动为财富之源"的观念。

他所主张的"勤",是提倡包括统治者在内的全体社会成员的勤。他主张"全体社会成员勤奋劳作,以创造农业繁荣"的观点,在当时是不多见的。他所说的"谨",是指节俭和精打细算;他所谈到的"力",是指劳动者所付出的体力劳动;而"功"是指各种农业生产活动所取得的劳动成果。

(四)治学严谨,继承创新

贾思勰具有严肃认真的治学态度。他在编写《齐民要术》时,经常访问有经验的老农,注意收集民间的谚语、歌谣。据统计,这部书中收集的这类谚语达三十多条,是非常珍贵的农学遗产。贾思勰十分重视参考前人的农学研究成果。他在《齐民要术》中,引用前人的著作150多种,其中包括两汉时期

的《氾胜之书》《四民月令》等重要农书。由于他的引用,才保存下来部分内容,才得以了解古代农业科学技术的发展情况,他为此做出了巨大的贡献。在文风上,他讲求实际,严肃认真。这与当时社会上追求仕禄、崇尚空谈的风气形成了鲜明的对比。

贾思勰把我国古代劳动人民,在长期的生产实践中积累的成功经验,进行了比较完整的总结和提高,从理论上说明了这些技术措施的重要意义。同时,他还提出了一系列耕作的技术原则和要求。例如,不要在土壤潮湿的时候耕地;要耕深耕细,随耕随耙;多锄深锄,锄小锄早,逐次调整中耕深度;怎样打井浇地、积雪、冬灌;等等。他还提出在同一块田地实行轮作的方法。他指出,不换田会影响谷物产量,也容易发生病虫害,豆茬、大麻连作,容易发生茎叶夭折的病虫害,这是关于连作能引起病虫害的最早记载。他还提倡种植绿肥,以提高地力。其中,绿豆的肥效最好,小豆、芝麻次之,肥力同蚕粪、熟粪一样好,能使谷物增产。当时,他已经认识到绿肥的作用,把用地和养地结合起来,的确是件了不起的事。那时,欧洲还不懂得轮作和套种,不懂得绿肥的作用,直到18世纪30年代英国才开始实行绿肥轮作制。

科学成就

1. 突出农业贡献。 贾思勰的《齐民要术》,是一部规模宏大、丰富多彩的农业科学技术专著,全书分为10卷92篇,共

计11万多字。该书涉及各种农作物的栽培,各种经济林木的生产,野生植物的利用,家禽、家畜、鱼类的饲养,以及农、副、畜产品的加工制造,等等。该书比较系统地总结了黄河中下游地区北魏和北魏以前农业生产技术的成就,初步建立了农业科学技术体系,是我国乃至世界上保存下来的最早最完整的一部农业科学技术著作,推动了我国古代农业生产和农业科学技术的发展和进步。

(1) 建立了较完整的农学体系。《齐民要术》全书结构严谨,从开荒到耕种;从生产前的准备到生产后的农产品加工、酿造与利用;从种植业、林业到畜禽饲养业、水产养殖业,论述全面,脉络清楚。在学科类目划分上,书中基本依据每个项目在当时农业生产、民众生活中,所占的比例和轻重位置来安排顺序。在饲养动物方面,先讲马、牛,接着叙述羊、猪、禽类,多是各按相法、饲养、繁衍、疾病医治等项进行阐说,对水产养殖也安排一定的篇幅作专门载说。其内容重点突出,主次分明,详略适宜。元代的《农桑辑要》《王祯农书》,明代的《农政全书》,清代的《授时通考》,这四部大型农书,均取法《齐民要术》中所载的种植、养殖技术、原理、原则,许多至今仍有重要的参考借鉴作用。

(2) 将动物养殖技术向前推进了一步。《齐民要术》有六篇,分别叙述养牛马驴骡、养羊、养猪、养鸡、养鹅鸭、养鱼。役畜使用强调量其力能,饮饲冷暖要求适其天性,总结出"食有三刍,饮有三时"的成熟经验。养猪部分载有给小猪补饲粟、豆的措施。书中已注意到饲育畜禽等,在群体中要保持

合理的雌雄比例。其中《养羊篇》提出十只羊中要有两只公羊，公羊太少，母羊受孕不好，公羊多了，则会造成羊群纷乱。对养鹅、鸭、鸡、鱼等，都提出了雌雄相关的比例关系，鹅一般是三雌一雄，鸭五雌一雄。池中放养雌鲤二十尾则配雄鲤四尾。

（3）农产品加工、贮藏技术。酒、酱、醋等发明很早，但其制作过程，以《齐民要术》为最早。在"作酱法第七十"中，首先叙述用豆做的酱，但也记载了肉酱、鱼酱、鱼子酱、虾酱等的制作方法。在"作菹藏生菜法第八十八"中提到藏生菜法："九月、十月中，于墙南日阳中掘作坑，深四五尺。取杂菜种别布之，僧一行菜，僧一行土，去坎一尺许便止，以穰厚覆之，得经冬，须即取。粲然与夏菜不殊。"与"假植贮藏"措施基本相同。

（4）记载了许多农业技术的观察材料。"种韭第二十二"中提到"韭性内生，不向外长"。"种梨第三十七"中提到梨树嫁接，接穗。"用根蒂小枝，树形可喜，五年方结子；鸠脚老枝，三年即结子而树丑。"同篇还有"每梨有十许子，唯二子生梨，余生杜"。"种椒第四十三"讲叙椒的移栽时称："此物性不耐寒，阳中之树，冬须草裹，其生小阴中者，少禀寒气，则不用裹。"这些，都是很有启发意义的观察记载材料，得到后世农学家的重视。

（5）重视对农业生产和科学技术的分析指导。在全书中，如栽种蔬菜瓜果、植树营林、养鱼、酿造等篇，却详细描述了怎样进行多样经营，如何到市场售卖，怎样多层次利用农产品

等有关经济效益的内容。在"种榆白杨第四十六"中,具体叙述了榆树播种、杨树插枝育苗的技术,并提出幼树隔三至五年间,可伐作材料出售。

2. 注重成本核算。 顺应自然规律,发挥主观能动性。农作物生长是有规律的,比如谷子成熟有早晚,早熟的谷子棵体矮小,果实多;晚熟的谷子长得高大,而果实少。强壮的苗长得短小,黄谷就是这样。以粮食为中心,多种经营。重视农业,首先是重视粮食。但他又不把农业生产归结为生产粮食,而是要多种经营。农副产品加工是农业生产的继续,是生产转向消费的必要环节。经过加工的农副产品,不但满足了消费的需要,而且还提高了价值。

重生产成本与经济核算。首先要按市场条件来安排生产,其次要有适当的规模、合理的布局来生产。要使用临时性雇工,以降低成本,重视成本核算与利润的计算。《齐民要术》列举了大量实例,教农民如何计算,甚至连运输、销售的费用都有计算。

3. 主张改革创新。 贾思勰主张改革创新,采用新的耕作制度和技术。他列举了许多落后地区,由于推广了先进技术,从而改变了农业生产落后面貌的生动事例,说明采用与推广新的耕作制度和先进生产技术的重要性。他认为,只要重视农业生产,坚持农业改革和创新,采用合理的耕作技术,"顺天时,量地利",就可以"用力少而成功多",从而达到增加生产的目的。

他揭示了生物和环境的相互关系,描述了生物遗传和变异

的关系。他引用自己观察到的事实,说明由于"土地之异",同一植物形态习性会变得同原来有很大差别。进而,介绍了许多改变旧的遗传性、创造新品种的经验,涉及人工选择、人工杂交和定向培育等育种原理,说明我国早在6世纪,在遗传育种的理论和实践方面,已经取得了很大的成就。其中不少经验和论点,对于指导今天农业生产仍有现实意义。

贾思勰所著的《齐民要术》,是在前代农学的基础上,全面、系统地总结了魏晋以来400年间黄河流域旱地农业生产的新经验和新成就,是中国现存的最早、最完整的农书,堪称为我国古代的一部农业百科全书。此后,中国著名的农学古籍与《齐民要术》规模相似的有,元代的《农桑辑要》《王祯农书》,明代的《农政全书》以及清代的《授时通考》,这四部内容全面的大型农书均取法《齐民要术》。

贾思勰本人尊重劳动和敬重劳动人民,具有远见卓识,能把富国的根本放在农业上,这是很可贵的见解。他通晓多方面的知识和技术,将实践放在很重要的位置上,具有实事求是的科学精神。这种不畏艰难的科学态度和为民造福的思想境界,永远值得后人学习。

第四章 隋唐五代时期

隋唐五代的科学技术,是中国科学技术高度发展的时期,有的远远地超过欧洲,而居于世界前列。

在天文历法方面,刘焯的《皇极历》,岁差准确值高于欧洲;徐昂的《宣明历》,测出了黄道与赤道的交角;僧一行的《大衍历》,为后代编历提供了固定的模式。

在数学方面,王孝通的《缉古算经》,对古代数学方程式理论做出了卓越贡献。李淳风与梁述、王真儒等人编注《十部算经》,推动了古代数学成果的普及。

在农学方面,陆羽的《茶经》,是世界第一部茶文化专著;李石的《司牧安骥集》,是我国最早最完整的兽医大典。其他农学著作,使隋唐时期出现了异常繁荣的农学研究盛况。

在建筑学方面,宇文恺主持修建的大兴城及洛阳

城，各种功能均大大超越前代都城。赵州桥造型奇特、设计精巧，至今仍是桥梁建筑史上的光辉范例。

本章代表人物：建筑工程专家宇文恺、风水大师李淳风、茶圣陆羽、天文学家僧一行。

十二、宇文恺：擅长工艺，建筑巧匠

宇文恺（555—612），字安乐，朔方夏州（今陕西靖边境内）人，后徙居长安。隋代城市规划与建筑工程专家，自幼博览群书，精熟历代典章制度，擅长工艺，尤善建筑。隋文帝时期，修建了著名的大兴城（今陕西西安）和东京洛阳城，官至工部尚书。他在建筑学方面的著述有《东都图记》《明堂图议》《释疑》等，其中，《明堂图议》部分内容保存在《隋书·宇文恺传》和《资治通鉴》等史籍中。

（一）出身显赫，初露锋芒

西魏恭帝二年（555年），宇文恺生于长安。其父宇文贵从小喜欢武艺，厌倦诗文，后来就从军作战，多次立功，受到皇上封赏，逐渐成为一个显赫家族。宇文恺的大哥、二哥也与其父一样，因军功显赫而被册封要职。宇文恺因是功臣之后，两岁被赠爵双泉县伯，六岁进封为安平郡公，随后又累获许多荣誉。但宇文恺从小喜欢博览群书、学习知识，尤其喜爱建筑方面的知识，年轻时就以博学多才而闻名。

他二十多岁时曾被任用为上开府、工部匠师中大夫,成为北周政权主管建筑的官员。北周末,宇文恺累迁右侍上士、御正中大夫、仪同三司。大象二年(580年),杨坚任北周宰相后,宇文恺又被任命为上开府、匠师中大夫。当时,年轻的宇文恺已经在建筑科学和工程管理方面崭露锋芒。

(二)筑大兴城,闻名于世

开皇元年(581年),隋文帝"修宗庙",宇文恺任营宗庙副监、太子左庶子,负责宗庙的兴修事务。宗庙建成后,被加封为甑山县公,邑千户,随后投入了隋代都城大兴城的营建工程。

开皇二年六月,隋文帝"诏左仆射高颎、将作大匠刘龙、巨鹿郡公贺娄子干、太府少卿高龙叉等创造新都","以太子左庶子宇文恺有巧思,领营新都副监"。那时高颎虽为大监,不过总领大纲,而规模、计划皆出自宇文恺。由于杨坚在北周时曾被封为大兴公,故新都命名为大兴城。大兴城乃当时的"世界第一城"。

开皇四年(584年)六月,因东南到长安运粮困难,宇文恺率水工凿渠引渭水,开通了从大兴城东至潼关三百余里的广通渠。这一河渠通航以后,既改善了漕运,又使两岸农田获得了灌溉,史称"转运通利,关内赖之"(《隋书·食货志》)。广通渠的修筑,为隋朝大运河的开凿积累了丰富的经验,是隋代大运河开凿的先声。

开皇十三年(593年),隋文帝要在岐州(今陕西凤翔)建仁寿宫,经右仆射杨素推荐,文帝任命宇文恺为检校将作大

匠,后又拜为仁寿宫监、将作少监。在杨素的主持下,仁寿宫建造得非常华丽,后来成为著名的皇家避暑胜地,成为隋文帝经常临幸的别宫。功成之后,宇文恺被授予仪同三司,擢为将作少监。

(三)学识渊博,博学多艺

隋炀帝杨广即位后,要营建洛阳都,又以宇文恺为营东都副监,后迁将作大匠。宇文恺把东都建筑得极其壮丽,因此被升为工部尚书。他曾经建造大帐,帐下可以容纳数千人。又造观风行殿,殿上可以容纳侍卫数百人,行殿下装轮轴,可以迅速拆卸和拼合。他曾建议按古制建筑明堂,"下为方堂,堂有五室,上为圆观,观有四门",并曾用木料制作了模型。虽然没有兴建,却表现了他的巧思和学识之渊博。

大业三年(607年)七月,宇文恺跟随炀帝巡游边塞时,造了一系列的活动建筑:有千人帐,下面能同时坐数千人;有观风行殿,上面能容侍卫几百人。让高昌王、吐谷浑王上殿,奏九部乐,设鱼龙曼宴,以示宠幸,游牧民族见了无不惊骇,大扬国威。这可能是世界上最早的活动房屋。后来又建行城,其估计是一种板装并附有布屏的围城。在巡游过程中,隋朝正修西起榆林郡,东至紫河的长城,宇文恺也参与设计规划,故而在大业四年(608年)三月,被任命为工部尚书。

他对传统的礼仪制度也有精深了解,曾依前人的记载,为隋文帝设计了久已失传的明堂,为炀帝勘定舆服制度。这种复原古代的礼仪建筑,绝非易事,无"博古"之学、"博采"之能,殆无可能。他任莱州刺史时的政绩颇为人称道,宇文恺也有许多著作,如《东都图记》二十卷、《明堂图议》二卷、《释疑》一卷、《东宫典记》七十卷等。

科学成就

1. 大兴城的营建。 大兴城是在短时间内按周密规划兴建而成的崭新城市。全城由宫城、皇城和郭城组成。开皇二年(582年)六月开始兴建,十二月基本竣工,前后仅九个月,其建设速度之快,实在令人惊叹。整个工程的规划、设计、人力、物力的组织和管理,相当精细严谨。在规划设计和建设施工中,包括地形、水源、交通、军事防御、环境美化、城市管理、市场供需等配套工程,以及都城作为政治、军事、经济、文化中心的特点等诸多因素,需要解决一系列复杂的问题。因此,大兴城的兴建,标志着当时中国所达到的经济和科学技术的最高水平。

宫城位于南北中轴线的北部,"东西四里(不含掖庭宫),南北二里二百七十步,崇三丈五尺"。中部是大兴宫,由大兴殿等数十座殿台楼阁组成,是皇帝起居、听政的场所。东部为东宫,专供太子居住和办理政务。西部为掖庭宫,是安置宫女学习技艺的地方。

皇城(又称子城)在宫城南面,由一条横街与宫城相隔,是军政机构和宗庙的所在地。"城中南北七街,东西五街。左宗庙,右社稷。百僚廨署列于其间,凡省六,寺九,台一,监

四,卫十有八。东宫官属,凡府一,坊三,寺三,率府十"。

郭城(又称罗城、京城)由南北向大街十一条,东西向大街十四条,划分为一百零八个里坊和两个商市,形成棋盘形的布局。白居易有诗云:"百千家似围棋局,十二街如种菜畦。"既形象又贴切地描绘了大兴城的布局特征。

在大兴城的规划和兴建中,根据其地理环境和河道情况,开凿了三条水渠引水入城。城南为永安渠和清明渠,城东为龙首渠,龙首渠又分出两条支渠。三条水渠都分别流经宫苑再注入渭水,不但可以解决排水问题,而且还可以进行生活物资的运输。水渠两岸种植柳树,形成了"渠柳条条水面齐"的宜人景色。城东南还开辟有曲江"芙蓉园",其"花卉周环,烟水明媚,都人游赏盛于中秋节。江侧菰蒲葱翠,柳荫四合,碧波红蕖,湛然可爱",是全城的风景区和旅游区。

在当时的社会、经济、科技条件下,大兴城有如此规模的建设和成就,是值得人们赞颂的。大兴城的设计和布局思想,不但对中国后世的都市建设有着很大的影响,而且对日本、朝鲜的都市建设也有着深刻的影响。

2. 东京城的营建。 东京(又名东都、新都)位于汉魏洛阳城之西约十公里,北依邙山,南对龙门,地理位置十分优越。由于水陆交通方便,自隋代至北宋,东京一直作为陪都,成为政治、经济和交通的中心。

仁寿四年(604年)七月,隋炀帝杨广继位。鉴于大兴城位置偏西,水陆交通不便,为了加强对河北、山东以及江淮地区的控制,决定在洛阳故都附近建造新城,作为东京。

东京规模略小于大兴城。全城亦是由宫城、皇城、郭城所构成。洛水由西而东穿城而过,把城分为南北二区。由于地形的关系,东京不似大兴城那样,强调南北中轴线和完全对称的布局方式,其宫城和皇城建于西北部,但整个规划力求方正、整齐,仍与大兴城相似。

宫城名紫禁城,"东西四里一百八十八步,南北二里八十五步,周一十三里二百四十一步,其崇四丈八尺,以象北辰藩卫。城中隔城二,在东南隅者太子居之,在西北隅者皇子、公主居之。城北隔城二,最北者圆璧城,次南曜仪城"。宫城内有乾阳殿、大业殿等数十座殿、阁、堂、院,极其富丽堂皇。李吉甫称:"(东京)宫室台殿,皆宇文恺所创也。恺巧思绝伦,因此制造颇穷奢丽,前代都邑莫之比焉。"其中以乾阳殿最为奢华,是皇帝举行大典和接待重要外国使团的地方。"殿庭东南西南各有重楼,一悬钟,一悬鼓,刻漏即在楼下,随刻漏则鸣钟鼓"。宫城正门则天门,"门上飞观相夹,门外即朝堂"。

3. 明堂设计,一大创举。除了规划、设计和主持施工,建造了一系列大型建筑工程外,宇文恺还在明堂设计方面花费了大量心血,取得了重要的成就。

明堂原是周代朝廷的前殿,传说其形制是周公所立,后世追崇周制,把明堂制度神圣化,成为中国古代举行大典和宣明政教的大殿,凡朝会及祭祀、庆典、选士、教学等大典,都在其中举行。明堂象征着帝王的权威,即所谓的"天子坐明堂"。

隋文帝平陈之后,也把建立明堂制度提上了议事日程。开皇十三年(593年),诏命礼部尚书牛弘等议定明堂制度,当时

任检校将作大匠的宇文恺曾献上明堂木样,受到隋文帝的赞赏,但由于诸儒异议,而后作罢。

隋炀帝继立之后,宇文恺又上"明堂议"及明堂木样。

宇文恺所上的《明堂议表》除引经据典,考证明堂制度外,还附有建筑设计图和立体木制建筑模型。为完成此项工作,他花费了大量的心血。他"远寻经传,傍求子史,研究众说,总撰今图。其样以木为之,下为方堂,堂有五室,上为圆观,观有四门"。这是一篇很有学术价值的建筑考古学文献。虽说其所议定的明堂制度为一家之言,无能定论,但从他所绘制的建筑图和据此制作的木制立体模型,却可以推断他已经使用了比例尺。这种利用比例关系绘制建筑图与制作立体建筑模型的方法,在中国建筑史上是一大创举,具有重要意义。

点 评

宇文恺的一生,主要是担任营造方面的高级官员,主持过许多大型建筑工程,起着相当于工程总指挥、总设计师、总工程师的作用。为了满足统治者的奢望,博得器重,在工艺的许多方面都有创新,取得了许多重大的成就,具有跨时代的意义。在他设计和主持的工程中,如开凿广通渠,有利于国计民生。建筑仁寿宫和东京的工程,他虽挂名副职,但他是实际负责人,因此,不愧为城市规划与建筑工程专家。

十三、李淳风：通晓天文学，撰著《推背图》

李淳风（602—670），岐州雍县（今陕西凤翔）人。唐代杰出的天文学家、数学家。自幼聪慧好学，博览群书，尤其精通天文、历法、数学、阴阳学等。其父李播，通晓天文星象，隋朝时曾担任过隋炀帝的司监官。李淳风对浑仪做了重大改革；编制《麟德历》，撰写《晋书》《隋书》中的天文志、律历志、五行志；主持编定与注释《十部算经》。他和袁天罡所著的《推背图》，以其预言的准确而著称于世。他还是世界上第一个给风定级的人。

（一）少年神童，如鱼得水

李淳风，隋仁寿二年（602年），生于岐州雍县（今陕西凤翔），其父李播，颇有学问，曾任县衙小吏，后弃官为道士，自号黄冠子，注《老子》，撰《方志图》十卷、《天文大象赋》等。因此，从小被誉为"神童"的李淳风在其父的影响下，博览群书，尤钟情于天文、地理、道学、阴阳之学，9岁便远赴河南南坨山静云观，拜至元道长为师。17岁回到家乡，经李世民的好友刘文静推荐，成为李世民的谋士，参与了反隋兴唐大起义。公元618年，李渊称帝，封李世民为秦王，李淳风成为秦王府记室参军。贞观元年，由于其天文学的造诣，李淳风在

李唐王朝崭露头角。

唐初用的历法,是傅仁均编撰的《戊寅元历》,李淳风对之做了详细研究,提出了修改意见,唐太宗派人考察,采纳了他的部分建议。在古代,历法编撰是专门学问,一般学者很难问津,而李淳风对《戊寅元历》提出修订意见时才20多岁,这自然要引起人们注意。他也因此得到褒奖,被授予将仕郎,进入太史局任职,从此,在置掌天文、地理、制历、修史之职的太史局,开始了他的官方天文学家的生涯。

(二)预测日蚀,先知先觉

有一次,他在观测星象时,预测朔日(初一)将会出现日食。古人认为上天出现日食,是一种很不吉祥的预兆。可是他出于强烈的责任心,还是据实奏报给了唐太宗。

太宗接到奏报后很不高兴,生气地说:"到时候如果没有日食,看你如何处置自己?"李淳风却毫不畏惧,他摸了摸胡子,斩钉截铁地答道:"到时候如果没有日食,臣甘愿受死。"

初一那天,唐太宗早早便来到院子里等候。可等了很长时间,日食也没出现,便对站在旁边的李淳风说:"朕暂且先放你回家一趟,好让你和老婆、孩子告个别。"李淳风却不慌不忙地说:"现在还没到时候。"说着,便用手指在日晷上画了一条道,说:"等到太阳照到这个地方时,日食就会出现。"

太宗强忍着怒火没吭声,周围的大臣都替他捏了一把汗。不一会儿,日食果然出现了,跟李淳风预报的时间丝毫不差,大家悬着的心这才落了下来。唐太宗看到李淳风这样勇敢直

率,心里十分感动,不久便提拔他担任了太史令。

有一次,一阵暴风从南面刮来,李淳风认为在南面五里远的地方一定有人在哭,张率则认为那里一定有音乐声。皇帝身边的人便骑马跑去查看,结果碰上一支啼哭着的送葬队伍,队伍里面又有吹鼓手奏着哀乐。

有一次,李淳风奏禀皇帝说:"七个北斗星要变成人,明天将去西市喝酒。可以派人守候在那里,将他们抓获。"太宗相信了他的话,便派人前去守候。有七个婆罗门僧人从金光门进城,到了西市酒楼,上了楼,向店主人要了一石酒,端起碗来就喝,时间不长便把一石酒喝光了,于是又添了一石。皇帝派来的使者走上楼来,宣读了皇帝的诏书。宣读结束后,僧人笑道:"一定是李淳风这小子说我们什么了。"于是便对使者说:"等把酒喝完了,我们跟你一块儿走。"喝完酒后,他们便要下楼,使者在前面带路先下去了,当使者回头看他们几个时,僧人已踪影全无。使者回去将以上情形如实奏禀皇上,太宗听后甚为惊异。当初僧人喝酒时,并未交酒钱,但当店主收拾器具时,在僧人的座位下面竟发现有钱两千。

(三)坐山林间,推古今事

《推背图》是中华预言第一奇书,传说它是唐太宗李世民为推算大唐国运,下令让当时两位著名的天相家李淳风和袁天罡编写的。据说李、袁二人,游于山水林泉间,一日相遇无事,便相背而坐,推古往今来之事。一人推前事,一人推后事,推一事画一幅秘像,写几句谶言偈语以记。如此数天,天

帝怕天机泄露过多，派陈博老祖去阻止。陈呼二人："你们测什么天下大事，且先算我是进是退？"说着一步跨开，目视二位名家。李、袁二人猛然醒悟，即飘然而去。所以，后人名其为《推背图》，该书被山人所得，因不解其意，遂流传于世。明代金圣叹曾为《推背图》作注，并力求揭密。

今天人们看到的《推背图》，是清乾隆年间的举人金圣叹评批的版本，原本现仍保存于台北故宫博物院中。本书与西方诺察丹玛斯的《诸世纪》不同，它没有打乱历史顺序，预言的都是国家兴亡的大事，所以更有研究价值，其准确性也更高。它预言世界大同，天下一家的其乐融融的未来世界，令人鼓舞。

（四）算大唐运，劝遂天意

贞观二十二年（648年）六月初，长安城中出现了"太白（星）屡昼见"的天象。太史据此占卜得出了一个"帝传三世，武代李兴"，女主昌（盛）的卜象。早年，长安城中民间又早就流传着一种《秘记》，说道："唐（朝）三世之后，女主武王代有天下。"由于传言与卜象相符，故太宗得知后，极为厌恶和憎恨。为此，太宗曾秘密召见太史令李淳风加以垂询："《秘记》所云，信有之乎？"李淳风答道："臣仰稽天象，俯察历数，其人已在陛下宫中，为亲属，自今不过三十年，当王天下，杀唐子孙殆尽，其兆既成矣。"太宗又问："疑似者尽杀之，何如？"李淳风答道："天之所命，人不能违也。王者不死，徒多杀无辜。且自今以往三十年，其人已老，庶几颇有慈

心，为祸或浅。今借使得而杀之，天或生壮者肆其怨毒，恐陛下子孙，无遗类矣。"这次密谈后，太宗虽没将"疑似者尽杀之"的想法付诸行动，但对传言与天象的记忆有增无已，对武氏女王将取代唐朝天下这件事特别留意，成了一大心病，为日后李君羡谶言冤案埋下伏笔。

（五）辞官隐居，风水宝地

李淳风辞官后，隐居在四川阆中天宫院的所在地。天宫院始建于唐，明清时期经过重建和续建。天宫院所在地四周，有九条明显的山脉，山脉好似条条蛟龙，从九个不同的方向会集于天宫院，九条龙的龙头所捧处，即天宫院所在地。于是，"九龙捧圣"一说传开。

阆中风水文化研究会表明，天宫院的"风水"的确了得。一代相术大师袁天罡和一代风水大师李淳风，当年步王气，不远千里从长安来到阆中，并为阆中的山水相留是有原因的。至少，两位大师认同当地的"风水"。

位于相距天宫院不远处，为当年李淳风居住的宅地。淳风寺坐落在一个坐东向西的小山梁上，依地势看，淳风寺是"坐艮向坤"，寺庙所坐的父母山是艮寅山，最高峰在甲上。淳风大师选此"天市垣""北斗星天柱""风星"所居之地域，来研究天文地理，实地观天测地、占风，确为难得之佳地。

站在淳风寺，四面眺望，周围是高山回环，草木茂盛，让人"眼界轩豁，气象爽丽"，淳风寺的地形，如"鸾凤飞舞"，唐时此处即被称之"仙鹤会"。

1. 编注《十部算经》，提供数学教材。 李淳风在数学方面的主要贡献，是编定与注释著名的《十部算经》，并被用作唐代国子监算学馆的数学教材。

《十部算经》（又称《算经十书》），是指《周髀算经》《九章算术》《海岛算经》《孙子算经》《夏侯阳算经》《张丘建算经》《缀术》《五曹算经》《五经算术》《缉古算术》这十部数学著作。它们是唐代以前的主要数学著作，代表了中国古代数学的光辉成就。李淳风纠正了《周髀算经》存在的缺点，使这部书趋于完美。《十部算经》成为唐以后各朝代的数学教科书，对唐朝以后数学的发展产生了巨大的影响，特别是为宋元时期数学的高度发展创造了条件。

后人对李淳风编定和注释《十部算经》的功绩，给予了很高的评价，如英国的著名学者李约瑟博士就说过："他大概是整个中国历史上最伟大的数学著作注释家。"

2. 改革旧历法，创编新历法。 贞观元年，李淳风上疏论《戊寅元历》十有八事，唐太宗诏崔善为考核二家得失，结果李淳风的七条意见被采纳。因其为改进《戊寅元历》做出贡献，被授予将仕郎。贞观十四年（640年），李淳风上言：《戊寅元历》术"减余稍多"，合朔时刻较实际提前了，建议加以改正，这个意见又被采纳。贞观十八年（644年），李淳风又指出：《戊寅元历》规定月有三大、三小，但按傅仁均的算法，

贞观十九年九月以后，会出现连续四个大月，认为这是历法上不应有的现象。于是，唐太宗不得不下诏恢复平朔。改用平朔后，《戊寅元历》的问题更多，改革势在必行。

李淳风根据他对天文历法的多年研究和长期观测，于麟德二年（665年）编成新的历法。经司历南宫子明、太史令薛颐、国子祭酒孔颖达参议推荐，唐高宗下诏颁行，并命名为《麟德历》。

《麟德历》为完成中国历史上采用定朔这一改革，做出了重要贡献。"近代精数者，皆以淳风、僧一行之法，历千古而无差，后人更之，要立异耳，无逾其精密也"。由此可见，《麟德历》对后世历法的重大影响。它作为唐代优秀历法之一，行用达六十四年之久。《麟德历》还曾东传日本，并于天武天皇五年（667年）被采用，改称为《仪凤历》。

3. 改革浑仪，影响深远。浑仪是古代观测天体位置和运动的重要仪器。唐太宗贞观元年，在历法计算中，要按黄道度推算日月五星的运行，才能既简便又精确地算出朔的时刻、回归年长度等重要数据，于是李淳风在总结历史经验和现实问题的基础上，建议制造按黄道观测日月五星运行的浑仪。

唐太宗采纳了这一建议，下令制造李淳风所设计的浑仪。贞观七年（633年），此仪制成。李淳风对浑仪的重大改革在于：在外重六合仪与内重四游仪之间，嵌入了新的一重——三辰仪。三辰仪中有黄道环、内赤道环，还有白道规，即表示月球轨道的规环。三辰仪也能旋转，它是为了实现按黄道观测"七曜所行"而加上的。

李淳风在中国历史上，第一次把浑仪分为六合仪、三辰仪、四游仪三重，其影响相当深远。唐开元十一年（721年），僧一行与率府兵曹梁令瓒制作了一科黄道浑仪，也是三重之制。但他们是"因淳风之法而稍附新意"。

4. 作《乙巳占》，释风向器。 中国古代许多著名的天文学家都涉猎星占。李淳风受其父的影响，对于天文、星占情有独钟，《乙巳占》即是其"集其所记，以类相聚，编而次之"所成，全书共10卷，是一部重要的星占学著作。他在书中总结了唐贞观以前各派星占学说，经过综合之后，建立了一个非常系统的星占体系，对唐代及其以后的星占学，产生了很大的影响。

在《乙巳占》中，李淳风对奇异天象的描述很有特色。如按字义猜，今人会把飞星、流星当成同一天象的两种说法，他则清楚地说明了二者的区别，书中写道："有尾迹光为流星，无尾迹者为飞星，至地者为坠星。"其中对彗孛，也给出了清楚的差别："长星状如帚，孛星圆如粉絮，孛，孛然。"虽说飞流与彗孛各是流星与彗星，但一字之差却带出了形态之别，对于了解流星、彗星运动方向和物理状态，是很有参考价值的。

李淳风在《乙巳占》中，比较详细地介绍了两种风向器，一种是"于高迥平原，立五丈长竿，以鸡羽八两为葆（羽盖），属于竿上，以候风"。另一种是"可于竿首做盘，盘上作木乌三足，两足连上，而升立一足（古代神话相传太阳中有三足乌）系羽下而内转，风来乌转，回首向之，乌口衔花，花旋则占之"。这两种风向器，与汉代史籍中记载的"伣"（在长杆上系以帛条或乌羽而成的简单示风器）和"相风铜乌"（乌状铜质的候风仪）非常相似。

5. 给风定级，沿用千年。 李淳风是世界上第一个给风定级的人。古时候的农业生产，多受天气状况制约，为了掌握主动权，人们就必须了解天气变化，这就推动了我国古代气象科学的发展。由于李淳风有着深厚的天文学基础，以及他在工作上的便利，使他有很多观察和研究气象的机会。

李淳风对气象学的贡献，首先表现在他对风的观测和研究方面。在当时，对风的观测比以前更为详细，由风的四个方位发展到了八个方位，因之有八风之名，即不周风（西北）、广莫风（北）、条风（东北）、明庶风（东）、清明风（东南）、暴风（南）、凉风（西南）、阊阖风（西）。

到唐代后期，随着海业的发达，由于船在海上航行，经常遇到大风袭击，因此，更加迫切需要掌握风的情况。李淳风在观测、研究和总结前人经验的基础上，进一步把风向确定为24个。他还根据树木受风影响而带来的变化和损坏程度，创制了八级风力标准，即"动叶、鸣条、摇枝、堕叶、折小枝、折大枝、折木飞砂石、拔大树和根"。

过了千年以后，1805年英国人蒲福在《乙巳占》的基础上，又加以补充改进，才把风力从8级定为12级共13个等级。以后又几经修改，风力等级自1946年以来，已增加到18级。

由于李淳风的卓越成就与贡献，受到了唐初李渊、李世

民、李治三代皇帝的重用和拔擢，他在朝廷48年，先后任秦王府记室参军、太史局将仕郎、承务部、太常博士、太史承、太史令、皇帝秘阁郎中。在四川阆中柏垭镇，至今仍然保留"淳风街"以纪念他。李淳风的科学成就，涉及天文、数学、气象、仪器制造等方面。他首次指出"彗星尾，夕则东指，晨则西指"而成为世界上第一个发现彗星背向太阳的人，领先西方九百多年。他编制的《麟德历》"历千古而无差"；他编著的《乙巳占》，被誉为中国古代星象百科全书。明代杨维贞评价说："古今知天文历数者，应首推李淳风。"他参与编注的《十部算经》，成为唐代国子监算学馆的教科书。他的科学贡献和历史功绩，将永远被人们所纪念。

十四、陆羽：一生嗜茶，撰写《茶经》

陆羽（733—804），字鸿渐，唐朝复州竟陵（今湖北天门）人，字鸿渐，号竟陵子、桑苎翁、东冈子，又号"茶山御史"。一生嗜茶，精于茶道，以著《茶经》闻名于世，对人类茶业的发展做出了卓越贡献，被誉为"茶仙"，尊为"茶圣"，祀为"茶神"。他对茶叶有浓厚的兴趣，长期实施调查研究，熟悉茶树栽培、育种和加工技术，并擅长品茗。唐朝上元元年（760年），陆羽隐居江南各地，撰《茶经》三卷，成为世界上第一部茶叶专著。

（一）弃婴之说，学得茶术

公元733年深秋的一个清晨，竟陵龙盖寺的智积禅师，路过西郊一座小石桥，忽闻桥下群雁哀鸣，走近一看，一群大雁用翅膀护卫着一个男婴。男婴被冻得瑟瑟发抖，智积禅师把他抱回寺中收养。这座石桥，被人们称为"古雁桥"，附近的街道被称作"雁叫街"。

智积禅师是唐朝著名高僧，而附近住着一位儒士李公。李公曾为幕府官吏，动乱时弃职，在景色秀丽的龙盖山麓开学馆教授村童，二人感情深厚。智积禅师就请李公夫妇哺育弃婴。当时，李公夫妇的女儿李季兰刚满周岁，他们就依着季兰的名字给这名弃婴取名季疵，视作亲生一般。季兰、季疵同一张桌子吃饭，同一块草甸上玩耍，一晃长到七八岁光景，李公夫妇年事渐高，思乡之情日笃，一家人千里迢迢返回了故乡湖州。

季疵回到龙盖寺，在禅师身边煮茶奉水。智积禅师有意栽培他，煞费苦心地为他占卦取名，以《易》占得"渐"卦，卦辞上说："鸿渐于陆，其羽可用为仪。"意思是，鸿雁飞于天空，羽翼翩翩，雁阵齐整，四方皆为通途。于是，定姓为"陆"，取名为"羽"，以鸿渐为字。智积禅师还煮得一手好茶，让陆羽学得了艺茶之术，大有"青出于蓝而胜于蓝"之势，深得师父的赞许和喜爱。

传说后来陆羽离开智积禅师之后，禅师深念陆羽所煎茶味，其余再好的茶博煮的茶都觉得不好，从此不再饮茶。此事让代宗知道了，有点不太相信，永泰元年（765年）春天，著

名的顾渚贡茶送至宫中，代宗请智积禅师入宫，让宫中煎茶能手奉上御赐紫笋茶一杯，禅师轻呷一口，顿觉徒有馨香，失之鲜醇，禅师说饮惯陆羽煎的茶，旁人煎的感到淡薄如水。于是，代宗密召当时隐居苕溪的陆羽进宫，煎茶送其品尝，智积禅师品后，只觉肺腑空灵，物我融和，心旷神怡，激动地说："一定是渐儿煮的！"

（二）吉人天相，巧遇贵人

眨眼三年，陆羽12岁，觉得寺中日月难度，于是，到了一个戏班子四处演出，渐渐成了竟陵四乡一个参军戏的名角。后来，自己编脚本，写唱词，有著名的《谑谈》三篇，是参军戏最早见于文字记载的"台词脚本"，《中国戏曲发展史纲要》中"参军戏"一节，就是从陆羽演此戏写起的。陆羽还撰写了探讨古代戏剧史、戏剧制度的《教坊录》一书。

天宝五年（746年）春天，竟陵郡给新任太守洗尘，特聘陆羽为"伶正之师"组织演出，陆羽还亲自登台演出了参军戏，其表现出非凡的戏剧才能与组织才能，得到了新任太守李齐物的赞赏。不久，在李太守的帮助下，陆羽前往火门山拜邹墅为师，学经业儒，遂了多年的心愿。邹夫子和智积禅师一样嗜茶成癖，陆羽的煮茶技艺，深得他的喜爱，还特地请来好友，在火门山下凿了一眼泉，该泉水质绝佳，清澈澄明，甘冽醇厚，是煎茶的上好用水。

（三）结识皎然，忘年之交

皎然（704—785），字清昼，俗姓谢，南朝宋谢灵运十世孙，湖州（今属浙江）人。安史之乱后定居湖州，颜真卿时任湖州刺史，召集包括皎然在内共32位文人，修撰韵编类书《韵海镜源》，并以颜、皎为中心，形成一个多达95人之联唱诗人群，其唱和作品结集为《吴兴集》十卷。皎然是他出家为僧的法号，皎然有诗名。其诗以山水、宗教为主要题材，清淡自然，多写幽境，也写过一些描写边塞与恋情的诗。他精通佛典，博涉经史诸子，文章清丽，诗名甚著，并擅长诗歌理论。

唐肃宗至德二年（757年）前后，陆羽来到吴兴，住在妙喜寺，与皎然结识，并成为"缁素忘年之交"。皎然不但懂茶事，更对茶文化情有独衷。还以诗歌的形式，首次提出了"茶道""什么是茶道"，写下了很多广为流传的茶诗，在同时代，他是茶诗最多的高人。

如果说，陆羽是一个科学家，他是从茶科学、茶经验、茶产业角度，来著作《茶经》的，那么，皎然更多的是从文学诗歌、从茶文化的角度研究，并且以其高深的佛门禅悟亲自体验，开启了"佛茶之风""佛禅一味"，从而拉开了中国茶道、世界茶道之先河！他的《饮茶歌诮崔石使君》，这样写道：

越人遗我剡溪茗，采得金芽爨金鼎。
素瓷雪色缥沫香，何似诸仙琼蕊浆。
一饮涤昏寐，情思朗爽满天地。

再饮清我神，忽如飞雨洒轻尘。
三饮便得道，何须苦心破烦恼。
此物清高世莫知，世人饮酒多自欺。
愁看毕卓瓮间夜，笑向陶潜篱下时。
崔侯啜之意不已，狂歌一曲惊人耳。
孰知茶道全尔真，唯有丹丘得如此。

此诗大意是，越人送给我剡溪名茶，采摘下茶叶的嫩芽，放在茶具里烹煮。白瓷碗里漂着青色的饽沫的茶汤，如长生不老的琼树之蕊的浆液从天而降。一饮后洗涤去昏寐，神清气爽，情思满天地。再饮清洁我的神思，如忽然降下的飞雨落洒于轻尘中。三饮便得道全真，何须苦心费力的去破烦恼。这茶的清高世人都不知道，世人都靠喝酒来自欺欺人。愁看毕卓，贪图饮酒夜宿在酒瓮边，笑看陶渊明在东篱下所做的饮酒诗。崔使君饮酒过多之时，还会发出惊人的狂歌。谁能知饮茶可得道，得到道的全而真？只有传说中的仙人丹丘子了解。

题中虽冠以"诮"字，微含讥嘲之意，乃为诙谐之言。其意在倡导以茶代酒，探讨茗饮艺术境界。皎然在茶诗中，探索品茗意境的鲜明艺术风格，对唐代中后期中国茶文学——咏茶诗歌的创作和发展，产生了潜移默化的积极影响。此诗不但是大唐茶道。更是中国茶道、世界茶道的开山之作！

皎然写过一首贬酒褒茶的五言诗——《九日与陆处士羽饮茶》：

九日山僧院，东篱菊也黄。

俗人多泛酒,谁解助茶香。

当人们都在重阳节饮菊花酒之时,皎然与好友陆羽却以茶代酒,品茶赏菊。前两句描绘了重阳佳节、金菊飘香的清幽景色,后两句指出凡夫俗人多喜喝酒,只有像他们这样的高僧隐士,才知道菊花茶的芳香。菊花中有一种黄白小朵的花称为茶菊,晒干或焙制后用以泡茶,有清心明目之功,此诗被认为是菊花茶的最早记载。

皎然长陆羽29岁,两人情深意厚,一僧一俗,陆羽在自传中称为"缁素忘年之交"。

(四)《茶经》付梓,名闻朝野

陆羽生活的年代正是"安史之乱"前后,中国文化史上儒释道三家并行,南方则儒禅汇流。陆羽随关中难民南下,遍历长江中下游和淮河流域各地,考察搜集了大量第一手的茶叶产制资料,积累了丰富的品泉鉴水的经验,撰下了《水品》名篇。

公元780年,在皎然的倾力资助下,陆羽呕心沥血三十载,三卷本七千余字的《茶经》终于付梓。与此同时,陆羽名闻朝野。当朝的德宗皇帝对他大为赏识,诏拜陆羽为"太子文学""太常寺太祝",陆羽虽未赴京就职,但是甚感荣幸,他特地去京都长安拜谢了在皇帝面前极力为他举荐的刑部尚书颜真卿。颜真卿兼高官、大书法家和茶文化研究专家于一身,在湖州任刺史时,就与文人学士、诗僧茶客打成一片,定期举办品茗吟诗盛会,而且活动频繁,成果颇丰。颜真卿对陆羽尤为看

重，为其在妙喜寺修建了修养著书的"三癸亭"。

（五）造诣深厚，被封"茶圣"

陆羽的晚年，选择了我国东南地区的文化古城，美丽的江南水乡苏州，那里风景秀丽，向有"江南丘壑之表""吴中第一名胜"之誉，且有清泉可品，有丘陵之地可以种茶。这是陆羽为其晚年休闲所选择的最佳寓居地。

相传，陆羽在苏州研究泉品、茶叶的消息，再次传进了京城，德宗皇帝得悉后，就把他召进宫去烹茶。皇帝品饮之后，大加赞赏，封他为"茶圣"。

陆羽评论当地的虎丘山上的石泉清寒甘美，誉之为"天下第五泉"。在此期间，他还深入研究了水质对种茶的影响，用虎丘泉水栽培苏州散茶，探索出一整套栽培、采制的方法。

（六）观察特性，把握时机

陆羽对茶树的植物学特性，有较深入地观察和详细地描述。他首次提出茶树有高"一尺、二尺"的灌木型，有树高"数十尺""两人合抱"的乔木型。顶生芽叶有"笋""芽"之分，前者状如竹笋，后者细弱短瘦，并以芽叶的性状来辨别茶树品种的优劣，说"叶卷（嫩叶背卷）上，叶舒（嫩叶舒张）次"。

在生长环境和地理分布方面，他首先提出"地"（即土壤）对茶树生长的重要性，把"地"分为上、中、下三等。"其地，上者生烂石，中者生砾壤，下者生黄土"。还提出包括日照、

温度、湿度和坡向等生态条件，对茶树生长和品质的影响，说："阳崖阴林"为上，茶树适宜于向阳山坡，而"阴山坡谷者，不堪采掇，性凝滞"。至于"野者上，园者次"，则是就地形而言，涉及茶园地形（含海拔、坡度、坡向、温度、湿度、光照等）的选择，以及环境条件综合影响的比较。他首次提出茶树是"南方嘉木"，并按照当时的行政区划分为八个产茶区，反映了我国茶树主要分布在长江流域及其以南地区，其北缘以秦岭、巴山以南及至淮河一线为界，基本上与现代茶树的地理分布情况相符合。

茶树栽培法，据《茶经》所记，唐代已有人工栽培茶树，其方法有种子繁殖法（有性繁殖）和移植法（无性繁殖）。强调在"艺（种子繁殖）而不实，植（苗木移植）而罕茂"的情况下，采用"种瓜法"。种瓜法虽属有性繁殖，但在操作技术上与一般的种子繁殖法不同。

茶叶采摘期，"在二月、三月、四月间"。陆羽所记，主要是指长江流域的春采。采摘时间，晴天"凌露采"。采摘标准为"长四、五寸"的粗壮嫩芽（带梗）。他还总结了两条采茶经验：其一，就土壤肥瘠而言，其采摘方法是："生烂石沃土，长四、五寸，若薇蕨始抽，凌露采焉"。如果生长在土壤瘠薄的乱草丛中，"有三枝、四枝、五枝者，选其中枝颖拔者采焉"。其二，就当时制茶技术条件而言，提出"日有雨不采，晴有云不采"。至于鲜叶加工，他只谈到饼茶的制作过程，"晴采之，蒸之，捣之，拍之，焙之，穿之，封之"，没有提到具体制作方法。

（七）饮茶防疾，烹饮有方

《茶经》还指出茶可以防治某些疾病，"若热渴，凝闷，脑疼，目涩，四肢烦，百节不舒，聊四五啜，与醍醐甘露抗衡也"。还可以"荡昏寐"，作为一种消睡提神的饮料。

《茶经》的另一重要内容是烹茶和饮茶法。

烹茶的步骤是：首先用火烤炙，再捣成末，然后煮茶取饮。烤茶的关键是掌握火候，受热要均匀，提出"持以逼火"（用旺火），"屡其翻正"（时常翻动），"慎勿风烬间炙，熏熘如钻"，否则会"炎凉不均"。因此，燃料必须"用炭"。其次是"劲薪"（硬柴），沾腥味、含油脂的木材不能作为燃料。火候的掌握主要以饼茶表面变化而定，视其"状如虾蟆背而止"，"去火五寸"，使之"卷而舒"，回复到原来状态，再进行复烤。复烤则以茶的干燥程度而定，"若火干者，以气熟止"，如果晒干，则"以柔止"。烘干后，"承热用纸囊贮之"，使"精华之气，无所散越"。

煮茶的工序是：先烧火，后煮水。陆羽特别讲究"用水"，并且依据不同的水源分水为三等，"其水，用山水上，江水中，井水下"。而山水又以"拣乳泉、石池漫流者上"，江水"取去人远者"，井水，则"取汲多者"，强调用未经污染的"活水"。烧水和煮茶都要求掌握火候（目测），先在锼内烧水至"沸如鱼目，微有声"，这是第一沸。随即加入适量的盐，再烧至"缘边如涌泉连珠"为第二沸。舀出一瓢水，并用竹夹在鍑中转成水涡，再用"则"量出茶末放入水涡，茶汤煮至"腾波鼓

浪"为第三沸。将茶汤表面的一层"色如黑云母"的水膜舀出倒掉,再舀出一瓢茶汤称"隽永"。待锝中茶汤出现"势若奔涛溅沫"时,将舀出的第一瓢水倒进,使茶汤稍冷,抑止沸腾,以孕育沫饽。煮好后,将舀出的第一瓢茶汤酌到碗里(一升水可酌五碗),使碗里的茶汤沫饽均匀。这时的茶汤"其色缃(浅黄)也,其馨(香气至美)也",一壶好茶始成。

陆羽认为"以汤冲泡"的"庵茶"和"用葱、姜、枣、桔皮、茱萸、薄荷之属煮之百沸"的茶,都是"沟渠间弃水"。他把饮茶作为一种精神享受,是一种艺术,也是一种修身养性的手段,只有"精行俭德之人"才能享受这种艺术。他特别讲究香、色、味,"夫珍鲜馥烈者,其碗数三……",今日闽南还保留有这种风习。

史书上称,由于《茶经》的问世,"天下益知饮茶",虽有夸大之词,但陆羽的《茶经》在历史上确曾起着不可忽视的作用。我国的种茶、制茶、煮茶和饮茶法,在6—7世纪已先后传入朝鲜、日本,佛僧不空在8世纪中叶至9世纪初,先后带去饼茶、茶子,并植于日本滋贺县。

贞元五年(789年),陆羽西入江西,寓居于上饶城北东冈,自号东冈子。他在屋外开辟茶园,凿泉取水,后人称他所凿的泉为陆羽泉。唐天祐年间,在此建茶山寺。

科学成就

陆羽所著《茶经》,三卷十章七千余字,内容主要有以下

几个方面。

一之源，讲述中国茶的主要产地及土壤、气候等生长环境和茶的性能、功用。

二之具，讲述当时制作、加工茶叶的工具。

三之造，讲述茶的制作过程。

四之器，讲述煮茶、饮茶的器皿。

五之煮，讲述煮茶的过程与技艺。

六之饮，讲述饮茶的方法与茶品鉴赏。

七之事，讲述中国饮茶的历史。

八之出，讲述当时的产茶盛地、品评其高下和全国四十余州产茶情形，对于自己不甚明了的十一个州的产茶之地，亦如实注出。

九之略，讲述饮茶器具，何种情况应十分完备，何种情况应省略，比如野外采薪煮茶，火炉、交床等不必讲究；临泉汲水，可省去若干盛水之具。若在正式茶宴上，"城邑之中，王公之门"，"二十四器缺一则茶废矣"。

最后，他还主张要把以上各项内容，用图绘成画幅，张陈于座隅，茶人们喝着茶、看着图。品茶之味，明茶之理，神爽目悦，这与端来一瓢一碗几口灌下，其意境，自然大不相同。

点 评

陆羽的《茶经》，是古代茶人勤奋读书、刻苦学习、潜心求索、百折不挠精神的结晶。以茶待客，以茶代酒，"清茶一

杯也醉人"是中华民族珍惜劳动成果、勤奋节俭的真实反映。以"茶"字当头排列茶文化的社会功能,有"以茶思源、以茶待客、以茶会友、以茶联谊、以茶廉政、以茶育人、以茶代酒、以茶健身、以茶入诗、以茶入艺、以茶入画、以茶起舞、以茶歌吟、以茶兴文、以茶作礼、以茶兴农、以茶促贸和以茶致富"等。茶是中国的骄傲,茶是民族的自尊、自信和自豪,饮茶可以思源。世界著名科技史家李约瑟博士,将中国茶叶作为中国四大发明之后,对人类做出的第五个重大贡献。

十五、僧一行:实测子午线,撰写《大衍历》

僧一行(683—727),本名张遂,魏州昌乐(今河南南乐)人。唐代著名的天文学家和佛学家。青年时即以学识渊博闻名于长安。为避武则天拉拢,毅然剃度为僧,取名僧一行。先后在嵩山、天台山学习佛教经典和天文数学。开元九年(721年),据李淳风的《麟德历》几次预报日食不准,玄宗命僧一行主持修编新历。其主要成就是编制《大衍历》,但在制造天文仪器、观测天象和主持天文大地测量方面也做出了重要贡献。

(一)博览经史,一举成名

张遂天资聪慧,勤奋好学,对于历象和五行之学尤其用心研究。由于早年丧父,家里无钱买书,就只好向别人去借书来读。当时,他最常去的就是长安的玄都观,这里藏书丰富,是

他借书最多的地方。他读书非常认真，读完后，还常常把自己的见解写出来。《旧唐书》本传说他"少聪敏，博览经史"，最擅长的是"历象、阴阳、五行之学"。

一次，他从玄都观借得西汉扬雄的《太玄经》，几天后张遂还书来，尹崇告诉他："不必急于还书，你可以再多研读数日。"张遂说已经读懂了。尹崇大惊，说："我已经研读数年，还不能尽其堂奥（堂奥：指堂的深处，引申为深奥的义理）。你可不可以谈谈你的理解？"于是张遂根据自己的理解撰写了《大衍玄图》一卷，《义诀》一卷。尹崇大为叹服，逢人便赞张遂说："此后生，颜子也。"把张遂比作聪明好学的颜回，因此，得到长安城里知名学者们的称道。

（二）出家为僧，拜师学法

张遂博学的名声，很快传到达官显贵的耳中。当时正值武则天专权，大量起用武氏宗亲，培植自己势力，借以排除异己，巩固自己的地位。她的侄子武三思便是当时一位炙手可热的人物，武三思凭借自己的势力，也积极拉拢文人墨客。此时，张遂这位新星进入了武三思的视野。

那时人们认为，通过天象可以预测凶吉，他听说张遂精通天文历法，就特别想和张遂交往。张遂深知武三思的为人，他不愿和这样的人做朋友，就逃到河南嵩山的嵩阳寺（今河南登封北），削发为僧，取法名"一行"，于是人们称他为僧一行，这年他才21岁。僧一行在这山青水秀的地方，潜心攻读，钻研学问。此后，他曾先后到过国清寺（今浙江天台山麓）和玉

泉寺（今湖北当阳玉泉山），这些地方离河南嵩山都有几千里远，但他不惮路途辛苦，徒步去学习佛教经典和天文数学。僧一行的学问不断地长进，在五行、阴阳、历法方面达到了较高的造诣。

当时，有一位叫卢鸿的隐士，曾为一次大法会撰写了一千言序文，而僧一行将此序文略读一遍即朗朗述出，不漏一字。卢鸿惊为神人，赞佩不已，深知其才学，惊异地对普寂说，此子"非君所能教导也，当纵其游学"（《宋高僧传》卷五）。普寂知僧一行终究非池中物，于是让他四处游历参学，请教高明。于是僧一行遍访当时的名宿，曾到当阳郡，跟真纂律师学习古《易》，把阴阳经纬研究得非常透彻。从此，他对算学发生了极大的兴趣，凡闻有知名算学家，他都前往求教。后来，他又到浙江天台山国清寺，向一位老僧学历法。一日，他见寺旁另有一个小院，小院门前古松耸立，溪流横前，景致优美，不觉走到门前，探首朝内望望，听到里面有很熟练的打算盘声，他正侧耳听时，忽闻里面有人说："今有弟子从远处来，我算着已到门外了，怎么还没有进来呢？"即时又听到算盘子"簌"的一声，里面又讲话了："门前的溪水如果倒流，我的弟子就进来了。"僧一行在外听得清楚，看看溪水果然倒流起来，于是便走了进去。他一进门即向那位僧人伏倒在地，口称："弟子僧一行顶礼！"那位僧人立刻扶他起来，略述因缘后，即把所有算法都教授予他。僧一行学成后，叩别恩师出门，倒流的溪水，这时才恢复了顺流。

（三）被召入京，学习密法

玄宗皇帝闻其名，召僧一行入宫，问他有何才能，他说："只一点点记忆力而已。"玄宗随手拿出一本名册给他看，他略一翻阅，便合上本子，按序呼名而出，不少一人，不错一字。玄宗听了，佩服至极，不觉走下龙床，向他合十施礼赞叹道："禅师真是一位大圣人啊！"

僧一行在京城，一方面参加译经，一方面从事天文研究工作。《佛祖统纪》说，僧一行"传密教于金刚、无畏"，向这两位传播不同密法的大士学习密法。《佛祖历代通载》卷十三，讲到善无畏（人名）时，说僧一行等人曾参预善无畏的译事。开元十二年（724年），僧一行参与译《大日经》，次年写成《大日经疏》，这是僧一行请善无畏阐释《大日经》义，由僧一行记录并发挥而成的，所以说，这部《大日经疏》体现出善无畏和僧一行的两人思想。据《宋高僧传》记载，僧一行又向金刚智学习《陀罗尼印》。金刚智为僧一行设坛灌顶，应僧一行要求，于开元十一年（723年），金刚智组织翻译了《瑜伽念诵法》《七俱胝陀罗尼》。僧一行又拜不空为师，不空在其《金刚顶经大瑜伽秘密心地法门义诀》中说道："开元七年，至于西京，僧一行禅师求我灌顶。"所以，僧一行的密法兼承胎藏界和金刚界两种，而能融为一体。

（四）献身天文，精确历法

那时，有一位很有名气的道士名叫邢和璞，曾拜会过僧一

行禅师。他说:"汉朝时,有位名叫洛下闳的,曾造过历书,曾言八百年内,必有一日差错,到那时候,必定会有圣人出世修正。算算期限,今年已满,而僧一行禅师的《大衍历》,已经造了出来。由此而论,僧一行禅师岂不正是洛下闳预言之圣人吗?"

因为自太初(太初:汉武帝年号,公元前104年为太初元年)到麟德元年(664年)之间,历史上先后有过25种历法,但都不够精确,玄宗因为《麟德历》所标的日蚀总是不准,就诏僧一行定新历法。僧一行花了七年的时间,参考了大量的资料,做了许多实测,又制作仪器,以严谨的治学精神,终于写成《大衍历》,并为《大衍历》编制制造了非常精密的黄道仪。

―― 科学成就 ――

1. **制造黄道仪。**僧一行主张在实测的基础上编订历法,为此,首先需要有测量天体位置的仪器。他于开元九年(721年),率府兵曹参军梁令瓒设计黄道游仪,并制成木模。僧一行决定用铜铁铸造,于开元十一年(723年)完成。这架仪器的黄道不是固定的,可以在赤道上移位,以符合岁差现象,当时认为,岁差是黄道沿赤道西退,实则相反。

黄道仪,仿天的形状而制成圆球形,铜铸,上面栎有星宿、赤道及周天的度数,由水力推动其旋转,一日一夜,天转一周。又在天外别置二轮,上面铸有日月,也能转动。以木柜为地,放在木柜子中,天球的一半在柜外,一半在柜中,又做

两个木人，分别在木人前置钟鼓，每到一刻就自动击鼓，每至一辰则自动撞钟。这里面使用了齿轮系统。当时，都称这一制作为奇妙神功，玄宗下令将它放在武成殿上，让百官参观。

2. **制造水运浑象与黄道游仪。** 水运浑象是在汉代张衡的"浑天仪"的基础上制造的，上面画着星宿，仪器用水力运转，每昼夜运转一周，与天象相符。还装了两个木人，一个每刻敲鼓，一个每辰敲钟。僧一行和梁令瓒等，又设计制造水运浑象和黄道游仪，其用处是观测天象时，可以直接测量出日月星辰在轨道的座标位置。僧一行使用这两个仪器，有效地进行了对天文学的研究。

在僧一行以前，天文学家都认为恒星是不运动的。但是，他却用"浑天仪""黄道游仪"等仪器，重新测定了150多颗恒星的位置，多次测定了二十八宿距天体北极的度数，从而发现恒星在运动。根据这个事实，他推断出天体上的恒星肯定也是移动的。于是他推翻了前人恒星不运动的结论，僧一行成了发现恒星运动的第一个中国人。英国天文学家哈雷也提出了恒星自己移动的观点，但比僧一行的发现晚一千多年。

3. **主持天文测量，实测子午线弧长。** 僧一行受诏改历后，组织发起了一次大规模的天文大地测量工作。这次测量，用实测数据彻底地否定了历史上的"日影一寸，地差千里"的理论，提供了相当精确的地球子午线一度弧的长度。

僧一行发起这次大规模的天文测量，主要目的有二。一是纠正"日影一寸，地差千里"传统理论。刘宋时期的天算家何承天，根据当时在交州（今越南河内一带）的测量数据，开始

对此提出了怀疑,但长期未能得到证实。隋朝天算家刘焯,提出了用实测结果来否定这一错误说法的具体计划,但未得到采纳。僧一行的测量,实现了这一计划。二是掌握不同观测地点的不同天象数据。当时发现,观测地点不同,日食发生的时刻和所见食象都不同,各节气的日影长度和漏刻昼夜分也不相同。这种现象是过去的历法所没有考虑到的,这就需要到各地进行实地测量。

这次测量过程中,由太史监南宫说及太史官大相元太等人分赴各地,"测候日影,回日奏闻"。而僧一行"则以南北日影较量,用勾股法算之"。可见,僧一行不仅负责组织了这次测量工作,而且亲自承担了测量数据的分析计算工作。

当时测量的范围很广,北到北纬51度左右的铁勒回纥部(今蒙古乌兰巴托西南),南到约北纬18度的林邑(今越南的中部)等十三处,超出了现在中国南北的陆地疆界。这样的规模在世界科学史上都是空前的。其中,最值得注意的是,由南宫说亲自率领的测量队,按刘焯的计划在黄河两岸平原地区测量的四个点,这实际上给出了地球子午线一度的长度。

僧一行在做了对天象的认真观测,大规模地进行了天文大地测量等一系列准备工作之后,于开元十三年(725年),开始正式修订历法。他根据自己实测得来的丰富资料,参考历代的历法,汲取了它们的优点,用了两年多时间,完成了《大衍历》的初稿。

《大衍历》后经张说等人整理,于开元十七年(729年)颁行全国。《大衍历》共52卷,采用了先进的计算方法,关于日

蚀的计算，达到了一个新的水平。僧一行比较正确地掌握了太阳运行的规律，他认为太阳在黄道上运行的速度是不均匀的，冬至最快，夏至最慢，所以，在新的历法里，是按不等时间间隔来排列二十四节气，这是我国历法上的重大进步。由于新的历法，是一部比较先进的历法，用起来方便、准确，因而一直沿用到明朝末年。

这是世界上第一次用科学的方法进行的子午线实测，在科学发展史上具有划时代的意义。英国科技史专家李约瑟曾评价僧一行组织的子午线长度测量是"科学史上划时代的创举"。

僧一行集科学家与高僧于一身，这个特殊身份，说明佛法和科技在一定条件下的相融性。作为科学家，在中国科技史上占有重要地位；作为佛教高僧，他传承胎藏和金刚两大密法，并把二者融合起来。他在天文学上的成就，不仅闻名国内，而且影响世界。他修订的《大衍历》，是当时世界上先进的历法。日本曾派留学生吉备、真备来中国学习天文学，回国时带走了《大衍历经》一卷，《大衍历主成》十二卷。于是，《大衍历》在日本广泛流传，影响甚大。

僧一行作为我国的天文学家、历法家和数学家，为唐代科学技术的发展做出了重大贡献，其成就是我们人类共同的宝贵财富。

第五章　宋元时期

宋元时期，是我国古代科技发展的高峰，是隋唐经济高度繁荣的延续。我国四大发明中的活字印刷术、指南针和火药，就是在这一时期产生和发扬的。如果说唐朝是科技成就的开花时期，那么，宋代则是科技成就的结果时期。元代，在地理学、医学、天文学方面取得了发展。《大元一统志》开创了中国官修地理总志之先河，是中国古代史上篇幅最大的一部官修地理志书；《农桑辑要》是中国编行最早的综合性农书，《农桑衣食撮要》是中国月令体农书中最早的一部。

本章代表人物：活字印刷发明家毕昇，博物学家苏颂，北宋科学家沈括、建筑学家李诚，南宋数学家杨辉、李冶、秦九韶，元代科学家郭守敬、朱世杰，元代农学家王祯。

十六、毕昇：布衣发明家，享誉全世界

毕昇（约970—1051），北宋歙州人，我国活字印刷的发明家。毕昇初为印刷铺工，专事手工印刷。宋庆历年间，他根据实践经验，发明胶泥活字印刷技术，被认为是世界上最早的活字印刷技术。活字印刷术，具有一字多用、重复使用、印刷快捷、省时省力、节约材料等优点，与雕板印刷术相比，有了质的飞跃。对后世印刷术乃至世界文明的进步，有着巨大而深远的影响，称为中国古代四大发明之一。

（一）从学徒到工匠

毕昇生于普通家庭，从十几岁开始，就进入当时杭州的一家私人书坊当学徒，这是当时杭州的一个书商设立的专门刻书机构。在书坊里，等级制度十分严明，学徒是地位最低的职位。毕昇勤学好问，很快学会了雕版印刷的基本技艺。当时的书坊雕版，一般选用梨木、枣木、梓木、黄杨、银杏、皂荚（又名皂角树）等木料做版材，这些木材纹理光滑均匀，易于雕刻。具体步骤是，在雕刻前，先将文字抄写在薄纸上，翻转过来贴在木版上。等纸张干透后，将纸背刮去，只留一层近乎透明的纸膜，可以看到文字的反文。然后再用刀、凿等工具顺着字的笔画雕刻凿削，把字的每一笔画都凸出来。木版雕好以后，在上面刷墨，再把白纸铺在木版上，用软刷在纸背上均匀地刷墨，将纸揭下后就能看到清晰的正文。

当时,书坊的工匠分工较细,有写工、刻工、印工、裱糊匠,等等。毕昇在当学徒的过程中,努力学习,逐渐熟悉了各个程序,几年后便成了一名熟练的印刷工匠。

(二)首创泥活字版

公元11世纪以后,随着社会发展,印刷术出现了重大的改革和发明。宋代庆历年间(1041—1048年),毕昇首创泥活字版,使书籍印刷更为方便。

毕昇在长期的雕版工作中,发现了雕版的最大缺点,就是每印一本书都要重新雕一次版,不但用时较长,而且还加大了印刷成本。如果改用活字版,只需要雕制一副活字,则可排印任何书籍。活字可以反复使用,虽然制做活字的工程大一些,但以后排印书籍则十分方便。正是在这种启示下,毕昇才发明了活字版。

毕昇是世界上发明活字印刷术的第一人,他创制的泥活字也是世界上的第一副活字。现在看来,他的方法显得既原始又简单,但是活字印刷的三个主要步骤——做活字、排版、印刷,在他的活字印刷术中都已齐备,其基本原理与现代的活字印刷完全相同。

毕昇总结历代雕版印刷的丰富经验,经过反复试验,制成了胶泥活字,实行排版印刷,完成了印刷史上一项重大革新。

毕昇的胶泥活字，首先传到朝鲜，称为"陶活字"；后来又由朝鲜传到日本、越南、菲律宾。15世纪，活字印刷术传到欧洲，经过德国迅速传到其他十多个国家；16世纪，活字印刷术传到非洲、美洲和俄罗斯的莫斯科；19世纪传入澳洲。印刷术的发明，给人类文明的传播，开辟了极其广阔的道路，对推动世界文明的发展，起到了极大的作用。

毕昇是个布衣，在当时的条件下能够做出如此发明实属不易。活字印刷术的发明，是印刷史上一次伟大的革命，为我国文化经济的发展，开辟了广阔的道路，为推动世界文明的发展，做出了重大贡献。对中国和世界各国文化交流的进展，具有重要意义。

十七、苏颂：制造天文钟，绘《图经本草》

苏颂（1020—1101），字子容，宋代泉州南安（今福建厦门）人。天文学家、机械制造家、药物学家。庆历二年（1042年），中进士，后封魏国公。苏颂天性聪颖，襟怀宏远，平生嗜读，无所不学。作为历史杰出人物，其对科学技术，特别是医药学和天文学方面，做出了突出贡献。他领导制造世界上最早的天文钟"水运仪象台",开启了近代钟表擒纵器的先河。

(一)幼承家教,进士及第

苏颂出生于同安芦山堂(今福建同安城关),其祖先在唐末随王朝入闽,世代为闽南望族,其父苏绅中过进士。他幼承家教,勤于攻读,深通经史百家,学识渊博,举凡图纬、阴阳五行、星历山经、本草无不钻研。

宋庆历二年,苏颂中进士,从此他步入仕途,初授汉阳军判官。后历任宿州观察推官,江宁县知县,南京留守,国史馆集贤院校理,颖州知州,淮南转运使、知制法、知审刑院,委州知州,开封府知府,涂州知州,河阳知州,沧州知州,吏部侍郎,礼部侍郎,刑部尚书,吏部尚书,实录院修撰,尚书左丞等职务。还任过史官(记录和编撰历史的官职),曾修仁宗、英宗两朝正史,又曾两次出使辽朝。元祐七年(1092年),任尚书右仆射兼中书侍郎。

(二)为民造福,体恤百姓

苏颂处事谨慎沉稳,深受百姓爱戴。他在出任江宁县知县前,江宁县每年缴纳的税收,时多时少,这主要是地方官从中偶有"截留"现象,也有的百姓瞒报、漏报人丁和田产。苏颂到任后,对这一现象予以关注。他在平时工作中,顺便了解老百姓的户籍地产等。到了秋天,他首先把自己的属下教育好,禁绝官员"伸手",然后亲自到收税现场。有一个老百姓报出

自家的收成后,苏颂突然插言道:"你家还有一个男丁和山南的田产,你怎么'忘记'报了?"该百姓说:"我没有'忘记',而是我报得多,官家就收得多,往年都这样,所以我不敢报。"在场的官员一听,再也不敢"伸手";百姓听了,也不敢作假了。

在任地方官时,苏颂尽其所能,为民造福。任开封府知府时,他兴修水利,保田防灾。元丰四年(1081年),任沧州知州时,黄河泛滥。他又上奏指出只修堤防不疏通海口的危险性,并经过认真调查研究,提出了好的解决办法。在杭州任内,他把凤凰山的泉水引入市区做自来水用,造福了百姓。

知州是一州的长官,钱、粮、工、刑都由知州掌管。苏颂在颍州一干就是三年。在这期间,宋仁宗驾崩。为了给仁宗修建陵墓,朝廷向全国发出急令,要求各地按照朝廷的"下单",征集财物。一时间,征调物资十万火急,地方官员也趁机敲诈勒索。苏颂一边上书为百姓请命,一边采取变通的办法:凡是颍州本地有的物产,他就照圣旨征收;如果本地没有的,他就以政府名义向别的地方采购。结果,任务完成了,但老百姓还不知不觉。

在淮南转运使任内,他见到因饥荒造成哀鸿遍野的惨景,于是立即上书,为百姓请求救济。他不仅想到荒年中对灾民的赈济,而且想到赈济后,物价如何稳定,流民如何安居等。

苏颂关心民情,体恤百姓,深为皇帝所知。熙宁九年(1076年)正月,苏杭地区再次闹灾。在选任地方长官时,神宗称"苏颂仁厚,必能拊安吴人"。于是,急派苏颂前往任职。

(三)醉心科技,博闻强识

苏颂博学多才,他在科技方面的成就,远远超过他的政绩。他在国史馆任职9年,利用接触宫廷文献资料的机会,每天坚持背诵2 000字,回家后写出保留。他与掌禹锡、林亿等编辑补注了《惠佑补注神农本草》,校正出版了《急备千金方》等书,又独立编著了《本草图经》21卷。明代著名医学大师李时珍,对《本草图经》的科学价值予以很高评价,其医著《本草纲目》引用《本草图经》的内容多达74处。

元佑元年(1086年)十一月,苏颂组织一批科学家,运用自己丰富的天文学、数学、机械学知识,开始制造水运仪象台,元佑三年十二月获得成功。仪象台以水力运转,集天象观察、演示和报时三种功能于一体,是世界上最早的天文钟,苏颂则是近代钟表关键部件"天关"(擒拿器)的创始人。在这个领域里,他的发明创造,比欧洲的罗伯特·胡克早6个世纪。

绍圣二年至四年(1094—1096年),苏颂写出《新仪象法要》三卷,详细介绍了水运仪象台的设计及使用方法,绘制了完备的机械设计图,附星图63种,记录了恒星1 434颗,比300年后西欧星图纪录的星数还多442颗。《新仪象法要》成为苏颂为后世留下的最杰出的著作。

1. **水运仪象台**。苏颂所研制的水运仪象台是一座高12米,

宽7米，像三层楼房一样的巨型天文仪器。水运仪象台的上层是观测天体的浑仪，中层是演示天象的浑象，下层是使浑仪、浑象随天体运动而报时的机械装置。它兼有观测天体运行，演示天象变化，以及随天象推移而有木人自动敲钟、击鼓、摇铃，准确报时的三种功用。它不仅在国内取得了前无古人的成就，而且为人类做出了贡献，使许多中外科技史专家为之叹服。

水运仪象台，是11世纪末我国杰出的天文仪器，也是世界上最古老的天文钟。国际上对水运仪象台的设计给予了高度的评价，认为其为了观测方便，设计了活动屋顶，这是天文台活动圆顶的祖先；浑象一昼夜自转一圈，不仅形象地演示了天象的变化，也是现代天文台的跟踪器械"转仪钟"的祖先；其中的擒纵器机构是后世钟表的关键部件，因此，它又是钟表的祖先。从中反映出中国古代力学知识的应用，已经达到了相当高的水平。

2. 著《新仪象法要》。《新仪象法要》是中国现存最早的水力运转天文仪器专著，成书于宋神宗绍圣元年（约1095年）。它反映了中国11世纪天文学和机械制造技术水平，也证明了近代机械钟表的关键性部件"锚状擒纵器"是中国发明的。

苏颂在《新仪象法要》中，绘制了有关天文仪器和机械传动的全图、分图、零件图50多幅，绘制机械零件150多种，其中多为透视图和示意图，这是我国乃至世界上，保存至今的最早最完整的机械图纸。其中所附机械图，是了解其著作与成就的关键，同时也是释读张衡、僧一行、张思训等同类著作的钥匙。

3. 药物学成就。 嘉祐元年（1056年），苏颂受诏校定与编撰医书。嘉祐二年，与掌禹锡、林亿等一起编写了《嘉祐补注神农本草》（简称《嘉祐本草》）。为了改变《神农本草》书中混乱和错讹状况，他建议："诸路州县应将产药去处，并令识别人仔细辨认根、茎、苗、叶、花、实，形色、大小，并虫、鱼、鸟、兽、玉石等堪入药用者，逐件画图，并一一开说著花、结果、收采时月及所用功效。其番夷（边境的少数民族）所采药，即令询问榷场、市舶、商客，亦依此供析，并取逐味各一二两或一二枚，封角，因入京人差赍（赍：jī，把东西送给别人）送当所投纳，以昭凭证。画成本草图，并别撰图经，所冀与今本草并行，使后人用药知所依据。"

朝廷采纳了苏颂的建议，并委任他编撰《图经本草》。经过四年的努力，在嘉祐六年（1061年），他完成了《图经本草》21卷。这部书引用以前文献200多种，集历代药物学著作和中国药物普查之大成，记载了300多种药用植物和70多种药用动物或其副产品，以及大量重要的化学物质。该书对动物化石、潮汐理论的阐述、植物标本的绘制，都在相应学科中占有领先地位。

李约瑟对《图经本草》给以极高的评价："作为大诗人苏东坡诗友的苏颂，还是一位才华横溢的药物学家，他在1061年撰写了《图经本草》，这是附有木刻标本说明图的药物史上的杰作之一。在欧洲把野外可能采集到的植物加以如此精确地木刻并印刷出来，这是直到15世纪才出现的大事。"

4. 星图绘制。 苏颂在《新仪象法要》中还绘有多种星图，

如"浑象紫微垣星图""浑象东北方中外官星图""浑象西南方中外官星图"等,计14幅。其中,最有价值的是前五幅:"浑象东北方中外官星图",是从角宿到壁宿的星官;"浑象西南方中外官星图",是从奎宿到轸宿的星官;"浑象紫微垣星图",是以北斗七星为主、布列于浑象之北上规的183颗星;"浑象南极星图"和"浑象北极星图",则是以天球赤道为最外界大圆的南天星图和北天星图。苏颂为了星图绘制精确,采取了圆横结合的画法。横图分成两段:东北方中外官星图,是从秋分到春分;西南方中外官星图,是从春分到秋分。另外,在把球面上的星辰绘制到平面上时,苏颂发现了失真问题,于是他采用了把天球循赤道一分为二,再分别以北极和南极为中心,画两个圆图的方法,从而减少了失真,这是星图绘制中的一项新成就。

苏颂星图,是历史上流传下来的全天星图中,保存在国内的最早星图。就所列星的数目而言,苏颂星图的贡献也是值得称道的。如欧洲到14世纪文艺复兴以前,观测的星数是1022颗,要比苏颂星图少422颗,因此,西方的科技史家蒂勒、布朗和萨顿等甚至认为:"从中世纪直到14世纪末,除中国的星图以外,再也举不出别的星图了。"

— 点 评 —

苏颂既是一位出色的政治家,又是闪耀在北宋时期的一颗科技巨星,他在医药学、天文学、外交、文化等方面的成就远

远超过其政绩。他所撰医药学、天文学著作，均图文并茂，为后人留下了珍贵的文献遗产。苏颂在科学技术上的成就，代表了中国 11 世纪科学发展新成就，开启近代钟表擒纵器的先河，独夺七项"世界第一"。英国科技史专家李约瑟博士，誉其"是中国古代和中世纪最伟大的博物学家和科学家之一"。

十八、沈括：北宋科学家，著《梦溪笔谈》

沈括（1031—1095），字存中，号梦溪丈人，杭州钱塘（今浙江杭州）人。北宋科学家、政治家。精通天文学、数学、物理学、化学、地质学、气象学、地理学、农学和医学。其一生致志于科学研究，在众多学科领域都有很深的造诣和卓越的成就，被誉为"中国整部科学史中最卓越的人物"。其名作《梦溪笔谈》，内容丰富，集前代科学成就之大成，在世界文化史上有着重要的地位。《梦溪笔谈》被誉为"中国科学史上的坐标"，在世界文化史上也有着重要的地位。

（一）爱好广泛，善于观察

宋仁宗天圣九年（1033 年），沈括出生于杭州钱塘（今浙江杭州）沈氏家族。沈家世代为官，沈括自幼勤奋好学，14 岁就读完了家里的藏书，并跟随在外做官的父亲沈周四处奔波，饱览华夏大好河山和风俗民情，视野和见识比一般同龄人开阔得多，兴趣爱好也广泛得多。

中国历代科技精英成才故事

沈括的童年和少年时代，虽是在一个充满书香气息的温馨环境中度过的，然而，人生并不总是一帆风顺的。就在他刚满18岁的时候，父亲去世了，家计顿时艰难起来。沈括不得不外出谋生，到海州沭阳县（今江苏沭阳）当了主簿。从那时起，政务便占据了他大部分时间。但是，无论公务再繁忙，他从未放弃过科学研究。凭着超凡的意志、敏锐的观察力和过人的精力，他不停地攀登。

有一次，沈括给母亲背诵白居易的一首诗《大林寺桃花》。当背到"人间四月芳菲尽，山寺桃花始盛开"一句时，沈括的眉头凝成了一个结："为什么我们这里花都开败了，山上的桃花才开始盛开呢？"其母出身士大夫家庭，性情温柔，知书达理，对于儿子凡事总好刨根问底的脾气，早已十分熟悉。她见儿子又犯了"犟"劲儿，只是笑了笑，递给他一件外衣，嘱咐道："别背了，今儿天气这么好，邀几个小伙伴到城外山上转转去吧。山上风大天凉，把这件衣服带上。"当时，正是四月暮春天气，庭院中的桃花纷纷谢落，已是"绿肥红瘦"，然而当沈括和伙伴们爬上城郊的山峰时，那满山遍野的桃花却开得正艳，好似一片红霞。他抚着一枝桃花，呆呆地嘟哝着："人间四月芳菲尽，山寺桃花始盛开"……猛地一阵山风吹过，他不由得打了个寒噤，突然茅塞顿开，脑子里蓦然闪出母亲的话"山上风大天凉"，"噢"沈括一下子明白了：原来山上的温度比山下要低很多，因此，花季比山下来得晚，这是由气候决定的。

（二）涉猎广泛，见解精辟

北宋时期，京城汴梁的大相国寺的墙上，有宋太宗时授翰林待诏高益画的一幅壁画，描绘众多乐工演奏的场面，画面上有管乐器笛子，也有弦乐器琵琶，场面非常壮观。

有人看了高益的这幅壁画后，觉得作为堂堂御前画师的高益，画的这幅壁画不符合实际，当吹笛子的人在吹"四"字音的时候，那个弹琵琶的居然与大家不合调，手指不是在拨"四"字音所在的上弦，而是在按着下弦，显然是画家画错了。

沈括听说这件事后，亲自来到这幅壁画面前，仔细端详，深思熟虑一番后指出，这幅壁画不但没有画错，而是匠心独运，体现了画家对音乐的精通了解，观察乐队在演奏时的细致入微，他进一步解释说：弦乐跟管乐在演奏时是不一样的，演奏管乐时，手指头按在什么音上，就发出什么音，动作和声音是同时的；演奏琵琶则不同，只有当手指拨弦之后，才会发出声音，动作早于声音。正因为这样，当管乐演奏者在吹"四"字音的时候，弹琵琶的人的手指看上去不在弹"四"字音。

听了沈括的解释，人们由衷地佩服画家的观察细致，也佩服沈括看问题很精细，有自己独到精辟的见解。外行看热闹，内行看门道。只有真正知晓内行的人，才能达到匠心独运的效果。

熙宁五年（1072年），沈括兼任提举司天监，职掌观测天象，推算历书。接着，他又担任了史馆检讨。熙宁六年（1073年），做集贤院校理。因职务上的便利条件，他有机会读到了

更多的皇家藏书，充实了自己的学识。沈括还多次出使（派遣使臣），视察了很多地方。他知识渊博，天文地理、数理化、医药以及文学艺术，无不通晓。他在科学研究上涉猎范围之广，见解之精辟，是同时代人所望尘莫及的，他从事的许多项目，都代表了时代的最高水平。在天文学方面，沈括制定了《奉元历》，制造了新的天文仪器，把天文研究推向了一个新的高峰。他最突出的贡献是发明了"十二气历"。按中国古代历法，阴历和阳历每年相差 11 天多，古人虽采用置闰的办法加以调整，仍难做到天衣无缝。沈括经过周密地考察研究，提出了一个相当大胆的主张：废除阴历，采用阳历，以节气定月，大月 31 日，小月 30 日。这种历法，对于农民从事春耕、夏种、秋收、冬藏十分有利，然而却因否定了老祖宗的"经义"而受到上层统治阶级的抵制，迟迟未能推行。在此期间，他撰写了《浑仪议》《浮漏议》《景表议》《修城法式条约》《营阵法》等著作。

"青山遮不住，毕竟东流去"。在沈括之后 900 年，英国气象局使用了以节气定月的"萧伯纳历"。如今，沈括所提倡的阳历法的基本原理，已被世界各国接受。

（三）兴修水利，精确测量

沈括早在任沭阳县主簿的时候，就组织了几万民工参与治理沭水的工程，不仅解除了当地人民的水灾威胁，而且还开垦出良田 7 000 顷，改变了沭阳的面貌。在任宁国县令的时候，他倡导并且主持在安徽芜湖地区修筑万春圩，开辟出能排能

灌、旱涝保收的良田1270顷，同时还写了《圩田五说》《万春圩图书》等关于圩田方面的著作。

熙宁五年（1072年），沈括主持了汴河的水利建设。为了治理汴河，他亲自测量了汴河下游，从开封到泗州淮河岸共840多里河段的地势。他采用"分层筑堰法"，测得开封和泗州之间地势高度相差十九丈四尺八寸六分。这种地形测量法，是把汴渠分成许多段，分层筑成台阶形的堤堰，引水灌注入内，然后逐级测量各段水面，累计各段水面的差，总和就是开封和泗州间"地势高下之实"。仅仅四五年时间里，就取得引水淤田17 000多顷的成绩。在对地势高度计算时，其单位竟细到了寸分。

（四）地质考察，成果辉煌

沈括一生为官，四处飘泊，几乎走遍了大半个中国，峭拔险怪的名山，一碧万顷的平川，烟波浩渺的湖泊，飞湍急流的江河，到处都留下了他的足迹。他深邃的目光，透过青山秀水，看到了它们的沉浮变迁。比如在雁荡山，他发现了一个奇怪的现象：自己曾游览过不少名山，都是从岭外便能望得见峰顶，而雁荡山却不然，只有置身山谷，才能看到高耸入云的诸峰。经过再三琢磨，他得出了结论：是山谷中的大水，将泥沙冲尽之后，这些巨石才高峻耸立，拔地而起的。而且，雁荡山的好多独特景观，如大小龙湫、初月谷等，都是大水长年冲凿的结果。由此，他联想到西北那土墩高耸的黄土区，与雁荡山的成因相同，是大自然的杰作，只不过一个是石质，一个是土

质而已。沈括关于因水侵蚀而构造地形的观点,在当时只有阿拉伯的一位科学家"英雄所见略同",直到 700 年后,英国科学家赫登才完整地运用了这一原理论述地貌变化。另外,在冲积平原成因的解析方面,在"化石"命名、地形测量和地图绘制等方面,沈括的贡献也极有价值。

(五)潜心笔耕,写出巨著

沈括经过潜心笔耕,写出了伟大的科学巨著《梦溪笔谈》,这是一部反映当时科技发展最新成就,内容丰富的著作,充分显示了沈括的博学多闻和旷世才华。书中涉及数学、物理、化学、天文学、地学、生物医学、工程技术等许多学科,共 609 条记述。该书包括笔谈、补笔谈、续笔谈三部分,收录了他一生的所见所闻和见解。在这些条目中,属于人文科学的约占 18%;属于自然科学的约占 36%;其余的约占 46%。

从内容上说,《梦溪笔谈》以多于三分之一的篇幅记述并阐发自然科学知识,这在笔记类著述中是少见的。如《技艺》详细记载了毕昇发明的泥活字印刷术,这是世界上最早的关于活字印刷的可靠史料,深受国际文化史界重视。

因为沈括本人具有很高的科学素养,他所记述的科技知识,在《梦溪笔谈》里,都详细地记载了劳动人民在科学技术方面的卓越贡献和他自己的研究成果,基本上反映了中国古代特别是北宋时期,自然科学达到的辉煌成就和他自己的研究心得。

科学成就

1. 天文学方面的成就。熙宁五年（1072年），沈括负责汴河水利建设时，还负责领导司天监，他首先研究并改革了浑仪、浮漏和影表等天文观测仪器。

沈括在《浑仪议》《浮漏议》和《景表议》中，介绍了他的研究成果，详细说明改革仪器的原理，阐述了自己的天文学见解，这在中国天文学史上具有重要的作用。他所设计的奉元历，既符合天体运行的实际，又有利于农业活动的安排。现在世界各国采用的公历，和沈括的"十二气历"十分接近。

2. 物理学方面的成就。沈括对物理学研究的成果涉及力学、光学、磁学、声学等各个领域，特别是他对磁学的研究成就卓著。他在《梦溪笔谈》中，第一次明确地谈到磁针的偏角问题。在光学方面，他通过亲自观察实验，对小孔成像、凹面镜成像、凹凸镜的放大和缩小作用等，作了通俗生动的论述。对我国古代传下来的所谓"透光镜"（一种在背面能看到正面图案花纹的铜镜）的透光原因，做了科学的解释，推动了后来对"透光镜"的研究。此外，他还曾剪纸人，在琴上做试验，研究声学上的共振现象。他最早发现地理南北极与地磁场的N极、S极并不重合，所以水平放置的小磁针指向与地理的正南北方向之间，有一个很小的偏角，被称为磁偏角。

3. 化学方面的成就。在化学方面，沈括利用石油不容易完全燃烧而生成炭黑的特点，首先创造了用石油炭黑代替松木炭

黑制造烟墨的工艺。考察中,他发现了一种褐色液体,当地人叫它"石漆""石脂",用它烧火做饭、点灯和取暖。沈括弄清楚这种液体的性质和用途后,给它取了一个新名字,叫"石油"。

4. 数学方面的成就。沈括在数学方面,创立了"隙积术"和"会圆术"。他通过对酒馆里堆起来的酒坛和垒起来的棋子等,有空隙的堆体积的研究,提出了求其总数的正确方法,这就是"隙积术",也就是二阶等差级数的求和方法。他的研究,发展了自《九章算术》以来的等差级数问题,在我国古代数学史上,开辟了高阶等差级数研究的方向。此外,沈括还从计算田亩出发,考察了圆弓形中弧、弦和矢之间的关系,提出了我国数学史上,第一个由弦和矢的长度求弧长的比较简单实用的近似公式,这就是"会圆术"。这一方法的创立,不仅促进了平面几何学的发展,而且在天文计算中也起了重要的作用,并为我国球面三角学的发展做出了重要贡献。

5. 地理学方面的成就。沈括在地理学方面,有许多卓越的论断,反映了我国当时地理学已经达到了先进水平。他正确论述了华北平原的形成原因,这是由于水流侵蚀作用的结果。他还联系西北黄土地区的地貌特点,做了类似的解释,并且根据化石推论了古代的自然环境。

他查阅了大量档案文件和图书,经过近20年的努力,完成了我国制图史上的一部巨作——《守令图》。这是一套大型地图集,共计20幅,图幅之大,内容之详,都是以前少见的。在制图方法上,他提出分率、准望、互融、傍验、高下、方斜、迂直等九法,这和西晋裴秀著的制图六体是一致的。他还

把四面八方细分成24个方位，使图的精度有了进一步提高，为我国古代地图学做出了重要贡献。

6. 医药生物学方面的成就。 沈括对医药学和生物学也很精通。他在青年时期就对医学有浓厚兴趣，并且致力于医药研究，搜集了很多验方，治愈过不少危重病人。同时，他的药用植物学知识也十分广博，并且能够从实际出发，辨别真伪，纠正古书上的错误，曾经提出"五难"新理论。其医学著作有《沈存中良方》（简称《良方》）等三种。现存的《苏沈良方》是后人把苏轼的医药杂说附入《良方》之内合编而成的，现有多种版本行世。

点 评

沈括所撰的科学巨著《梦溪笔谈》，其内容涉及天文、数学、物理、化学、生物等各个门类学科，其价值非凡。书中的自然科学部分，总结了中国古代特别是北宋时期科学成就。《宋史·沈括传》评价他"博学善文，于天文、方志、律历、音乐、医药、卜算无所不通，皆有所论著"。日本数学史家三上义夫称赞沈括说："日本的数学家没有一个比得上沈括……沈括这样的人物，在全世界数学史上找不到，唯有中国出了这一个人。"当代英国著名科技史专家李约瑟，曾这样评价说："沈括是中国整部科学史中最卓越的人物。"沈括积一生之心血写出的《梦溪笔谈》，包罗万象，独有创见，被称作"中国科学史上的里程碑"。

十九、李诫：著名建筑学家，编写《营造法式》

李诫（1035—1110），字明仲，郑州管城（今河南郑州）人，北宋著名建筑学家。他曾主持修建了开封府廨、太庙及钦慈太后佛寺等大规模建筑，编写了中国第一本建筑工程著作《营造法式》。该书是中国古代科学技术发展史中的一部珍贵文献，也是世界建筑史中一部具有重要地位的巨著。它流传到西欧、日本后，曾引起当地建筑界的轰动，成为他们研究、学习中国古代传统建筑工程技术的珍稀资料。

（一）家世显赫，脱颖而出

李诫出生在一个官宦世家，其父兄辈供职于朝廷官位。李诫从小头脑聪明，天赋异禀。受家庭的影响，他从小喜欢读书，父母甚喜，便搜集各种书籍，以供他阅读。勤奋的学习和渊博的知识，造就了一个多才多艺的李诫。

李诫的志向在建筑设计方面，后来他就把这种艺术心得，充分地发挥在建筑工程上，从而获得了杰出的成就。

宋神宗元丰八年（1085年），其父李南公时任河北路转运副使。受父亲派遣，李诫入京进献表章、物产，于是被恩补为郊社斋郎，并担任曹州济阴县（今山东曹县西北）县尉。这份差使虽不是他的专长，但也取得了一定的政绩。宋哲宗元祐七年（1092年），李诫调到开封将作监担任主簿一职，专门管理

宫殿、城郭、桥梁、邸第、房舍、道路等土木工程的建设,英雄有了用武之地。任职于将作监的十三年中,他主持营建了不少宫廷建筑,如五王邸、朱雀门、景龙门、九成殿、太庙、钦慈太后佛寺等,都是精巧华丽的建筑;也监造了一些官府公用的房屋,如辟雍、尚书省、开封府廨、班直诸军营房,规模都很大。这些工程的修建,使得李诫脱颖而出,官职也不断提升:绍圣三年(1096年)升将作监丞,崇宁元年(1102年)升将作少监(少监:唐代官职,为监或正监的副手)。辟雍造成后,又升任将作监,同时,他也赢得了宋徽宗的信任。如崇宁四年(1105年),库部员外郎姚舜仁建议,在开封南偏东的方位修建明堂,并绘制了图样,宋徽宗特命李诫参加明堂图样的审查工作。后来二人合作,进一步完备了明堂图。

(二)承上启下,成就名著

在中国古代建筑史上,著名的工程师见于史册的寥寥无几,能给后世留下系统著作的,只有李诫一人。

李诫一生最大的贡献是编写《营造法式》。该书的编纂,有着深刻的时代背景。北宋王安石变法以前,朝廷一直奉行"不抑兼并"的土地政策,大批农民都丧失了土地;许多中小工商业者也面临破产。宋神宗熙宁二年(1069年)初,王安石为参知政事,实行变法革新。

王安石新法的主要内容在于"理财节用"和"整军强兵",其目的是想在不增加人民负担的前提下,以缓和社会危机。当时,由于统治者大兴土木,建造了不少宫殿、苑囿、府第、官

署和寺观等,耗资巨大。另外,各项工程的建造规模、建筑材料和工时定额等都缺乏统一的标准,既造成了损失浪费,也使得一些官吏趁机舞弊,中饱私囊。在人力、财力、物力都很困难的情况下,为防止贪污浪费,同时保证设计、材料和施工的质量,以更好地满足统治者的需要。

宋哲宗元祐六年(1091年),《营造法式》首次编成,称为《元祐法式》。宋哲宗不满意,并于绍圣四年(1097年)敕令当时担任将作监丞的李诫,予以重新编修。李诫认为:元祐本的《营造法式》只录有建筑材料的各种形状,却不包括原料的设计加工制度,而且其间工料太宽,缺乏一定的建筑设计、施工等方面的技术规范要求,所以无法考据,可谓一纸空文,难以通行实用。为了完成这一使命,李诫一方面广泛参阅前人的《考工记》《唐六典》《木经》等,有关建筑方面的史书与专著,认真汲取其精华;另一方面非常重视当时工匠的实际经验。他特地访问了数百名从事建筑的工匠,同他们一起讲究规矩,分析比较各种建筑营造方法的优缺点,努力找出构件尺寸之间的相互比例关系,以期制定出科学的规范制度;再加上他自己的亲身体会和辛勤工作,到了元符三年(1100年),这部建筑学著作终于大功告成。宋徽宗崇宁二年(1103年),由李诫编修的《营造法式》付梓刊行,颁发天下,成为当时通行全国的建筑工程法式。

(三)精于绘画,乐善好施

李诫精于书法,篆、籀、草、隶,皆入上品,据说他家藏

书几万卷,其中有几千卷是他亲手抄录的。他曾经用小篆体书写《重修朱雀门记》一文,被朝廷下旨雕刻于朱雀门下。他在绘画上也颇有造诣,深得古代名家的笔法。他所画的《五马图》,竟然连擅于绘画的宋徽宗也称赞不已。书法与绘画创作,赋予他理解独特的艺术心得:既注重美感,又突出真实感。

其父李南公去世后,李诫返回故里丁忧。当时,皇帝亲自赏赐钱财百万办理丧事,以示优待。李诫以御赐而不敢推辞,但是请求施舍给寺院,进行佛像的建造。可见李诫,乐善好施之性情可见一斑。服丧之后,赴虢州(今河南灵宝)担任知州一职。

科学成就

李诫一生主持营建多项重要建筑工程,成绩突出,而其最大的贡献则是编写《营造法式》,内容分为四个部分,共有34卷,另有《目录》《看详》各一卷。

第一部分是总释与总例。对文中所出现的各种建筑物,以及构件的名称、条例、术语等,做了规范的诠释。指出所用词汇,在各个不同时期的确切叫法,以及本书所用名称,统一语汇。

第二部分为各种"制度"。它指出了壕寨、石作、木作、雕作、锯作、瓦作制度、泥作、彩画作、砖作、窑作等工种的任务和技术规范,说明如何按等级来选用材料,确定构件之间的比例、位置及相互关系。

第三部分为"工限料例"。制定了施工人数和材料定额,

比如各种制度下的构件劳动定额、计算方法及用料定额，以及应达到的质量等。

第四部分为"图样"。给出了建筑样式和各种构件的详细图纸，规定了各工种、做法的平面图、断面图、构件详图及各种雕饰与彩色图案等。

《营造法式》反映了宋朝建筑科学的辉煌成就，尤其是在建筑设计中制定了模数的概念，即"材分制"。它规定材料的长宽比例为3∶2。具体就是在设计工作之前，先有一种截面长宽比例为3∶2的方料作为梁的标准用材，材分八等；两层拱之间的高度又有六"分"。然后根据房屋的大小等级确定合适的材料等，以此可以推定建筑各类构件的详细且具体的尺寸，从而进行设计和安排工料。这种"材分制"一直沿用到清代。较之17世纪伽利略的类似结论，它整整早了五个世纪，这在世界建筑史上也是非常了不起的成就。

李诫既是一位建筑大师，又是一位博学多能的艺术家和学者。他还精书法，善绘画，喜著书。他编著的《营造法式》，是一部建筑科学的百科全书，对后世的建筑技术和建筑学具有深远影响。李诫成为享誉国内外的伟大建筑科学家，同时也成为中国古建筑界所供奉的祖师爷。

《营造法式》是我国建筑史上出现的一部集建筑设计、施工、劳动定额、标准规范为一体的专著。梁思成先生在《营造

法式注释序》中说:"该书是北宋官订的建筑设计和施工的专书,它的性质略似于今天的设计手册与建筑规范。"它是中国古籍中最完善的一部建筑技术专著,是研究中国古代建筑必不可少的参考书,其方案融汇了中国古代建筑与西方建筑的精神。

二十、杨辉:南宋数学家,创制纵横图

杨辉(生平不详),字谦光,钱塘(今浙江杭州)人,南宋数学家和数学教育家。他在详解《九章算术》的基础上,专门增加了"纂类"卷,将其方法和246个问题,按性质分为乘除、分率、合率、互换、衰分、叠积、盈不足、方程、勾股等九类。他是世界上第一个排出纵横图和讨论其构成规律的数学家,与秦九韶、李冶、朱世杰并称"宋元数学四大家"。

(一)外出巡游,孩童挡道

一天,台州府的地方官杨辉出外巡游,路上,前面铜锣开道,后面衙役殿后,中间大轿抬起,好不威风。

走着走着,只见开道的镗锣停了下来,前面传来孩童的大声喊叫声,接着是衙役恶狠狠的训斥声。杨辉忙问怎么回事,差人来报:"孩童不让过,说等他把题目算完后才让走,要不就绕道。"

杨辉一听来了兴趣,连忙下轿,来到前面。衙役忙说:"是不是把这孩童轰走?"

杨辉摸着孩童的头说:"为何不让本官从此处经过?"

孩童答道:"不是不让经过,我是怕你们把我的算式踩掉,我就想不起来了。"

"什么算式?"

"就是把1到9的数字分三行排列,不论竖着加,横着加,还是斜着加,结果都是等于15。我们先生,让下午一定要把这道题做好。我正算到关键之处,所以不能给踩掉了。"

(二)算式游戏,九宫图解

杨辉连忙蹲下身来,仔细地看那孩童的算式,觉得这个数字,好像从哪里见过,静心仔细一想,原来是西汉学者戴德编纂的《大戴礼记》中提及过的。

于是,杨辉与孩童一起算了起来,直到天已过午,俩人才舒了一口气。结果算出来了,他们又验算了一下,结果全是15,这才站了起来。

孩童望着这位慈祥和善的地方官说:"耽搁你的时间了,到我家吃饭吧!"

杨辉一听,说:"好,好,下午我去见见你先生。"

孩童望着杨辉,两眼泪水汪汪,杨辉不禁心想,这里肯定有什么蹊跷,于是温和地问道:"到底是怎么回事?"

孩童这才一五一十地把原因道出:原来这孩童并未上学,是给人家放牛的,每到学生上学时,他就躲在窗外偷听,今天上午先生出了这道题,这孩童用心自学,终于把它解决了。

杨辉听到此,心情十分感动,一个小小的孩童,竟有这番

苦心，实在难能可贵。便对孩童说道："这是10两银子，你拿回家去吧。下午你到学校去，我在那儿等你。"

下午，杨辉找到先生，把孩童的情况向先生说了一遍，又掏出银两，给他补了名额，孩童一家感激不尽。自此，这个孩童方才有了真正的先生。

教书先生对杨辉的为人非常敬佩，于是俩人谈论起数学。杨辉说道："方才我和孩童做的那道题好像是《大戴礼记》书中的？"

先生笑着说："是啊，《大戴礼记》虽然是一部记载各种礼仪制度的文集，但其中也包含着一定的数学知识。方才你说的题目，就是我给孩子们出的数学游戏题。"

教书先生看到杨辉疑惑的神情，又说道："南北朝的甄鸾在《数术记遗》一书中就写过：'九宫者，二四为肩，六八为足，左三右七，戴九履一，五居中央。'"

杨辉默念一遍，发现他说的正与上午他和孩童摆的数字一样，便问道："你可知道这个九宫图是如何造出来的？"

教书先生也不知出处。

（三）推演著书，流传后世

杨辉回到家中，自己反复琢磨，一有空闲就在桌上摆弄着这些数字，终于发现一条规律。

他把这条规律总结成四句话："九子斜排，上下对易，左右相更，四维挺出。"就是说，一开始将九个数字从大到小斜排三行，然后将9和1对换，左边7和右边3对换，最后将位

于四角的 4、2、6、8 分别向外移动，排成纵横三行，就构成了九宫图。

按照类似的规律，杨辉又得到了"花 16 图"，就是从 1 到 16 的数字排列在四行四列的方格中，使每一横行、纵行、斜行四数之和均为 34。

后来，杨辉又将散见于前人著作与流传于民间的有关这类问题，加以整理，得到了"五五图""六六图""衍数图""易数图""九九图""百子图"等许多类似的图。

杨辉把这些图总称为纵横图，并于 1275 年写进自己的数学著作《续古摘奇算法》中，并流传后世。

长期以来，人们习惯于把它当作纯粹的数学游戏，没有给予应有重视。随着近代组合数学的发展，纵横图显示了越来越强大的生命力，在图论、组合分析、对策论、计算机科学等领域中，找到了用武之地。

杨辉是世界上第一个给出了如此丰富的纵横图，并讨论了其构成规律的数学家。

1. 留下大量著述。 他著述的数学书共五种 21 卷，它们是：《详解九章算法》12 卷，《日用算法》2 卷，《乘除通变本末》3 卷，《田亩比类乘除捷法》2 卷，《续古摘奇算法》2 卷，其中后三种为杨辉后期所著，一般称之为《杨辉算法》。

杨辉的著作，极大地丰富了我国古代数学宝库，为数学科

学发展做出了卓越贡献,他不愧为"宋元四大家"之一。

他在《续古摘奇算法》中,介绍了各种形式的"纵横图",以及有关的构造方法。同时,"垛积术"是杨辉继沈括"隙积术"后,关于高阶等差级数的研究。他在"纂类"中将《九章算术》246个题目,按解题方法由浅入深的顺序,重新分为乘除、分率、合率、互换、二衰分、勾股等九类。

他非常重视数学教育的普及和发展,在《算法通变本末》中,杨辉为初学者制定的"习算纲目",是中国数学教育史上的重要文献。

2. 捷算法与素数。杨辉致力于捷算法的研究,并取得了一些成就。例如,《算法通变本末》中记载着一种叫"重乘"的算法,即把乘数分解为若干因数之积的形式,然后用因数去乘。杨辉说:"乘位繁者,约为二段,作二次乘之,庶几位简而易乘,自可无误也。"例如 38367×23121,杨辉便把 23121 分解为 $9 \times 7 \times 367$,然后再乘 38367。

由于捷算法的需要,杨辉注意到一个整数,是合数还是素数的问题。他说:"置价钱(即 23121 文)为法,约之。先以九约,又以七约,乃见三百六十七,更不可约也。"所谓不可约,就是说除了 1 和本身外没有其他约数。显然,杨辉的"不可约"之数即素数。他在这里首次提出素数概念,又在《法算取用本末》中列出了从 201 到 300 的素数表,共 16 个:

211,223,227,229,233,239,241,251,257,263,269,271,277,281,283,293。

这实际是 201 到 300 的全部素数。虽然杨辉对素数的研

究,远在欧几里得之后,但他在没有外来影响的情况下,注意到这一重要问题,其思想之深刻是值得称道的。

3. 纵横图。 纵横图是按一定规律排列的数表,也称幻方。一般是 n 行 n 列,各行各列的数字之和相等,纵横图有几行,就称为几阶。我国最早的纵横图,当推汉代"九宫图"。宋代理学家们把它与《周易》中的"河出图,洛出书,圣人则之"联系起来,认为九宫图即天生的神物——洛书,是伏羲画八卦的依据,从而为这些有规律的数字蒙上了一层神秘色彩。

就在这时,杨辉却在孜孜不倦地探索纵横图的构成规律。他以自己的研究成果,否定了纵横图的神秘性。《续古摘奇算法》上卷的大量纵横图表明,这种图形是有规律可循的。

4. 数学教育和普及工作。 在数学教育方面,杨辉总结了自己多年的经验,写了一份相当完整的教学计划——《算法通变本末》,具体给出各部分知识的学习方法、时间及参考书。他主张循序渐进,由浅入深,精讲多练。

杨辉十分重视数学普及工作,他的《详解九章算法》便是为普及《九章算术》中的数学知识而作。他从原书 246 题中选择了 80 道有代表性的题目,进行详解。

为普及数学知识,杨辉专门写了《日用算法》一书。书中的题目全部取自社会生活,多为简单的商业问题,也有土地丈量、建筑和手工业问题。这种应用数学既便于普通读者接受,也便于发挥社会效益。

—— 点 评 ——

杨辉不仅是一位著述甚丰的数学家,而且还是一位杰出的数学教育家。他一生致力于数学教育和数学普及,其著述有很多是为了数学教育和普及而写。《算法通变本末》中载有杨辉专门为初学者制定的"习算纲目",它集中体现了其数学教育的思想和方法。

二十一、李冶:称数学大家,著《测圆海镜》

李冶(1192—1279),原名李治,字仁卿,自号敬斋,真定栾城(今河北栾城)人。金元时期的数学家、文学家、诗人。金正大(正大:金哀宗年号,1224—1231年)末进士,辟任钧州。金亡北渡,流落忻崞间,常与文学家元好问唱和,世称"元李"。李冶在数学上的主要贡献是"天元术"(设未知数并列方程的方法),用于研究直角三角形内切圆和旁切圆的性质。与杨辉、秦九韶、朱世杰并称为"宋元数学四大家"。

(一)自幼聪敏,喜爱读书

李冶生于大兴(今北京大兴),父亲李遹(yù)是位博学多才的学者,曾在大兴府尹胡沙虎手下任推官,母亲姓王。李冶有两个同父异母的弟兄,兄名澈,刘氏所生,弟名滋,崔氏

所生；还有两个同胞姐妹。李冶原名叫李治，因为朝廷禁止平民和古代帝王同名，而他的名字又和唐高宗（李治）的名字相同，于是就减去了一个点，改名叫李冶。

李冶自幼聪敏，喜爱读书，曾在元氏县（今河北元氏）求学，对数学和文学都很感兴趣。《元朝名臣事略》中说："公（指李冶）幼读书，手不释卷，性颖悟，有成人之风。"

（二）经为通儒，文为名家

李冶出生的时候，金朝正由盛转衰。其父李遹的上司胡沙虎，是一个深得朝廷宠信的奸臣，李遹见他无恶不作，常常据理力争，置个人生死祸福之度外。只因为官谨慎，才免遭其毒手。李遹为了防备不测，便把老小送回故乡栾城。童年的李冶没有随家人回乡，而是独自到栾城的邻县元氏求学。至宁元年（1213年），由于胡沙虎篡权乱政，李遹被迫辞职，隐居阳翟（今河南禹州），从此不再过问政事。他吟诗作画，在当地颇有名望。

父亲的正直为人及好学精神，对李冶深有影响。在李冶看来，学问比财富更可贵。他说："积财千万，不如薄技在身。"又说："金璧虽重宝，费用难贮蓄。学问藏之身，身在即有余。"他在青少年时期，对文学、史学、数学、经学都感兴趣，曾与好友元好问外出求学，拜文学家赵秉文、杨云翼为师，不久便名声大振。

正大七年（1230年），李冶赴洛阳应试，被录取为词赋科进士，时人称赞他"经为通儒，文为名家"。同年，得高陵

(今陕西高陵)主簿官职,但蒙古窝阔台军已攻入陕西,所以并没有上任。接着又被调往阳翟附近的钧州(今河南禹州境)任知事,为官清廉、正直。

(三)北渡避难,著书为乐

1232年,钧州城被蒙古军队攻破。李冶不愿投降,只好换上民服,北渡黄河避难。这是他一生的重要转折点,将近50年的学术生涯,便由此开始了。

李冶北渡后,流落于山西的忻县、崞县之间,过着"饥寒不能自存"的生活。一年以后(1233年),汴京(今河南开封)陷落,元好问也弃官出京,到山西避难。1234年初,金朝终于为蒙古所灭,李冶与元好问都感到政事已无可为,于是潜心学问。经过一段时间的颠沛流离之后,李冶定居于崞山(今山西崞县)的桐川。金朝的灭亡,给李冶的生活带来不幸,但由于他不再为官,这在客观上使他的科学研究,有了充分的时间。他的研究工作是多方面的,包括数学、文学、历史、天文、哲学、医学。他不仅博览群书,而且善于去粗取精。他说:"学有三,积之多不若取之之精,取之之精不若得之之深。"李冶在实践中,逐渐认识到:数术虽居六艺之末,而施之人事,则最为切务。于是潜心数学。他在桐川的工作条件是十分艰苦的,不仅居室狭小,而且常常不得温饱,要为衣食而奔波。但他却以著书为乐,从不间断自己的写作。据《真定府志》记载,李冶"聚书环堵,人所不堪",但却"处之裕如也"。他的学生焦养直说他:"虽饥寒不能自存,亦不恤也",在"流离顿

挫"中,"亦未尝一日废其业"。经过多年的艰苦奋斗,李冶的《测圆海镜》终于在1248年完稿,它是我国现存最早的一部系统讲述天元术的著作。

(四)收徒讲学,婉拒为官

1251年,李冶的经济情况有所好转,他结束了在山西的避难生活,回元氏县封龙山定居,并收徒讲学。他的学生越来越多,家里逐渐容纳不下了,于是师生共同努力,在北宋李迵读书堂故基上,建起封龙书院。李冶在书院讲数学、文学和其他知识,他呕心沥血,培养出大批人才,并常在工作之余与元好问、张德辉一起游封龙山,被称为"龙山三老"。1257年在开平(今内蒙古正蓝旗)与金朝遗老窦默、姚枢、李俊民等人,接受忽必烈召见,忽必烈派董文用专程去请李冶。同年五月,李冶在开平见忽必烈,陈述了自己的政治见解,得到他的赞赏。

李冶会见忽必烈之后,回封龙山继续讲学著书,于1259年写成另一部数学著作《益古演段》。1260年,忽必烈即皇帝位,是为元世祖。次年七月,建翰林国史院于开平,聘请李冶担任清高而显要的工作——翰林学士知制诰同修国史。但李冶却以老病为辞,婉言谢绝了。

之后,忽必烈再召李冶,为翰林学士知制诰同修国史。李冶于至元二年(1265年)来到燕京(今北京),勉强就职,参加修史工作。但他不久便感到翰林院里思想不自由,处处都要秉承统治者的旨意,不能畅所欲言。因此,他在工作一年之后,便以老病辞职了。李冶是个追求思想自由的人,尤其不愿

在学术上唯命是从。

他在数学上的主要成就是总结并完善了天元术,使之成为中国独特的半符号代数。这种半符号代数的产生,要比欧洲早三百年左右。他的《测圆海镜》是天元术的代表作,而《益古演段》则是普及天元术的著作。

科学成就

1. 改进"天元术"算法。所谓天元术,就是一种用数学符号列方程的方法。在中国,列方程的思想,可追溯到汉代的《九章算术》。随着数学问题的日益复杂,迫切需要一种普遍的建立方程的方法,但直到李冶之前,天元术的作用还十分有限。李冶则在前人的基础上,将天元术改进成一种更简便而实用的方法。当时,北方出了不少算书,除《铃经》外,还有《照胆》《如积释锁》《复轨》等,这无疑为李冶的数学研究提供了条件。特别值得一提的是,他在桐川得到了洞渊的一部算书,内有九客之说,专讲勾股容圆(即切圆)问题。此书对他启发甚大。为了全面、深入地研究天元术,李冶把勾股容圆问题作为一个系统来研究。他用天元术求圆径的问题,写成《测圆海镜》十二卷,这是他一生中的最大成就。

2. 写成"天元术"著作。《测圆海镜》不仅保留了洞渊九容公式,即九种求直角三角形内切圆直径的方法,而且给出一批新的求圆径公式。他总结出一套简明实用的天元术程序,并给出化分式方程为整式方程的方法。他发明了负号和一套先进

的小数记法，采用了从零到九的完整数码。除 0 以外的数码古已有之，是筹式的反映。但筹式中遇 0 空位，没有符号"0"。从现存古算书来看，李冶的《测圆海镜》和秦九韶的《数书九章》是较早使用 0 的。《测圆海镜》重在列方程，书中用天元术导出许多高次方程（最高为六次），给出的根全部准确无误，可见李冶是掌握高次方程数值解法的。

《测圆海镜》的成书，标志着天元术成熟，对后世有深远影响。元代王恂、郭守敬在编《授时历》的过程中，曾用天元术求周天弧度。不久，沙克什用天元术解决水利工程中的问题，收到良好的效果。元代大数学家朱世杰说："以天元演之、明源活法，省功数倍。"

3. 运用"天元术"解题。《测圆海镜》的研究对象，是离生活较远而自成系统的圆城图式，《益古演段》则把天元术用于解决实际问题，研究对象是日常所见的方、圆面积。为了使人们理解天元术，就需要给代数以几何解释，而对二次方程进行几何解释是最方便的，于是便选择了以二次方程为主要内容的《益古集》。李冶在完成《测圆海镜》之后写《益古演段》，书中常用人们易懂的几何方法，对天元术进行验证，这对于人们接受天元术是有好处的。该书图文并茂，深入浅出，不仅利于教学，也便于自学。正如砚坚序中的评价："说之详，非若溟津黯淡之不可晓；析之明，非若浅近粗俗之无足观。"这些特点，使它成为一本受人们欢迎的数学教材，对天元术的传播发挥了积极作用。

点评

随着高次方程数值求解技术的发展,列方程的方法也相应产生,这就是所谓"天元术"。在传世的宋元数学著作中,首先系统阐述天元术的,是李冶的《测圆海镜》。这是李冶一生最得意的著作,他在弥留之际对儿子克修说:"吾平生著述,死后可尽燔(燔:fán,焚烧)去。独《测圆海镜》一书,虽九九小数,吾常精思致力焉,后世必有知者。庶可布广垂永乎?"清代数学家,对《测圆海镜》给予很高评价。阮元认为《测圆海镜》是"立天元者,自古算家之秘术;而海镜者,中土数学之宝书也"。李善兰称赞它是"中华算书,无有胜于此者"。《测圆海镜》是天元术的代表作,而《益古演段》是普及天元术的杰作。两书相辅相成,互为表里,反映了李冶既努力提高数学的一般化程度,又注意发挥其社会效益的精神。

近代以来,李冶作为中国历史上重要的数学家,其思想和著作被许多学者所研究,其影响如清渠之水源远流长。

二十二、秦九韶:称数学大家,著《数书九章》

秦九韶(1208—1261),字道古,普州安岳(今四川安岳)人。南宋官员、数学家,与李冶、杨辉、朱世杰并称"宋元数学四大家"。1247年完成著作《数书九章》,其中的"大衍求一

术"、三斜求积术和秦九韶算法,是有世界意义的重要贡献。秦九韶在数学方面的研究成果,比英国数学家取得的成果要早八百多年。

(一)处处留心,好学不倦

秦九韶自幼生活在家乡,18岁时曾在乡里为"义兵首",后随父亲移居京部。他是一位非常聪明的人,处处留心,好学不倦。其父秦季栖(进士出身),在任职工部郎中与秘书少监期间,他有机会阅读大量典籍,并拜访天文历法和建筑等方面的专家,请教天文历法及土木工程问题,甚至可以深入工地,了解施工情况。他曾向"隐君子"学习数学,又曾向著名词人李刘学习骈俪诗词,达到较高水平。通过这一阶段的学习,秦九韶成了一位学识渊博、多才多艺的青年学者,时人说他"性极机巧,星象、音律、算术,以至营造等事,无不精究","游戏、毬、马、弓、剑,莫不能知"。

1225年,秦九韶随父至潼川;1231年,考中进士,担任过一段时间的县尉。后来,李刘曾邀请他到南宋国史院校勘书籍文献,但未成行。端平三年(1236年),元兵攻入四川,嘉陵江流域战乱频仍,潼川已难以安居,于是他再度出川东下,先后担任过蕲州(今湖北蕲春)通判、和州(今安徽和县)太守,最后定居湖州(今浙江吴兴)。先后担任武官和文官要职,公务繁忙,只能利用业余时间研究数学。

（二）巧解纠纷，传为佳话

绍定四年（1231年）六月，郪（qi）江沿岸暴雨成灾，秦九韶在郪县核桃坝遇见两农夫为洪水冲毁的边界发生争执，他发现各自为三角形合在一起的"三斜田块"，被洪水冲去一隅变成四不等直田之状，便步出"大、小斜，元中斜"等数据之后，算出他们的田块大小，画出使两位农夫非常满意的边界，使人十分敬佩他的才华。后来，人们知道他是县里的县尉，郪县尉"巧断农夫边界案"的事遂在郪县传为佳话。

（三）丁忧在乡，完成著述

1244年，秦九韶的母亲逝世。丁忧在乡的日子，秦九韶异常痛苦，亲人逝世之痛挥之不去。为了缓解痛苦情绪，秦九韶调整心态，把精力投入数学研究中。他埋头演算，苦苦思索关于"韩信点兵"的固定解法（韩信点兵，命令士兵3人一排，多出2名；命令士兵5人一排，多出3名；命令士兵7人一排，又多出2名，得出勇士1073名的答案），并将"韩信点兵"列为固定公式。

经过近三年的努力，于1247年九月，秦九韶完成了数学名著《数学大略》。该书又称《数书九章》，被史学家梁宗巨赞为"划时代的巨著，内容丰富，精湛绝伦"。《数学大略》由四部分组成：一是"问曰"，说的是实际生活中的问题；二是"答曰"，说的是最终的答案；三是"术曰"，说的是原理；四

是"草曰",说的是解题步骤。书中成就最大的是"大衍求一术"(不定方程的独特解法),这是中世纪世界数学的最高成就,比西方数学家高斯1801年建立同样的理论早五百多年,被数学界公认为"中国剩余定理"。

科学成就

1.《数书九章》,时代巨著。 秦九韶潜心研究数学多年,在湖州守孝三年,写成世界数学名著《数书九章》,全书九章十八卷,内容丰富至极。许多计算方法和经验常数,直到现在仍有很高的参考价值和实践意义,被誉为"算中宝典"。该书著述方式大多由"问曰""答曰""术曰""草曰"四部分组成。

在他看来,数学不仅是解决实际问题的工具,而且应该达到"通神明,顺性命"的崇高境界。该书是对《九章算术》的继承和发展,概括了宋元时期中国传统数学的主要成就,标志着中国古代数学的高峰。

2. 创"大衍求一术"。"一个数除以3余2,除以5余3,除以7余4,请求出这个数中最小的一个。"这是初等数论中的解同余式问题,答案是53。它有着固定的解法和公式,这个公式就是"中国剩余定理"。这种数学专业知识,在一千多年前,人们没有公式套用,只能逐个数字去推算。秦九韶在《数书九章》中对此类问题的解法做了系统的论述,并称之为"大衍求一术"。他的"大衍求一术",即现代数论中一次同余式组解法,是中世纪世界数学的最高成就,比西方1801年著名数学

家高斯建立的同余理论早554年,被康托尔称为"最幸运的天才",也被西方称为"中国剩余定理"。秦九韶不仅为中国赢得无上荣誉,也为世界数学的发展做出了杰出贡献。

3. 创拟了正负开方术。 秦九韶在《数书九章》中,还创拟了正负开方术,即任意高次方程的数值解法,比1819年英国人霍纳的同样解法早572年。他的正负方术,列算式时,提出"商常为正,实常为负,从常为正,益常为负"的原则,纯用代数加法,给出统一的运算规律,并且扩充到任何高次方程中去。

4. 改进一次方程组的解法。 秦九韶还改进了一次方程组的解法,用互乘对减法消元,与现今的加减消元法完全一致;同时他又给出了筹算的草式,可使它扩充到一般线性方程中的解法。在欧洲最早是1559年由布丢(法国人)给出的,其用很不完整的加减消元法解一次方程组,比秦九韶晚了312年,且理论上的不完整也逊于秦九韶。

5. 创"三斜求积术"。 秦九韶还创用了"三斜求积术"等,给出了已知三角形三边,求三角形面积公式,与海伦公式完全一致。秦九韶还给出一些经验常数,如筑土问题中的"坚三穿四壤五,粟率五十,墙法半之"等,即使对现在仍有积极意义。

点 评

秦九韶在数学上的主要成就,是系统地总结和发展了高次方程数值解法和一次同余组解法,提出了相当完备的"正负开方术"与"大衍求一术",达到了当时世界的最高水平。正像

我国数学史家梁宗巨评价的那样:秦九韶的《数书九章》是一部划时代的巨著,内容丰富,精湛绝伦。特别是大衍求一术(不定方程的中国独特解法),以及高次代数方程的数值解法,在世界数学史上占有崇高的地位。那时欧洲漫长的黑夜犹未结束,中国人的创造却像旭日一般在东方发出万丈光芒。《数书九章》不但在数量上取胜,而且在质量上也是拔尖的。从历史角度看,《数书九章》可与《九章算术》相媲美;从世界范围看,不愧为世界数学名著。秦九韶不仅为中国赢得了荣誉,也为世界数学的发展做出了贡献。

二十三、郭守敬:全能科学家,制定《授时历》

郭守敬(1231—1316),字若思,顺德府邢台县(今河北邢台)人。元代著名的天文学家、数学家、水利专家和仪器制造专家。1276年,他修订新历法,经四年时间制定出《授时历》,通行360多年,是当时世界上最先进的一种历法。他为修订历法,还改制并发明了简仪、高表等多种新仪器。

1962年,我国发行了绘有郭守敬半身像与简仪的两枚纪念邮票。1977年,国际小行星研究会将中国紫金山天文台编号为2012号小行星,命名为"郭守敬星"。1981年国际天文学会将美国在月球上发现的一座环形山命名为"郭守敬山"。

（一）天资过人，热爱科学

郭守敬是由其祖父郭荣抚养成人的。郭荣是金元时期一位颇有名望的学者，精通五经，熟知天文、算学，擅长水利技术。郭守敬就是在其祖父的教养下成长起来的，郭荣一面教郭守敬读书，一面培养他观察自然现象，体验实际生活。郭守敬自小就喜欢自己动手制作各种器具。有人说他"生来就有奇特的秉性，从小不贪玩"。其实，由于他把心思用到制作器具上，所以就不像同龄人一样贪玩。

郭守敬在十五六岁的时候，就显出了科学才能。他曾根据书上的一幅插图，用竹篾扎制出一架测天用的浑仪，而且还做了一个土台阶，把竹制浑仪放在上面，进行天文观测。他还根据北宋科学家燕肃一幅拓印的石刻莲花漏图，弄清了这种可以保持漏壶水面稳定的工作原理，在当时是颇为先进的计时仪器。

莲花漏是一种计时器，是北宋燕肃在古代漏壶的基础上改进创制的，由好几个部分配制而成。上面有几个漏水的水壶，水壶的水面高度配置保持不变，水面高度不变，往下漏水的速度也就保持均匀。水流速度保持均匀了，在一定时间内漏下的水量就保持不变，不会忽多忽少，这样，就可以从漏下的水量指示出时间。燕肃留下的莲花漏图，就画着这样的一整套器具。

配制这套器具的原理不是很浅显易懂。燕肃所画的图，构造也不是很简单。仅仅依据一幅图，就想掌握莲花漏的制造方法和原理，对一般学者来说，不是一件易事。年纪才十几岁的郭守敬，居然把它弄得一清二楚，这足以证明他确实是一个刻

苦钻研、天资过人的少年。

（二）智指桥基，拜师成才

在邢台县北郊，有一座石桥。金元战争时期，这座桥被破坏了，桥身陷在泥淖里。久而久之，竟没人说得清它的所在，给来往行人带来很大不便，而且严重影响了当地的农业发展。郭守敬查勘了河道上下游的地形，对旧桥基就有了一个估计。根据他的指点，居然一下子就挖出了久被埋没的桥基。这件事让人们惊叹不已。石桥修复后，当时一位有名的文学家元好问，还特意为此写过一篇碑文。这时候，年轻的郭守敬，已经能对地理现象做颇为细致的观察了。那一年，他刚刚20岁。

郭荣为了让其孙儿开阔眼界，得到深造，曾把郭守敬送到自己的同乡老友刘秉忠门下去学习。刘秉忠精通经学与天文学，郭守敬在他那儿得到了很大的教益。更重要的是，郭守敬在那儿结识了一位好朋友王恂，王恂比郭守敬小四五岁，后来也是一位杰出的数学家和天文学家。这一对好朋友，后来在天文历法工作中亲密合作，做出了卓越的贡献。

（三）经人推荐，走上仕途

1251年，刘秉忠被元世祖忽必烈召进京城去了。他离开邢台时，将郭守敬介绍给了自己的老同学张文谦。1260年，张文谦到大名路（今河北大名一带）等地做宣抚司的长官，郭守敬也随同前往。在那儿，他把少年时代试做过的莲花漏，铸了一

套正规的铜器,留给地方上使用。后来,元朝政府里的天文台,采用了这种器具。

郭守敬跟着张文谦,到各处勘测地形,筹划水利方案,并帮助做些实际的工作。几年之间,他的科学知识、技术经验更丰富了。张文谦看到郭守敬已经渐趋成熟,就在1262年,把他推荐给元世祖忽必烈,说他熟悉水利,聪明过人。元世祖就在当时新建的京城上都(今内蒙古多伦附近)召见了郭守敬。

郭守敬初见元世祖,就当面提出了六条水利建议。这六条都是郭守敬经过仔细查勘后,提出来的切实可行的计划,对于经由路线、受益面积等,都说得清清楚楚。元世祖认为郭守敬的建议很有道理,当下就任命他为提举诸路河渠,掌管各地河渠的整修和管理工作,下一年又升他为银符副河渠使。

(四)修通惠河,利大都城

至元二十八年(1291年),有人建议利用滦河、浑河,作为向上游地区运粮的河道。元世祖一时不能决断,就委派正在太史令任上的郭守敬去实地勘查,再定可否。郭守敬探测到中途就发觉这些建议是不切实际的。他趁着上报调查结果的机会,同时提出了新建议,其中第一条就是大都运粮河的新方案。

这个经过实地勘测、再三研究提出的新方案,仍然利用以前他那个试行方案中凿成的河道,但是要进一步扩充水源。扩充的办法是,把昌平地方神山(今凤凰山)脚下的白浮泉水引入瓮山泊,并且让这条引水河在沿途拦截,所有原来从西山东

流入沙河、清河的泉水，汇合在一起，滚滚而下。这样一来，运河水量可以大为增加。这些泉水又都是清泉，泥沙很少，在运河下游可以毫无顾虑地建立一系列控制各段水位的闸门，以便粮船平稳行驶。

这是个十分周密的计划。元世祖对它极为重视，下令重设都水监，命郭守敬兼职领导，并且调动几万军民，在至元二十九年（1292年）春天，克日（约定或严格限定日期）动工。

这条从神山到通州高丽庄，全长160多华里的运河，连同全部闸坝工程在内，只用了一年半的时间，到1293年秋天就全部完工了。当时，这条运河起名叫通惠河。从此以后，船舶可以一直驶进大都城中。那时大都城里作为终点码头的积水潭上，南方来的粮船云集，热闹非常。这样，不但解决了运粮问题，而且还促进了南货北销，进一步繁荣了大都城的经济。

通惠河开通以后，郭守敬一直兼任天文和水利两方面的工作。1294年，他升任太史院事，但是关于水利方面的工作，当时政府仍然经常要征询他的意见。

（五）先见之明，声望更高

元成宗大德二年（1298年），元成宗决定在上都附近开一道渠，于是召郭守敬去商议。郭守敬就去当地查勘了地形，了解了雨量情况，发现这条河道近山所经地区的年雨量虽不多，却很集中，大雨连日的时候，山洪非常凶猛。他认为，纵然河道平时的流量不大，河道本身也一定要宽达50—70步。当时主管其事的官员目光短浅，认为郭守敬把雨季的流量估计得太

大,处理这事太小心了,竟把其所定的宽度削减了三分之一。河渠开通的下一年,一到大雨时节,山洪顺河直冲下来,河身狭窄,容纳不下洪水,两岸泛滥成灾,淹没了人、畜、篷帐不计其数,几乎冲毁了元成宗的行宫。元成宗被迫北迁避水时,想起了郭守敬的预言,不由得对左右叹道:"郭太史真是神人呐。可惜没有听他的话!"从此以后,郭守敬的声望更加高了。

1. 巧制天文仪,测量更精密。 元初的天文仪器,都是宋金时期遗留下来的,已破旧得不能使用了。郭守敬首先提出"历之本在于测验,而测验之器,莫先于仪表"的革新主张。他认为只有打破陈规,根据天象观察、实验,才能定出比较准确的历法。他在原仪器的基础上进行改制,并在实践中重新设计,在三年的时间里,改制和重新创造了十多种天文仪器。其中主要的是简仪、赤道经纬和日晷三种仪器合并归一,用来观察天空中的日、月、星宿的运动,改进后不受仪器上圆环阴影的影响。高表与景符是一组测量日影的仪器,是郭守敬的创新。把过去的八尺改为四丈高表,表上架设横梁,石圭上放置景符透影和景符上的日影重合时,即当地日中时刻,用这种仪器测得的是日心之影,较前测得的日边之影精密得多,这是一个很大的改进。

2. 创制简仪,优于浑仪。 1276年,郭守敬创制了一种测量天体位置的仪器。该仪器的结构和使用上都比浑仪简单,而

且除北极星附近以外,整个天空一览无遗,故称简仪。

简仪的主要装置,是由两个互相垂直的大圆环组成。其中的一个环面平行于地球赤道面,叫作"赤道环";另一个是直立在赤道环中心的双环,能绕一根金属轴转动,叫作"赤经双环"。双环中间夹着一根装有十字丝装置的窥管,相当于单镜筒望远镜,能绕赤经双环的中心转动。观测时,将窥管对准某颗待测星,然后在赤道环和赤经双环的刻度盘上可以直接读出这颗星星的位置值。有两个支架托着正南北方向的金属轴,支撑着整个观测装置,使这个装置保持着北高南低的形状。这是我国首先发明的赤道装置,要比欧洲人使用赤道装置早500年左右。

3. 独创"仰仪",极其巧妙。 在编订新历时,郭守敬提供了不少精确的数据,这确实是新历得以成功的一个重要原因。在改历过程中,他创造了近20种仪器和工具。有件仪器是一个铜制的中空的半球面,形状像一口仰天放着的锅,名叫"仰仪",为其独创。半球的口上刻着东西南北的方向,半球口上用一纵一横的两根竿子架着一块小板,板上开一个小孔,孔的位置正好在半球面的球心上。太阳光通过小孔,在球面上投下一个圆形的像,映照在所刻的线格网上,立刻可读出太阳在天球上的位置。人们可以避免用眼睛逼视那光度极强的太阳本身,就看明白太阳的位置,这是很巧妙的。更妙的是,在发生日食时,仰仪面上的日像也相应地发生亏缺现象。这样,从仰仪上可以直接观测出日食的方向,亏缺部分的多少,以及发生各种食相的时刻,等等。

4. 进行四海测验,编制成《授时历》。 郭守敬等同一位尼泊尔的建筑师阿尼哥合作,在大都兴建了一座新的天文台,台上就安置着郭守敬所创制的那些天文仪器。它是当时世界上设备最完善的天文台之一。

至元十六年(1279年),郭守敬为同知太史院事时,元世祖接受了郭守敬的建议,遂派监候官14人分道而出,在27个地方进行了天文观测,告成观星台就是当时27处观测站之一,这就是历史上有名的"四海测验"。在其中的6个地点,特别测定了夏至日的表影长度和昼、夜的时间长度。这些观测的结果,都为编制全国适用的历法提供了科学数据。这一次天文观测的规模之大,在世界天文学史上也是少见的。

当时,南海的测量点就在中国黄岩岛。根据"四海测验"的结果,并参考了一千多年的天文资料,七十多种历法,互相印正对比,按照日月五星在太空运行的自然规律,在至元十七年(1280年),编制成了新历法——《授时历》。同年冬天,正式颁发了根据《授时历》推算出来的下一年的日历。

现行公历,是1576年由意大利人利里奥提出,比郭守敬晚了将近三百年。

点 评

郭守敬的一生,主要是从事科学研究工作。在科学活动中,他精心观察客观事物的特点,从中掌握发展规律;他能很好地发现与总结劳动人民的发明创造,在具体实践中得到运用

和提高;他善于从别人的经验教训中汲取精华,取长补短,使自己的科学研究趋于完善。但是,他从不满足前人现成的经验,敢于大胆探索,富有创新精神。由于他孜孜不倦、刻苦钻研、勤奋实干,所以在天文、历法、水利和数学等方面,取得了卓越的成就。

郭守敬是13世纪末14世纪初,世界上最伟大的科学家。他的科学成果不仅在中国,而且在全世界都是非常卓越的,他从事科学研究所体现出来的科学精神、科学思想、科学方法,更是反射出人类智慧的光芒。

二十四、朱世杰:誉数学大家,著《四元玉鉴》

朱世杰(1249—1314),字汉卿,号松庭,汉族,燕山(今北京)人,元代数学家、教育家,毕生从事数学教育。有"中世纪世界最伟大的数学家"之誉。他在当时天元术的基础上发展出"四元术",创造出"垛积法"(高阶等差数列的求和方法)与"招差术"(高次内插法)。其主要著作是《算学启蒙》与《四元玉鉴》,与秦九韶、李冶、杨辉被誉为"宋元数学四大家"。

(一)刻苦读书,热爱数学

朱世杰的生平概况,古籍中记载的不多,只知他曾经以数学名家的身份游历全国各地,并且从事教育教学工作。他年轻

时,已遍读许多北方算学家的著作,如李冶的《测圆海镜》等,对他以后的数学研究影响很大。后来他还通过学习李德载的二元术和刘大鉴的三元术,并在此基础上,懂得了如何建立二元、三元以及多元高次方程组,并求出这些方程组的解集。在13世纪70年代,朱世杰就已经是北方非常知名的数学家了。

公元1279年,元灭南宋以后,朱世杰又来到南方游学。在这里,他不但结识了许多南方的知名数学家,而且还接触到了不少南方的算书。最重要的是秦九韶的《九章算术》和杨辉的著作,这两个人及其著作,对朱世杰以后的数学研究和教育产生了深刻的影响。

(二)苦海救女,成为夫妻

13世纪末,历经战乱的社会被元王朝所统一,遭到破坏的经济和文化又很快繁荣起来。蒙古统治者为了兴邦安国,便尊重知识,选拔人才,把各门科学推向新的高峰。有一天,风景秀丽的扬州瘦西湖畔,来了一位教书先生,在寓所门前挂起一块招牌,上面用大字写着:"燕山朱松庭(朱世杰,号松庭)先生,专门教授四元术"。不几天,该寓所前门庭若市,求知者络绎不绝。就在朱世杰接待学生报名之时,突然一阵叫骂声引起了他的注意。

只见 穿绸戴银的半老徐娘,追着一位年轻姑娘,边打边骂:"你这贱女人,大把的银子你不抓,难道想做大家闺秀,只怕你投错了胎,下辈子也别想了。"那姑娘被打得皮开肉绽,连内身衣服都被撕坏了。姑娘蜷成一团,任凭她打,也不跟她

回去。朱世杰路见不平,便上前询问,那半老徐娘见冒出一个爱管闲事之人,就嘲笑道:"你难道想抱打不平,送上50两银子,这姑娘就归你了!"朱世杰见此情景,大怒道:"难道我掏不出50两银子?光天化日之下,竟敢胡作非为,难道没有王法不成?"那半老徐娘讽刺道:"你这穷鬼,还谈什么王法,银子就是王法,你若能掏出50两银子,我便不打了。"

朱世杰愤怒已极,从口袋里抓出50两银子,摔在半老徐娘面前,拉起姑娘就回到自己的教书之地。原来,那半老徐娘是妓院的鸨母,而这姑娘的父亲曾借鸨母10两银子,由于天灾,还不起银子,只好卖女儿抵债。今天碰巧遇上朱世杰,才把姑娘救出苦海。后来,在朱世杰的精心教导下,这姑娘也颇懂些数学知识,成了他的得力助手,不几年,两人便结成夫妻。所以,扬州民间至今还流传着这样一句话:"元朝朱汉卿(朱世杰,字汉卿),教书又育人。救人出苦海,婚姻大事成。"

(三)定居扬州,著书立说

后来,朱世杰选择定居扬州,从事数学研究和讲学,吸引了众多学者聚集在扬州从事学术交流。扬州处于南北交汇之地,各种学术思想在这里融会贯通。当时,扬州的印刷业十分发达,是全国的书籍出版中心,在大德三年(1299年),朱世杰的著作《算学启蒙》在扬州成稿并刊刻出版。

《算学启蒙》共三卷20门,共收入了259个数学问题。全书之首,朱世杰给出了18条常用的数学歌诀和各种数学常数,其中包括:乘法九九歌诀、除法九归歌诀(与珠算归除口诀相

同),斤两化零歌诀,筹算记数法则,大小数进位法,度量衡换算,圆周率,正负数加、减、乘法法则以及开方法则等。正文则包括了乘除法运算及其捷算法、增乘开方法、天元术、线性方程组解法、高阶等差级数求和等。全书由浅入深,几乎包括了当时数学学科各方面的内容,形成了一个较完整的体系,可以说是一部很好的数学教科书。

大德七年(1303年),他的代表作《四元玉鉴》成稿。该书同样由三卷组成,这三卷的内容包含24门,共收集288个问题,都与方程或方程组的求解密切相关。其中有7个是关于四元方程组的问题,有13个是关于三元方程组的问题,还有36个是关于二元方程组的问题。许多求解多元高次方程组的方法都在这本书中得以体现,这些方法包括通过消去未知数来求解,以及用正负开方术来求多元高次方程组的解集。此外,朱世杰的工作还受到南方数学"重口诀,重实用"风气的影响。不仅如此,他还在书中收集了一些日用算法、商用算法和通俗歌诀,这些歌诀、算法让他的数学工作更加完善。

《四元玉鉴》是一部成就辉煌的数学名著,是宋元数学集大成者,也是我国古代水平最高的一部数学著作,现代数学史研究者对该书给予了高度评价。著名科学史专家乔治·萨顿说它是"中国数学著作中最重要的一部,同时也是中世纪最杰出的数学著作之一"。编著《中国科学技术史》的李约瑟这样评价朱世杰和《四元玉鉴》:"他以前的数学家都未能达到这部精深的著作中所包含的奥妙的道理。"

1799年,阮元、李锐等人编纂数学家传记《畴人传》时,

未介绍《四元玉鉴》。之后不久，阮元在浙江访得此书，旋即将其编入《四库全书》，并把抄本交给李锐校算，后由何元锡按此抄本刻印，这是《四元玉鉴》1303年年初出版以来的第一个重刻本。1839年，扬州学者罗士琳经多年研究之后，出版了他所编著的《四元玉鉴细草》，罗氏对《四元玉鉴》书中每一问题都做了细草。后来罗士琳请人在北京找到了顺治十七年（1660年）朝鲜全州府尹金始振所刻的翻刻本，这样，《算学启蒙》又在扬州重新刊印出版，这就是该书现存各种版本的母本。

科学成就

朱世杰的主要成就，是创造了一套完整的消未知数方法，称为四元消法，这种方法在世界上长期处于领先地位。除了四元术以外，《四元玉鉴》中还有两项重要成就，即创立了一般的高阶等差级数求和公式及等间距四次内插法公式，后者通常称为招差术。此书代表着宋元数学的最高水平，美国科学史家萨顿（G·Sarton）称赞《四元玉鉴》是"中国数学著作中最重要的一部，同时也是中世纪的杰出数学著作之一"。朱世杰处于中国传统数学发展的鼎盛时期，当时社会上"尊崇算学，科目渐兴"，数学著作广为传播。

他对多元高次方程组解法、高阶等差级数求和、高次内插法都有深入研究，著有《算学启蒙》《四元玉鉴》各三卷。在《四元玉鉴》中讨论了多达四元的高次方程组解法，联系在一起的多项式的表达和运算以及消去法，处于世界领先地位。他

通晓高次招差法公式,比西方早 400 年,中外数学史家都高度评价朱世杰和他的名著《四元玉鉴》。

从天元术推广到二元、三元和四元的高次方程组,是宋元数学家的又一项杰出的贡献。能够留传至今并对这一杰出创造进行系统论述的是朱世杰的《四元玉鉴》,该书主要论述高次方程组的解法、高阶等差级数求和以及高次内插法等内容,是流传至今且对四元术进行系统论述的重要代表作。

清代罗士琳认为:"汉卿(朱世杰)在宋元间,与秦道古(即秦九韶)、李仁卿(即李冶)可称鼎足而三。道古正负开方,汉卿天元如积皆足上下千古,汉卿又兼包众有,充类尽量,神而明之,尤超越乎秦、李之上。"清代数学家王鉴也说:"朱松庭先生兼秦、李之所长,成一家之著作。"朱世杰在全面继承并创造性地发扬了天元术、正负开方法等秦、李书中所载的数学成就之外,还囊括了杨辉书中的日用、商用、归除歌诀等,与当时社会生活密切相关的各种算法,并做出了新的发展。

朱世杰的工作在一定意义上讲,可以看作是宋元数学的代表,古代筹算系统发展的顶峰。欧洲直到 18 世纪,才由西尔维斯特、凯莱等人用近代方法,对消元法进行了较为全面的研究。美国著名科学史家乔治·萨顿说:朱世杰是"中华民族的,他所生存的时代的,同时也是贯穿古今的一位最杰出的数学家",说《四元玉鉴》是"中国数学著作中最重要的一部,同时也是中世纪最杰出的数学著作之一"。

中国历代科技精英成才故事

点 评

朱世杰是元朝时代一位杰出的数学家，所写的《四元玉鉴》《算学启蒙》，是中国古代数学发展进程中的一个重要的里程碑，是中国古代数学的一份宝贵遗产。作为一位平民数学家和数学教育家，朱世杰以他自己的杰出著作，把中国古代数学推向更高的境界，为中国古代数学的光辉史册，增加了新的篇章，形成了宋代中国数学发展的最高峰。

二十五、王祯：元代农学家，《农书》称第一

王祯（1271—1368），字伯善，东平（今山东东平）人，元代著名农学家、农业机械学家、印刷技术革新家。他曾担任县尹，前后用了17年时间，撰写了一部农学巨著《农书》，是我国第一部适用范围最广、最为全面的农书，在中外农学史上占有显著地位。此外，他还发明了木活字印刷术，创新了冶炼技术，对元代科学技术的发展贡献甚大。

（一）文人荟萃，接触农学

王祯的家乡东平，在元初已是文人荟萃的地方。早在窝阔台时代，万户严实就曾经在东平"兴学养士"，当时的名士，如李昶、王磐、徐士隆、李谦等都曾在此地先后设帐授徒，培

养了一批人才，著名的有徐琰、申屠致远、孟祺等人。其中孟祺在元世祖至元七年（1270年）曾任山东西道劝农副使，还曾参与编写过《农桑辑要》一书。王祯可能受其影响而开始接触农学，他在《农书》中曾引用许多《农桑辑要》的资料。

王祯是个阅历非常丰富的人，他在担任永丰县尹时，就已是"东鲁名儒，年高学博，南北游宦，涉历有年"，这在其所著的《农书》中得到了充分的反映。《农书》中不仅广泛地引述了经史、农书，还兼及诸子、医学本草、重要类书、笔记杂录、名人诗赋等，可见，说他"年高学博"并非虚语。

人们一般只知道他在江南做官，但从《农书》中搜索，宦游南北也确实颇有眉目。王祯在把某些作物或农具写进《农书》时，常常会提到自己的一些见闻。如燕、赵、秦、晋、营州等地，皖东南的旌德和赣东隅的永丰（今江西广丰）二县，江、浙、湘、赣等地区他都到过。"读万卷书，行万里路"也为他后来编写《农书》提供了丰富的资料。

（二）两任县尹，惠民有为

史书记载，王祯做过两任县尹。一是元成宗元贞元年（1295年），任宣州旌德县（今安徽旌德）县尹，在职六年；二是元成宗大德四年（1300年），调任信州永丰县（今江西广丰）县尹。

王祯在旌德县尹任内，为老百姓办过许多好事。据《旌德县志》记载，他生活俭朴，经常将薪俸捐给地方兴办学校，修建桥梁，整修道路，施舍医药，教农民种植、树艺。时人颇有

好评,称赞他"惠民有为"。旌德县多山,耕地大部分是山地。有一年碰上旱灾,眼看禾苗都要旱死,农民心急如焚。王祯看到旌德县许多河流溪涧有水,想起从家乡东平来此地的时候,在路上看到一种水转翻车,可以把水提灌到山地里。王祯立即开动脑筋,画出图样,又召集木工、铁匠赶制,组织农民抗旱,就这样,水转翻车使旌德县的几万亩山地禾苗得救。

王祯继承了传统的"农本"思想,认为国家从中央到地方政府的首要政事,就是抓农业生产。无论是在旌德还是永丰任职,王祯的劝农工作均政绩斐然。他所采取的方法是,每年规定农民种植桑树若干株;对麻、禾、黍等作物,从播种到收获的方法,都一一加以指导;画出各种农具图形,让百姓仿造试制使用。同时,王祯"以身率先于下","亲执耒耜,躬务农桑"。在永丰县尹任内,王祯以奖励农业和教育为主要任务,经常购买桑树苗、棉花籽,教导农民种植,鼓励他们种好庄稼。旌德、永丰两县民众,对他十分敬重,念念不忘。

王祯认为,吃饭是百姓的头等大事,所以作为地方官,应该熟悉农业生产知识,否则就无法担负劝导农桑的责任。因此,他留心农事,处处观察,积累了丰富的农业知识。他每到一地,就传播先进的耕作技术,引进农作物的优良品种,推广先进农具。这些做法,为其后来撰写《农书》,积累了丰富的材料。

(三)劝农兴桑,著书立说

王祯不仅是廉洁奉公的县官,而且是劝农兴桑、积极发展

农业生产的农学家。他认为作为地方官,如果不熟悉农业生产,不懂得农业知识,就很难尽到劝导农桑的责任。他不仅搜罗以前的历代农书,孜孜研读,而且经常注意观察各地的农事操作和农业机具,从而为他撰写《农书》,奠定了坚实基础。他对那些贪官污吏进行了无情的抨击:这些人自己都不懂"农作之事","安能劝人"。他们常以劝农为借口,前呼后拥、敲诈勒索,名为"爱民",实是害民。他们从来不想一想所享用的一寸丝、一口饭,都出自"野夫田妇之手"。他的言行充满了对穷苦人民,寄予的深切同情。

元世祖忽必烈在位时,开始采取一些发展农业生产的措施,如设置劝农官,建立专管农桑水利的机构司、农司等,这从一定程度上对《农书》的编写,产生了推动作用。所以,在这一历史时期,先后产生了几部农业科学著作。《农书》是王祯在旌德县尹期间着手编写,到调任永丰县尹后才完成。元仁宗皇庆二年(1313年),王祯又为这本书写了一篇自序,正式刻版发行。

王祯是中国古代著名的四大农学家之一,同汉代的氾胜之,后魏的贾思勰,明代的徐光启齐名。他继承了前人在农学研究上所取得的成果,总结了元朝以前农业生产实践的丰富经验,全面系统地解释了广义农业生产所包括的内容和范围。其著作《农书》共37卷,约13万字,插图三百多幅。其中包括农桑通诀、百谷谱和农器图谱三大部分,有总论也有分论,图文并茂,系统分明,体例完整。它是我国第一部力图从全国范围对整个农业进行系统、全面论述的著作。《农书》所涉及的

地域包括南北方 17 个省区,这是以前任何一部古农书都所不能及的。

1. 创制农事之图,遵循农事原则。 王祯为了在农业生产中贯彻"时宜"原则,首先,创制了"授时指掌活法之图",对历法和授时问题做了简明总结。他指出:首先用节气定月份,可以正确代表季节性变化;其次,该图中所列各月农事,只适用于一个地区,其他地区应当按照纬度与其他因素来变更。如果各地都能斟酌当地的具体情况制定这样一个农事月历,对在农业生产中贯彻"时宜"原则,将会有重要帮助。为了在农业生产中贯彻"地宜"原则,王祯创制了一幅《全国农业情况图》。这幅图是根据全国各地的风土与农产知识绘制的,它能帮助人们辨别各地不同的土壤,以便遵循"地宜"原则,实行因土种植、因土施肥。

2. 发展林、牧、副、渔各业。 在发展林业方面,首先,通过《农桑通诀·种植篇》介绍历史上发展林业的成功经验,阐述了发展林业是"利博"和"兴国"的大事,不可缓。其次,他在《百谷谱·果属》中介绍了许多南北果树的栽培方法;在《百谷谱·竹木》中则介绍了许多林木的栽培管理方法。王祯将其发展重点放在栽桑、种果和材木等方面,为发展林业生产提供了技术经验。

在发展牧业方面,《农桑通诀·畜养篇》总结了养马、牛、

羊、猪、鸡、鹅、鸭的经验。在养马方面，他继承和发扬了"食有三刍，饮有三时"的经验。在养牛方面，他认为要养好牛，就要在"勿犯寒暑""勿使太劳""时其饥饱""节其作息"等方面下功夫。同时要准备充足的饲料，并及时为牛治病。在养猪方面，创始了发酵饲料。在养鸡、鸭、鹅方面，王祯也总结了一些新经验。

在养蚕方面，王祯在《农桑通诀·畜养·蚕缫》中总结了择种收种、保存蚕种、饲养管理、调节室温、分抬簇蚕等经验。在养鱼和养蜂方面，他也继承和发展了前人的著作中所总结的养殖方法。

3. 机械设计制造，印刷技术革新。 王祯博学多识，才华横溢，不仅是一位出色的农学家，而且是一位精巧的机械设计制造家和印刷技术的革新家。他在机械设计上颇有造诣，设计和绘制了大量比较复杂的农业机具图，并对一些早已失传的机械，经过研究、试验，终于使其复原，有的还进行了改造。如东汉时南阳太守杜诗发明炼铁用的"水排"鼓风技术，到元代时已经失传，王祯经过反复研究，终于弄清了其构造原理，并绘制成图，载入"农器图谱"中。在复原过程中，他还把原来的皮囊鼓风，改为类似风箱的木扇鼓风。这既节省了费用，减轻了劳动强度，又提高了冶炼技术。这项复制和改革，在我国古代冶铁史上有着重大意义。

　　王祯用了十七年的时间著《农书》，继承了前人在农学研究上所取得的成果，总结了元朝以前农业生产实践的丰富经验，全面、系统地解释了广义农业生产所包括的内容和范围，它是我国古代一部农业百科全书。其中，"农器图谱"确立了王祯《农书》在中国农业科学技术史上的地位，后世农书和类书所记载的农具，大多以此为范本。可以说，"农器图谱"是王祯的一大创造，是古代中国农器图谱的公认"鼻祖"。

　　王祯不仅对农业科学做出了突出贡献，而且对印刷技术也有很大贡献。他用木刻活字代替了胶泥活字，从而大大提高了排版印刷效率。王祯著有"造活字印书法"，附在《农书》之后，这是最早系统叙述活字版印刷术的文献。2015年，王祯被列入造纸世界名人榜，这是继蔡伦之后，中国第二位获此殊荣的大师。

第六章 明清时期

明清时期的科技成就,一是表现在医学、农学、数学、工艺学、地理学、天文历法等方面;二是表现在水利工程(如治理黄河)、远洋航海(如郑和下西洋)、矿山开采(如使用火药爆破技术)、金属冶炼(如使用焦炭做燃料)等方面。

在农学上,徐光启的《农政全书》,是我国农学史上优秀著作之一;潘季驯的《河防一览》,记录了我国治理黄河的珍贵经验,在治黄理论和技术上做出了突出贡献。

在工艺学上,宋应星的《天工开物》,是保留我国科技史资料最丰富的书籍,已被译成日、法等文字介绍到国外。

在数学上,梅文鼎的《中西数学通》,是清朝数学研究的最高水平。明安图的《割圆密率捷法》,是用解析方法对圆周率进行研究的先导。李善兰的《方

圆阐幽》《垛积比类》，其中"微分、积分"被国际数学界誉为"李善兰恒等式"。

在天文历法上，徐光启的《崇祯历书》是我国天文历法中的可贵遗产。王锡阐的《晓庵新法》等十几种天文学著作，在当时世界上是独一无二的。梅文鼎的《古今历法通考》，是我国第一部历学史。

在地理学上，《徐霞客游记》是我国最早的野外考察记录，也是优秀的地理学著作。该书有三大贡献：一是描绘了我国西南地区的溶岩地貌，二是纠正了关于长江源头的错误说法，三是叙述了西南地区少数民族的经济、历史、地理和风俗习惯。乾隆内府《皇舆全图》是清代地理测绘方面的大成就。该地图第一次详细绘出了我国的新疆地区。

本章代表人物：治黄专家潘季驯，珠算专家程大位，火器专家赵士桢，科技大家徐光启、宋应星，地理学家徐霞客，天文学家王锡阐，天文数学家梅文鼎，数学家明安图、汪莱，光学先驱郑复光，植物学家吴其濬，机械工程专家丁拱辰，数学教育家李善兰，化学先驱徐寿，照相机之父邹伯奇，近代科学先驱华蘅芳，火药之父徐建寅。

二十六、潘季驯：明朝治黄专家，世界水利泰斗

潘季驯（1521—1595），字时良，号印川，湖州府乌程县（今浙江湖州吴兴区）人。明朝治理黄河的水利专家，世界水利泰斗。嘉靖至万历年间，他四次奉命治理黄河，长达27年之久，成效显著。其素有"千古治黄第一人、运河之子"之誉，著有《宸断大工录》《两河管见》《河防一览》《留余堂集》等。

（一）生在水乡，因水留名

潘季驯30岁以前，一直生活在被誉为太湖明珠的家乡湖州，这是一个典型的江南水乡，景色秀丽，山环水绕。苕溪、霅二溪穿城而过，溪水所经之处，芦苇青青，芳草萋萋，鸟语花香，生机盎然。除此之外，湖州城内外还有许多溪流潭池，如漕渎、贵溪浦、苏公潭等水域，使整个湖州城几乎成为一个水上城市，故时人又赋予它一个美丽动听的名字——水晶宫。生活在这样的水乡泽国中，潘季驯自幼便和水结下了不解之缘，后来也因为水的关系，使他至今名留青史——即在治理黄河上的巨大成功。

（二）治河保漕，不辱使命

明嘉靖二十九年（1550年）春，潘季驯在北上赴京参加殿

试的途中,首次见到黄河,但见"河中沙渚累累,操舟者寻隙而进"。冥冥之中竟与黄河结下了不解之缘。

嘉靖四十四年(1565年)七月,黄河在沛县决口,导致徐州地区一片汪洋。潘季驯初任总理河道,由此开始了漫长而又艰辛的治河生涯。

黄河沙多水少,河床淤积越来越高,"黄高于徐,淮高于泗",成为高悬在人们头上的"悬河"。如黄河北决,就会冲淤徐州至济宁段的运河(会通河),截断漕运的大动脉。自明洪武元年(1368年)至嘉靖四十四年,黄河先后决口达57次。由于运河中段(淮安至徐州的河段)完全是借用夺泗入淮和改道后的黄河通航,故称"借黄行运"。引黄济运,给沿岸的人民群众留下了无穷的祸害。迁徙无定,或决或塞的黄河,以及长期挟带的泥沙,始终成为治河、保漕、安运绕不过去的一道坎!

为了寻找治河的答案,潘季驯深入实地,考察大运河屡淤受阻的原因。嘉靖四十四年十一月,潘季驯提出了早期的治河思路:"治水之道,不过开导上源与疏浚下流二端"。当时,南京刑部尚书朱衡主张先将昭阳湖西南之南阳至留城"新河"先行修复开通。潘季驯则主张先复贾鲁古道,"新河"土浅泉涌,劳费太多。但是,明朝廷为了确保漕运,采取了"用衡(朱衡)言开新河,而兼采季驯言不舍弃旧河"的策略。由朱衡主持由"鱼台、南阳抵沛县、留城"之新河开凿。而"浚旧河自留城以下抵境山、荣城,由此与黄河会"的故道治理任务,则交由潘季驯来完成。

然而，正当新河与旧河将要首尾衔接之际，黄河从沛县决口，冲毁了新河上筑成的马家桥大堤，一时"罢朱举潘"之说纷起。但潘季驯对此没有幸灾乐祸，而是顾全大局，再次上书朝廷："新河已近完工，不能稍遇挫折，而前功尽弃。"并且提出，先集中力量将新河建成，再着手对黄河的贾鲁故道实施疏浚。明朝廷十分重视潘季驯的意见，立即准奏。

经过潘季驯和朱衡协力"建坝、置闸、厚堤、密树"，先后修筑了马家桥大堤3.5万余丈，石堤30里，并且疏浚河道96里。嘉靖四十五年（1566年）九月上旬，终于使新开运河和疏浚的旧河完全沟通，大功告成。经过治理，使漕运的效率提高了17倍。

（三）负重前行，大河安澜

明万历六年（1578年）二月，潘季驯升任都察院右副都御史兼工部左侍郎，总督河道，提督军务。六月，他根据勘查结果，针对黄河沙多和下游黄淮运交叉的复杂局面，向明朝廷递交了一份《两河经略疏》，提出了综合治理黄淮下游的基本方针，即"通漕于河，则治河即以治漕；合河于淮，则治淮即以治河；会河、淮而同入于海，则治河、淮即以治海"的治理原则，并且进行综合治理。在处理水沙方面，他提出"束水攻沙，以水攻沙"的治水方略。由他指挥河工在徐州以下河漕高筑大堤，修复高家堰和黄浦、崔镇等三处决口，"逼淮水尽出清口"，挽河归漕，束水攻沙，以解淮扬地区的水患，从而实现以洪泽湖调蓄洪水和"蓄清刷黄"的目的。

潘季驯当时还提出"息浮言，惩污吏，查怠工"的要求。在张居正的大力支持下，他先后参奏罢免了一批怠慢河工、妖言惑众的河官和地方官吏。他以清口为中心，将北起徐州、南至扬州的河道工程分为8个大工区，每个大工区设一名总管官和两名副手，每位副手再配10名下属官员，从而形成了一个事权专一、令行有力和条块结合的指挥系统。

由于其决策科学，事权统一，指挥得力，修筑高家堰60余里，归仁集堤40余里，柳浦湾堤70余里，堵塞崔镇等大小决口139个，修筑两岸遥堤5.6万丈，缕堤40余里，砀、丰大坝各一道，栽种护堤柳林83.22万株。高家堰大堤全线加固修复后，终于使洪泽湖成为一座功能具备，蓄水在31亿立方米（校核洪水位库容为135亿立方米），水面积为2 069平方公里的巨型人工水库，是当时中国乃今世界上坝工完整和真正意义上的最大平原水库。当水位在14.56米时，其湖面积可达2 342平方公里，容积达77.26亿立方米，不仅使淮河洪水得到调蓄控制，还为周边280万亩农田灌溉、灭蝗、压碱打下了良好基础。同时还可为京杭大运河的航运补水，为城市供水，甚至对当代正在实施的南水北调东线工程的水量调蓄和"日进斗金"的渔业可持续发展创造了有利条件。

万历七年（1579年）七夕，治河工程即将大功告成，潘季驯偕同助手江一麟登上云龙山，眺望彭城锦绣河山，不禁感慨万千，联想治河宦海几度沉浮，遂作一首题为《同江司徒小酌云龙山》的七言律诗："握手论交今白头，天涯相对一樽留。帘前秀结千峰色，槛底声喧万里流。世事误人称老马，机心终

自愧闲鸥。知君亦有烟霞癖，还许相从范蠡舟。"从其"世事误人称老马，机心终自愧闲鸥"之句，不仅可以看出其心其人，同时还是其一生命运的生动写照。

是年冬，两河工程相继竣工，至此"黄淮顺轨，漕运畅通，清口无塞，海口大辟"，以致"流连数年，河道无大患"，令明朝廷揪心不已的漕运难题迎刃而解。

从万历七年（1579年）起至万历十五年（1587年），徐州附近一段运河，年年安澜。张居正闻讯，大喜过望，专门写信向潘季驯致贺："此闻黄浦已塞，堤工渐浚。自南来者，皆报称工坚费省。数年沮洳（jǔ rù，低湿的地方），一旦膏壤（肥沃的土地），公之功不在禹下矣。"

万历八年（1580年）四月，朝廷下旨加封潘季驯为太子少保，升工部尚书兼都察院左副都御史。明神宗称赞他："以水治水，计虑出于万全；知人任人，率作先乎众职。"万历十一年（1583年）一月，其改任刑部尚书。

科学成就

潘季驯在一生治河中，不辞辛劳，上到河南，下至南直隶，多次深入工地，对黄、淮、运三河提出了综合治理原则："通漕于河，则治河即以治漕，会河于淮，则治淮即以治河，会河、淮而同入于海，则治河、淮即以治海"。在此原则下，他根据黄河含沙量大的特点，发明"束水攻沙法"，即"以河治河，以水攻沙"的治河方略。

为了达到"束水攻沙"的目的,潘季驯十分重视堤防的作用。他总结了当时的修堤经验,创造性地把堤防工作分为遥堤、缕堤、格堤、月堤四种,因地制宜地在大河两岸周密布置,配合运用。他对筑堤特别重视质量,提出"必真土而勿杂浮沙,高厚而勿惜居费","逐一锥探土堤"等修堤原则,规定了许多行之有效的修堤措施和检验质量的办法,取得了较好的效果。

在"束水攻沙"的基础上,潘季驯又提出在汇淮地段"蓄清刷黄"的主张。他根据"淮清河浊,淮弱河强"的特点,一方面主张修归仁堤阻止黄水南入洪泽湖,筑清浦以东至柳浦湾堤防不使黄水南侵;另一方面又主张大筑高家堰,蓄全淮之水于洪泽湖内,抬高水位,使淮水全出清口,以敌黄河之强,不使黄水倒灌入湖。

潘季驯治河的成绩是显著的,特别是"束水攻沙论"的提出,对明代以后的治河工作产生深远影响。不少水利史研究者和水利工作者,都以极为钦佩的心情,对其贡献做出过很高的评价。清康熙年间的治河专家陈潢指出:"潘印川(潘季驯,字印川)以堤束水,以水刷沙之说,真乃自然之理,初非娇柔之论,故日后之论河者,必当奉之为金科也。"近代的水利专家李仪祉在论及潘季驯治河时说:"黄淮既合,则治河之功唯以培堤闸堰是务,其攻大收于潘公季训。潘氏之治堤,不但以之防洪,兼以之束水攻沙,是深明乎治导原理也。"从这些评论中可以看出,潘季驯对我国水利界的影响是巨大的。

点 评

在潘季驯治河几百年之后,国际水利界曾对治理黄河下游的方略进行过一些讨论。但是令人惊讶的是,具有现代科学知识的西方水利专家,所提出的种种治黄方案,并没有超出潘季驯早已论述过的原则。20世纪30年代,德国著名水利专家恩格斯教授,对潘季驯的双重堤防做了高度评价。他认为:"潘氏分清遥堤之用为防溃,而缕堤之用为束水,为治导河流的一种方法,此点非常合理。"高傲的西方人,这才开始对中国古代的水利科技产生了深深的敬意,而同时也说明潘季驯在世界河工史上,也是一位杰出的人物。

二十七、程大位:因著《算法统宗》,被称"珠算鼻祖"

程大位(1533—1606),字汝思,号宾渠,安徽休宁(今黄山屯溪)人。明代珠算家。少年时读书极为广博,特别是对书法和数学颇感兴趣。20岁起便在长江中下游一带经商。约40岁时,回家专心研究,终于完成杰作《直指算法统宗》,简称《算法统宗》。其因著《算法统宗》,被推崇为中国"珠算鼻祖",其著作也成为中国科普书籍出版史上难以企及的畅销三百年的巨著之一。

中国历代科技精英成才故事

（一）自幼聪颖，喜欢算术

程大位生于明嘉靖十二年（1533年）四月初十，诞生地在安徽省休宁县率口村（今黄山屯溪区前园村）。他先祖中的程元谭、程灵洗等，都是徽州历史名人。这时候的程家，在率口村应该属于中上等水平的富裕之家，大门、侧门两边均设有下马石，有大片良田沃地。他在青少年时期，过着无忧无虑的小康生活。他的父亲喜欢读书，家中藏书很多，来往客人大多谈诗论句，使其得到潜移默化的熏陶，他显得异常聪颖过人。尤其对算学方面的兴趣格外浓厚，使他小小年纪，就在村里村外出人头地，乡亲们遇上什么写写算算的问题，都会异口同声地说："去找程家小先生！"家人在为其聪颖灵敏而高兴的同时，更相信当年他周岁生日那天"抓阄"的灵验：按照徽州习俗，孩子周岁生日要举行抓阄仪式，蒙住双眼的他抓住的物什（物件、东西）将预示着他的未来事业和建树。结果在大书、剪刀、尺子、秤盘和算盘等物什中，他独抓住了算盘。

有一件事，让人过耳不忘：当年率口村小巷子特多，人们在村子中行走，犹如在迷宫中穿行，左拐右折，巷巷相通。这种地理环境，正好便于他和小伙伴们玩躲迷藏的游戏，当然每次获胜者都是程大位。小伙伴们有些纳闷，就要他介绍经验，他就地蹲下，拣根树枝，在地上画了个直角三角形，每一边就是一条巷子，他指着两条直角边说："这就是你们经常爱走的路线。"接着他又指着那条斜边说："这就是我选择的路线，无论巷子怎么变化，都是这种形状。一条斜边肯定短于两条直角

边的和,两条巷子再短加起来都比一条看起来很长的斜边长,所以我每次都能跑在你们前边把你们抓住。"原来如此,众人皆愕然,一个个心服口服,相信了"书中自有捷径出"的道理。

(二)遨游吴楚,眼界大开

在程大位弱冠之年,家中藏书已经被读完了,随着阅历的拓展和知识的深入,面临的困惑也就多了起来,怎样才能解决这些困惑呢?于是,他带着自己的困惑走上了游历道路。这次出门游历,使其丰富了学识,增长了阅历,而主要游历之地就是吴越、楚地。他从弱冠之年在外漂泊了20年,在长江中下游地区开始了徽商的闯荡生涯。由于长江中下游地区是徽商的主要聚集地,因此,程大位的游历是十分顺畅的,盘缠食宿费用,只需要从乡友中预支,然后由家人送到乡友家中即可。他在遍访名师的宴请中,结识了不少朋友。但程大位的宴请是不容易赴的,因为席间他会以诗词的形式来做"酒令算题",如果应付不上来就会被罚酒,算术不好的人往往没有散席,就已经醉眼迷离了。因此,好友来赴会时,都会带几个高手相助,这样一来二去,他结识了许多数学人才,也为其《算法统宗》的编制提供了条件。

他在游历生活中,不仅遍访了名师,还收藏了丰富的算学典籍。有时为了一本算学书籍,会日思夜想、食不知味,可是,当这部书被朋友送到眼前的时候,就会"药"到病除;有时,为了弄明白算学典籍中的题目,会不辞劳苦地探访高人,往往是栉风沐雨、风餐露宿。由于有些算学典籍都是古本,所

以极难得手,于是,他听从朋友的建议,开始经商,通过经商获取利益,扩大典藏。终于,使一个初出茅庐的弱冠青年,变成了阅历丰富、沉稳持重的不惑中年,不仅见识增长、眼界大开,而且珠算知识有了质的进步,成为当时珠算界的高手。当其博览全书、广为游历后,发现珠算中没有一部明确算理算法的专著,于是在其心中有了写一部书的想法。因此,他星夜兼程,回到家乡,开始了著书生涯。

(三)游历归来,编纂专著

程大位回到了阔别20载的故乡,已是鬓须尽染了。他把自己关在书房,废寝忘食、如痴如醉地工作着,把自己的生活全部倾注在了写书中,没有了真正的家庭生活,与自己无比喜欢的小儿子也疏远了。对他来说,不论多么美好的天伦,也比不上自己的这部著作,于是他每天奋笔疾书。一晃又是20个春秋,在这部震惊珠坛的巨作问世后,他已经头鬓尽白。程大位把自己的一生岁月,都倾注在了珠算文化上,才有了这部举世闻名的《算法统宗》。

《算法统宗》全书共17卷,于万历二十年(1592年)刻印。前二卷讲基本事项与算法,其中珠算加法及归除口诀,与当今口诀相同,为后世珠算长期所沿用。卷三至卷十二为应用问题解法汇编,各卷以"九章算术"章名为标题。卷十三至卷十六为"难题"汇编,仍依九章分类,用诗词形式表达算题。卷十七为"杂法",介绍了民间算法"金蝉脱壳"及珠算式的笔算"一笔锦"。此外,还有"铺地锦""一掌金"(一种指算

法），以及各种幻方（即纵横图）等。最后附记"算学源流"，列出北宋元丰七年（1084年）以来，各种数学书目共51种，对了解当时的数学书传布情况，很有参考价值。

《算法统综》详述了传统的珠算规则，确立了算盘用法，完善了珠算口诀，搜集了古代流传的595道数学难题。绝大多数的问题都是由其他数学著作，如刘仕隆所著《九章通明算法》（1424年）和吴敬的《九章算法比类大全》（1450年）等书中摘取出来的，并记载了解决方法。堪称中国16—17世纪数学领域集大成的著作。

这部专著，填补了珠算史上的空白，是他40年生活阅历的总结，汇聚了珠算中大量的题目，也是他对这几十年所收集的书籍的整理。《算法统宗》中有许多数学题，是以歌诀的形式出现的，如《以碗知僧》等。

其后六年，他又对该书删繁就简，写成《算法纂要》四卷，成为后世民间算家最基本的读本。这两部巨著是我国古代最完善的珠算经典之作，开创了珠算计数的新纪元。

科学成就

1. 遍取各家之长，成就珠算之父。 程大位认真钻研古籍，遍取各家之长，于万历二十年（1592年）写成《算法统宗》。其后六年，又写成《算法纂要》四卷。

《算法统宗》中，第1—2卷是全书所用的基本知识；第3—12卷为各种应用题解法汇编；第13—16卷为"难题"；第

17卷为"杂法"。书中使用的一套简明顺口的珠算加减乘除口诀及开方方法，一直沿用至今。

（1）重视数学应用，改进珠算方法。综观《算法统宗》全书，绝大部分是密切结合人民生活的应用问题。开方、勾股等方面，有些纯数学问题，也是为应用题做准备的。在应用问题中，包括田亩测量、交通运输、物资分配、容积计算、税收贸易、工程技术等。在体例上与《九章算术》不同的是，列举了学习全书所需的基本知识，包括算法提纲、大数、小数、度量衡、田亩测量制、珠算定位法、珠算四则运算口诀等。这就使该书不仅内容丰富，而且便于自学，成为一本良好的数学入门读物。

算盘是一种构造简单、价格低廉、容易携带的计算工具。珠算与筹算相比，运算更为方便、迅速。但当时的珠算方法还不够完善，有的口诀也不够顺畅，于是他花大力气改进，使珠算方法更加完善，珠算口诀更加顺畅。

（2）创造丈量步车，提高测量精度。为了适应当时测量田亩的需要，程大位还创造了一种丈量步车，在《算法统宗》中绘有图形，并有详细解说；这种测量工具，类似于现在的卷尺，由环、十字架、转轴、锁、钻角及缠在十字架内的竹尺（薄竹片制成的尺）构成。这在当时，是一种很先进的测量工具。程大位对自己的发明十分得意，还亲自题曰："宾渠制造心机巧，隶首传来数学精"。

（3）寓算题于诗词，赏诗词解算题。从《算法统宗》的文字形式上，可以看出程大位非常重视数学的应用与普及。全书

文字分为叙述性文字、诗词歌诀和图表文字三种形式,而诗词贯穿全书,占了相当大的比例。这些诗词,既是优美的文学作品,又是直接为数学服务的。

例如"留头乘"的歌诀是一首七绝:"下乘之法此为真,起于先将第二因,三四五来乘遍了,却将本位破其身。"

又如,衰分章的一首《西江月》,用来命题:"群羊一百四十,剪毛不惮勤劳,群中有母有羊羔,先剪二毛比较。大羊剪毛斤二,一十二两羔毛,百五十斤是根苗,子母各该多少?"这些诗词浅明易懂,生动有趣,使读者在学习珠算的过程中,同时得到美的享受。

再如,盈肭章用来命题的一首五律:"今携一壶酒,游春郊外走。逢朋添一倍,入店饮斗九。相逢三处店,饮尽壶中酒。试问能算士,如何知原有?"此诗不仅朗朗上口,而且具有浓厚的生活气息。

读罢全诗,仿佛在眼前展现出一幅情趣盎然的携酒春游图,这种大众化的生动诗歌,无疑会引起读者的兴趣。《算法统宗》寓算题于诗词,赋予数学书以文学色彩,其普及数学的效果,是显而易见的。人们在愉快地欣赏这些诗词的同时,也就开始了对数学的理解。

2. 从丈量步车,到卷尺之父。世界第一卷尺,是程大位于1578年前后发明的,当时把它称作"丈量步车",他因此被誉为"卷尺之父"。

"丈量步车"较之当今的钢卷尺、皮卷尺显得庞大许多,但从其原理、构造、用途和用法来看,又令人不得不承认它就

是卷尺的雏形。它由木制的外套、十字架,竹制的篾尺,铁制的转心、钻脚和环等部件组成。篾尺收放,均从外套的匾眼中进出,钻脚便于准确插入田地测量点,环便于提携。篾尺收放自如,丈量、读数、携带都很方便。

更为珍奇的是,程大位发明的卷尺,不但有实物,而且在其编著的《算法统宗》第三卷中,有完整的零件图、总装图、设计说明和改型说明等,全套书面资料在世界发明史上是相当罕见的。有人说:根据这套资料,世界上任何一个国家的木工,都能很方便地仿制出来。

—— 点 评 ——

《算法统宗》凝聚了程大位一生的心血,是其二十年游历生活和奋笔疾书的伟大结晶,使珠算文化真正的深入人心,得到了广泛的发展。之后,《算法统宗》传遍东南亚、欧洲和美洲,为世界珠算发展奠定了基础。现在,尽管算盘已经在人们的生活中淡出了,但是每当看到数学,听到响亮的算盘声,人们就会记起他和他的《算法统宗》。这也是我国文明史中不可缺少的代表。同时他还创造发明了世界上第一部卷尺——丈量步车,亦被后人称为发明家。"尺寸纫伟业,锱铢铸丰碑"——这幅挂在程大位故居厅堂中的对联,正是他人生最贴切的写照。

二十八、赵士桢：明代火器专家，科技成果累累

赵士桢（1552—1611），字常吉，号后湖，乐清（今属浙江）人，明代杰出的火器研制专家。以毕生精力研制改进了火器，发明掣电铳、迅雷铳、火箭溜等多种火器，其中，最具创新的是"迅雷铳"，而"火箭溜"在我国火箭发展史上，有开创之功。著有《神器谱》《续神器谱》《神器谱或问》《防虏车铳议》等，与明代科学家宋应星、徐光启齐名。

（一）书香世家，少经倭患

赵士桢的祖父赵性鲁，官至大理寺寺副，很有学问，曾参加修《大明会典》，工诗词，尤精书法。他颇受祖辈影响，故亦擅长书法。他曾把自己的诗作写在扇叶上，被宦官带入宫中，偶然为年幼的万历皇帝见到，极表赞赏，旋于万历六年以善书证，授鸿胪寺主簿，后受召入直文华殿。万历二十四年（1596年），晋升为中书舍人。

赵士桢生长海滨，少经倭患，颇能了解增强国防力量的重要。他说自己从海氛初起，即留心访求神器。他曾专门向当时的火器专家、《火攻大全》的作者，学习了一段时间，并做了广泛的调查研究。他还向陈国保等老前辈了解明代前朝使用火器的情况，深感当时火器的落后。他曾遍访抗倭名将胡宗宪、戚继光的部下，了解到倭之长技在铳，锋刃未交，心胆已怯的

情况。进一步认识到火器在抗倭御寇战争中,具有特别重要的作用,因而坚定了致力于研制火器的意志。他尤其注重向有实践经验的将领请教,如在抗倭中屡树战功的林声芳、吕慨、杨鉴、陈录、高凤、叶子高诸将军,赵士桢常常同他们朝夕讲究,频频研讨。

(二)制"迅雷铳",著《神器谱》

万历二十四年(1596年),他在温州同乡游击将军陈寅处,见到西洋番鸟铳,很受启发。当他获知由于进贡来到北京而定居下来的土耳其人朵思麻,原来就是一位专门管理火器的官员,于是赵士桢就设法向他求教。朵思麻把所藏的鸟铳给他看,并详细讲解了制造和使用方法。

由于他努力搜访,锐意钻研,积累了十分丰富的资料和研制火器的经验。明末著名的火器专家焦勖,在论当时的火器著作时指出:"惟赵氏藏书,海外火攻神器图说,祝融佐理,其中法则规制,悉皆西洋正传。"(《火攻挈要》)对赵士桢收藏的火器资料,给予很高的评价。

万历二十五年(1597年),赵士桢在长期的搜访和钻研的基础上,提出《用兵八害》的条陈,建议制造番铳。虽经兵部议交京营试制,但由于京营没有图式,无从着手,又来向他请教。他为了实现研究成果,便自己出钱,邀集一批工匠进行研制。在朵思麻的协助之下,终于研制出两种新的枪型:结合西洋铳和佛郎机之长处,制成掣电铳;汲取鸟铳和三眼铳的优点,制成迅雷铳。这一次总共造了四种,计十多架,并将其中

七架实物,绘了图样,写了文字说明。其内容包括构造、制法、打放架势等,上呈皇帝,皇帝批交兵部、工部等有关部门会审。

万历三十年(1602年)六月,由刑部尚书萧大亨主持,会同有关部门的代表,在北京宣武门外西城下进行试验。据会审报告说,当时曾将赵士桢所制的车铳逐一试验,并将原议神器诸谱一一参详,其器械委果铦(铦:xiān,锋利)利,其制度委果精巧。建议皇帝把赵士桢所制车铳式样随发京营,依法成造,责令的当今官员加意教演,传示各边,以究其防边制虏之用。报告还要求对赵士桢"朝夕讲究,殚力倾资制造利器,用备不虞"(《防虏车铳议》)的行动,给予嘉奖。

赵士桢研究火器的范围很广,包括枪、炮、火箭、炮车等。他的研究工作,不但"得之秘传,参之载籍,正之素经战阵之人,并且穷搜冥思,苦坚生慧,巧熟两凑"。因而在总结和接受前人经验的基础上,有新的创造,并对自己的研究成果不断改进和提高。例如,他研制出掣电铳后,发现因相接处稍有喷泄之患,就加以改进,结果聊变其制,克服了这个缺陷,便能免致薰灼两旁士卒。又如万历二十六年(1598年)进呈的迅雷铳,可以连发5弹;至万历三十年,就发展成为战酣连发,可以一气发射18弹。

(三)自掏私囊,苦心经营

赵士桢的整个研制工作,是在极其困难的条件下进行的。他得不到朝廷经济上的支持,就自掏私囊,散金结客,捐资鸠

工,苦心经营。他在这样困难的条件下,做出如此重大的成绩,是令人敬佩的。

作为持橐簪笔(chí tuó zān bǐ:侍从之臣携带书和笔,以备顾问),无疆场之寄,三军之任的赵士桢,为什么要把毕生精力贯注在火器的研制之中呢?他自己说得很清楚,那就是"隐忧师老财绌,将吏未见戮力,南北不肯同仇。祸结兵连,靡所底止。深信神器之利,用之有方,足以挫贼凶锋,则息肩有望,除之有素,堪称不饷之兵,则劳费可节,庶几不留不处,中外民力少甦"(《神器谱》)。他一再把自己研制火器的全部目的,归结为振国威、彰天讨、裕国用三点。由此可见,他确实是为了加强国力,抵抗外患,以期国泰民安。这种爱国思想给他带来了巨大的力量,抵挡住了无端的讪谤,克服了物质上的困难,以身可死而心不肯灰的献身精神,坚韧不拔,终于做出了重大的贡献!充分表现了他不为名利,一心抵御外患的爱国情怀和民族气节!

(四)著书立说,成就斐然

赵士桢著作大都和火器有关,现将可考的主要著作列陈如下。

1.《用兵八害》。此书作于万历二十五年(1597年)。其内容是陈述火器之利,建议制造番铳。

2.《神器谱》。此书成于万历二十六年,当年进呈并刊刻。前冠进器疏,并有王延世序,末附自跋,正文分原铳、图式样、打放架势、神器杂说四个部分,分别是:进器疏力陈枪炮之利;原铳略叙火器渊源及其本人得铳之原由;图式样是噜密

铳、西洋铳、掣电铳和迅雷铳的构造图,包括总装图、部件图、附件图及其简要的文字说明;打放架势是使用步枪的各个动作的图示,附有文字说明;神器杂说计 31 条,分别介绍各种枪型的性能、优缺点、制造工艺、使用方法以及火药生产,等等。

3.《续神器谱》。此书分为四个部分,首为赵士桢自叙。次为图式,计有鹰扬炮、震叠铳、三长铳、翼虎铳、奇胜铳五种火器的全形图和正、侧面图,还有拒马伞、软牌、炮架、虎头车等器的结构图式和使用图式。再次为续神器谱杂说 32 条,内容涉及上述诸铳的用法、维修以及弹药的制作使用等。所述多很翔实,自谓数年来亲身为之,试有实验,殊非漫语。末有赵士桢的简短跋文。

4.《神器谱或问》。此书共计 44 条,内容涉及火器的利害、制造、使用诸方面,均为问答形式。

5.《备边屯田车铳议》。此书说的是用兵之道,当以车自卫,以枪杀敌,故其议极陈车铳之利。《铳图》绘有鹰扬炮、轩辕铳、噜密铳、九头鸟、旋机翼虎、掣电铳、火箭溜、连铳以及百子佛郎机,计九种枪炮的图式。此外,还有所谓铺车士卒火器十种的图式,即国初三眼枪、国初双头枪、三神锐、电光剑、花枪、天蓬铲、火箭刀溜形、火弹筒、锹铳、镢铳和步下翼虎铳的正面图和侧面图。《车图》绘有鹰扬车的总装图、部件图和进行式图。《屯田议》是陈说屯田之利,建议召募壮丁屯于辽东等沿海之荒地。《形势图》是一幅包括渤海、黄海和东海北部一带的地图。

科学成就

1. 大力提倡宣传，推广使用火器。我国明代虽建立神机营，专习枪炮，但到了万历时期，在火器制造和使用方面仍然是造者不精其制，主者不究其用，习者不臻其妙。针对这种情况，赵士桢采用上奏折、著书立说等方式，制造舆论，广引古今中外战例，极陈火器之利，慷慨陈词，大声疾呼，以期引起朝野的重视。他还针对当时一般武人器不知制，制未必精，艺不肯习，习未必攻，以及知之者既深藏固秘，不知者又加诋毁等情况，着意进行火器知识的普及教育。他编写的《或问》《杂说》等，都尽量做到深入浅出、图文并茂、通俗易懂，便于广大士兵阅读。表现了一个爱国科学家的热诚心肠和豁达态度。

赵士桢还亲自进行火器使用的教习，他对家人的训练，坚持了一年以上。铳手的缺乏也是当时一种严重的情况，后来甚至要到国外去招募。此外，他对火器的管理制度也十分注重，大力宣传外国的管理办法。他的这些做法都是很有见地的。

2. 多方大力调查，搜求火器图式。据现存的赵士桢著作统计，列有火器图式24种，其中有几种是他自己的发明，大部分是他多年不懈搜罗所得。例如朵思麻寄居北京四十余年，已是七十四岁高龄，从来没有人向他请教火器问题，唯独赵士桢经人辗转介绍，才得到他的噜密铳实物，学会了使用方法。国初三眼枪和国初双头枪两种样式，还是功德寺前的一位百岁老人传授给他的，足见赵士桢访求火器之热忱。据《续神器谱》

王同轨序说，赵士桢搜得噜密铳、水西洋鸟铳，皆中国所未传，武库所未有者。可见赵士桢的搜罗工作，不但有益于当时的武装配备，而且为我国兵器史保存了许多珍贵的资料。

3. 改进旧式火器，发明新式火器。赵士桢主要着眼于提高火器的发射速率，并取得了重要的成果。首先，他在枪上使用了子铳。虽然在明正德末年（1517年）的葡萄牙炮（佛朗机）就带有子铳，但迨至赵士桢时，步枪都还临时装药入弹，很不方便，甚至时有临阵装药不及，铳手反为敌乘的情况。子铳的使用避免了这种弊病。赵士桢的子铳长六寸，重十两许，前有圆小嘴，后有扁方筍，筍中有眼，受梢钉，防前撞、后坐。药二钱五分，弹二钱（《神器谱》）。他发明的掣电铳，就是前用溜筒，后着子铳……放毕一铳，拨之即起。其子铳铅弹俱于临阵之先，装饱停妥临时流水打放。看来，这种子铳很像今天装有弹头和火药的子弹，配用在步枪上无疑可以大大提高发射速率。

他发明的迅雷铳，提高了发射速率。在一根木杆上装置五支枪筒，共用一个发机，预先装好弹药，打放一支，旋转72度可打放另一支。他还在中杆筒内着火球一块，五铳放毕，点火出球，以便乘势前进，助士兵冲锋陷阵。这在当时堪称先进武器。

除此之外，赵士桢对于战车和防御器具的设计、战阵的研究和火药的制造等方面，都有相当的造诣。

点评

由于赵士桢的著作,事关军事,多不详载,不明言者,以致不获兹技之大规,很是可惜。不过,从赵士桢研制火器的活动中,已经可以看出他的科学技术知识是很广博的,不仅对火器技术有深湛的造诣,还对机械技术、化学工艺等方面也有一定素养,是明代不可多得的科学技术人才。其著作《神器谱》等,更是将火器理论与实际制作、使用,以科学化的呈现,对后世的火器发展产生了极大的影响。

二十九、徐光启:明末科技大家,交流中西文化

徐光启(1562—1633),字子先,号玄扈,松江府上海县人,明末著名的科学家、政治家等。他毕生致力于数学、天文、历法、水利等方面的研究,勤奋著述,尤精晓农学。著有《徐氏庖言》《诗经六帖》,编著《农政全书》《崇祯历书》,译《几何原本》《泰西水法》等。同时,他为17世纪中西文化交流做出了重要贡献。

(一)家境艰难,成就才子

徐光启出生于一个商人兼地主家庭里,幼时家道衰落。父

亲徐思诚，一贯视钱财为身外之物，常常助人为乐，悠闲地学习阴阳、医术、星相占候及佛、道之说。母亲钱氏，是位贤惠的"儒家女"，勤于早晚不停地纺纱，并经常给他讲述当年倭寇之患的故事，加之评论当时主事官员的得失成败。

徐光启的童年，曾在龙华寺读书，传说有一天馆师外出，他与同学玩耍且各言其志。有的说："我欲为富翁。"有的说："我欲为道士。"他则说："是皆不足为也。论为人，当立身行道，治国治民，崇正辟邪，勿枉为一世。"由此可见，他从小就怀有大志。

其父中年"课农学圃"，劳作之余，喜欢到老农家串门聊天，请教种田知识，有时带着儿子一起去。听老农对父亲讲解耕耘、播种、施肥等方面的经验。徐光启年纪虽小，有时也参加一些辅助性劳动，在不知不觉中培养了对农业生产的兴趣。他一生比较接近并同情劳动人民，具有较丰富的社会经验，无疑与童年时代的生活经历和勤劳家庭的环境有密切的关系。

青少年时代的徐光启，聪敏好学，活泼矫健，当时人们说他"章句、帖括、声律、书法均臻佳妙"，喜欢雪天登城，在龙华寺读书时喜登塔顶，"与鹊争处，俯而喜"。万历九年（1581年）中秀才，"便以天下为己任。为文钩深抉奇，意义自畅"。他曾说道："文宜得气之先，造理之极，方足炳辉千古。"这是由神童到才子的形象。

（二）屡试不中，备受辛苦

因为家境不好，徐光启成人后，唯一的出路就求取功名。

中国历代科技精英成才故事

当时,对读书人来说,是所谓"最公平、最具吸引力、也是最被看重"的一条路,其目的是取得"进士"资格,获得朝廷委任。他20岁时,正式递补为可以领俸米的"廪膳生员",第二年即参加乡试。明朝的乡试每三年举行一次,叫作"大比"。他先后五次参加乡试,次次以落榜告终。仅此,整整耗费了他15年的宝贵光阴,而屡试不中,对他的折磨和打击,是十分沉重的。在此期间,为了养家糊口,他曾在家乡,以及广东、广西等地设馆教书。

1596年,徐光启在广东韶州教书时,听说有位欧洲传教士利玛窦住在这里。有一天,他信步走进利玛窦的屋舍,看到中堂墙上供奉的天主画像,神情栩栩如生,不由得肃然起敬。又见到屋内陈列着许多从欧洲带来的各式钟表、天文算术仪器、三棱镜、西洋乐器及欧洲名城的建筑图画等,越发激起了他的好奇心,这些对他产生了极大的吸引力。当时,因利玛窦已移往南昌,这里由另一位意大利神父郭居静主持。他亲切地接待徐光启,话题无非是围绕屋内的东西——科学与宗教。这次会见,使其第一次接触西方的科学与宗教,尤其是郭居静的谈吐,留给他极深的印象,更令他希冀早日见到名闻遐迩的利玛窦。

1597年,35岁的徐光启,千里迢迢从广西桂林到北京赶考,这是他第六次赶考。果然,皇天不负苦心人,他以第一名中举。这次考试的主考官是焦竑,他对焦竑的知遇之恩,无疑是万分感激的。中了举人,在科举任用考试中,等于只是通过了地方初试,只能获得中下级的官职;要想成为可进受爵禄的"进士",还须通过中央的考试,即"礼部会试"。他抱着极大

的希望,两次参加"礼部会试",先后都落榜了。

(三)大器晚成,合译出书

1600年春,徐光启在南京初次见到利玛窦,二人谈论得十分投机,他热情称颂利玛窦:"以为此海内博物通达君子",同时,对天主教的印象更为深刻。1603年在郭居静、罗如望两位教士主持下,他加入了天主教。

1604年,在他42岁时,再次参加"会试",终于中了"进士"。又经殿试,他考了第52名,列为三甲"赐同进士出身"。当皇帝点翰林时,他又被点上第四,成为"翰林院庶吉士"。总计他在科场的经历,举人考了六次,进士考了三次才考中,一共花费了23年的时间,真可谓大器晚成。

徐光启在北京接受考试期间,常去会见业已在北京四年的利玛窦。到翰林院供职时,他们之间的联系更加密切。从此,他正式迈入了吸收西洋文化的学习里程。他对利玛窦十分推崇和赞许,曾说自己"生平善疑",只有利玛窦能消除他对各种问题的疑惑。他认为利玛窦学问渊博,"大者修身事天,小者格物穷理"。所谓"修身事天",是指他要传的宗教;"格物穷理"则指的是科学。为了便于学习,他在利玛窦的教堂旁边租了一间屋子。

他学习西洋科学的范围很广,天文、历法、火器、数学等,凡是利玛窦掌握的、实用的科学知识,他都认真地学习。他有个良好的学习习惯,就是喜欢记笔记。凡有参考价值的东西,他都随手记下来。他发现利玛窦早先所著、所印的中文书

籍,很受读书人重视。为了让中国的士大夫了解西洋人,了解他们如何尽心研究学术,如何寻求正确的理由去证明一些理论,他向利玛窦提出了翻译科学著作的建议,对此,利玛窦十分赞同。经过商议,他们决定从《几何原本》入手,因为这本书中的理论和证明十分明了,可以使中国读者耳目一新。

1606年冬,他们开始了紧张的翻译工作。先由利玛窦用中文逐字逐句地口头翻译,再由徐光启草录下来。译完一段,徐光启再斟字酌句地进行一番推敲并修改,然后由利玛窦对照原著进行核对。遇有不妥之处,重新对照修改,如此反复进行。1607年春,两人译出了这部著作的前六卷。本来,他要求利玛窦继续译完全书,但因其忙于传教,只得告一段落。于是,两人各作一序,即将刻版付印。徐光启对此书寄予厚望,他在《序》之后写的《几何原本杂议》中提出:"能精此书者,无一事不可精;好学此书者,无一事不可学。"强调该书"能令学者去其浮气,练其精心;学事者资其定法,发其巧思,故举世无一人不当学"。他还预测"百年之后,必人人习之"。这充分反映出,他要以西洋科学,赋予中国古学以新的生命,使失传的古学复活,使误传的古学去伪存真,还其本来面目的高度热忱。

1607年,《几何原本》前六卷正式出版,立即引起巨大反响,成了明末数学工作者的一部必读之书,对发展我国的近代数学起了很大的作用。

在这之后,他和利玛窦又合著了《测量法义》,写了《测量异同》《勾股义》各一卷,成为《几何原本》的接续之作。

在这些著作中,他明确指出,勾股法则是治河、治水要取得成功不可偏废的法宝,应该把这些测量技术,推广到治水、治田中,从中足以看出他的聪明睿智和科学头脑。正是由于他大量介绍了西方的自然科学,中国近代科学技术的大门才由此打开!

(四)热爱农学,编著农书

徐光启在大量介绍西方先进科学技术的同时,还特别关心农事,十分热爱农业科学。他在许多反映个人政见的文章中,始终认为很多问题的解决办法,归根结底都要靠兴农事、行垦荒。他对农业进行了大量的调查研究,并且亲自耕作、实验,在此基础上加以总结,上升为理论。

他全面研究过棉花的品种、选种、种子贮藏和播前处理、播种时期、施肥技术等问题。他还研究,在我国北方大面积种植水稻,均获得成功。在农事上,他除了自己躬身试验以外,还十分注意访问有经验的老农,如有心得,随时记笔记。多年来,积累了丰富有用的资料,为他日后编著《农政全书》奠定了良好的基础。

1612年,他请意大利传教士熊三拔讲述,自己笔记,编译了《泰西水法》六卷。这本书介绍了17世纪初,欧洲一些水力学原理,包括西洋水利器具及水库工程等知识。他推荐运用书中方法,可以做到:"江河之水、井泉之水、雨雪之水,无不可资为用,(而且)用力约而收效广。"编译成这本书,是他进行西北垦荒实验的前奏,因为在他看来,垦荒的先决条件就是灌溉问题。

中国历代科技精英成才故事

1625年，徐光启将主要精力集中在增订、批改以前所辑的《农书》上，经过勤奋钻研，日夜笔耕，终于在1627年完成了《农政全书》初稿。全书共60卷，50多万字，引录了229种历代文献。这部书是集他的研究成果之大成。

科学成就

1. 修订历法，编译历书。 徐光启在天文学上的成就，主要是主持历法的修订与《崇祯历书》的编译工作。在历书中，他引进了圆形地球的概念，明晰了地球经度和纬度的概念，引进了"星"的概念。根据第谷星表和中国传统星表，提供了第一个全天性星图，成为清代星表的基础。在计算方法上，他引进了球面和平面三角学的准确公式，并做了视差、蒙气差和时差的订正。

他"释义演文，讲究润色，校勘试验"，负责《崇祯历书》全书的总编工作。此外，他还亲自参加了《测天约说》《大测》《日缠历指》《测量全义》《日缠表》等书的编译工作。

2. 翻译《几何原本》。 在我国古代，数学分科并不叫"几何"，而是叫作"形学"。把"几何"一词作为数学专业名词来使用，是徐光启的杰作。

将"几何"作为"数学专有名词"，确实妙不可言。徐光启在数学方面的成就，概括地说有以下三个方面：一是论述了中国数学在明代落后的原因；二是论述了数学应用的广泛性；三是与意大利传教士利玛窦一起翻译并出版了《几何原本》。

他在一次修改历法的疏奏中,详细论述了数学应用的广泛性,共有十个方面,一是天文历法,二是水利工程,三是音律,四是兵器兵法及军事工程,五是会计理财,六是各种建筑工程,七是机械制造,八是舆地测量,九是医药,十是制造钟漏等计时器。这十点可以说,把数学应用的广泛性,讲述得十分完备。在三百多年前,他就能达到如此的认识,实属难能可贵。

徐光启在数学方面的最大贡献,当推《几何原本》的翻译。该书由公理、公设出发,给出一整套定理体系的叙述方法。他提出《几何原本》的突出特点,在于其体系的自明性,这种认识是十分深刻的。

3. 著述农业巨著。 徐光启出身农家,自幼即对农事极为关心。他的家乡地处东南沿海,水灾、风灾频繁,这使他很早就对救灾救荒感兴趣,并且讲究排灌水利建设。步入仕途之后,他又利用在家守制、赋闲等时间,在北京、天津和上海等地,设置试验田,亲自进行农业技术实验。

他一生农学方面的著作甚多,计有《农政全书》《甘薯疏》《农遗杂疏》《农书草稿》(又名《北耕录》)《泰西水法》,等等。他对农书的著述与他对天文历法的著述相比,花费时间之长,用功之勤,实皆有过之而无不及。

其中,《农政全书》堪称代表。全书分为农本、田制、农事、水利、农器、树艺、蚕桑、蚕桑广类、种植、牧养、制造、荒政等12章。主要内容由三方面构成,一是我国历代的农业文献,包括他翻译的《泰西水法》;二是各地老农的生产经验和技术,这是他长期同农民一起积累的结晶;三是他自己

对农业的专门论述,这是全书的核心部分,而且最为精彩。其农政思想主要表现在两个方面:一是用垦荒和开发水利的方法,来力图发展北方的农业生产;二是备荒、救荒等,是其农政思想的又一重要内容。

农业技术方面:一是破除了中国古代农学中的"唯风土论"思想,推进了农业技术的发展;二是进一步提高了南方的旱作技术,例如种麦避水湿,与蚕豆轮作等增产技术;三是推广甘薯种植,总结栽培经验;四是总结蝗虫虫灾的发生规律和治蝗的方法。

点 评

徐光启汲取了西方先进的科学知识,在天文、数学、生物学和农学等方面获得了新的成就。他主持编译的《崇祯历书》,是我国天文历算学中一份完整可贵的遗产。他与意大利传教士利玛窦合译《几何原本》,参加翻译《测量全义》、三角函数表,并首次介绍到我国。《几何原本》作为他潜心研究西洋科学的第一个具体成果,在中西文化交流史上写下了璀璨夺目的一页。他在生物学和农学方面的研究成果,就是《农政全书》。该书是我国较早的农业百科全书,是研究我国农业史重要的参考资料。300年来,这部书不但在国内一再出版发行,而且在国外也备受青睐。

他作为中西文化科技交流先驱者的地位,要高于他作为农学家的地位。他引入西方科技的时间,在鸦片战争之前 230 多

年,其著作《农政全书》与同时代的宋应星的《天工开物》,都是带有近代百科全书意义的专业科技巨著,比西方的第一部百科全书要早出100多年!

三十、宋应星:投身科技事业,著作《天工开物》

宋应星(1587—1666),字长庚,江西奉新人,中国明末清初著名的科学家。他一生致力于对农业和手工业生产的科学考察和研究,收集了丰富的科学资料。其著作和研究领域,涉及自然科学、人文科学的不同学科,其作品《天工开物》是世界上第一部关于农业和手工业生产的综合性著作,是中国17世纪的工艺百科全书。其著作还有《野议》《论气》《谈天》《思怜诗》《画音归正》《卮言十种》等。

(一)少聪强记,出口成章

明万历十五年(1587年),宋应星出生于南昌府奉新县北乡雅溪牌场村(今奉新县宋埠乡牌楼村)一个家道日衰的官僚家庭。他自幼机敏过人,万历二十一年(1593年),他与长兄一同到叔祖父宋和庆的家塾中读书,得到族叔宋国祚的教导,又受到科举道路上受挫一生的父亲的训练,所以他很快通晓韵律,出口成章,并能作诗填词,深得老师和长辈的称赞。在家塾期间,他饱读《四书》《五经》之类的儒家经典,又读了诸子百家、天文地理、农业工艺等方面的书籍,为以后的写作打

下了坚实的基础。

（二）投身科技，成果辉煌

万历三十一年（1603年），江西巡抚夏良心在南昌府刊刻了李时珍的《本草纲目》，宋应星熟读此书，这对他后来写作《天工开物》很有启发。万历三十八年（1610年），他与大哥到省城南昌听了学者舒日敬的讲学，眼界大开，收获很多。万历四十三年（1615年）他与大哥同时考中乡试，参加这一年乡试的江西考生有一万多人，但中举的却只有109人，他名列第三，其大哥名列第六，奉新县考生中只有宋应星兄弟二人及第，又名列前茅，一时声名大振，被人称为"奉新二宋"。

乡试成功，备受鼓舞，于是他同大哥一起在当年的冬天北上京师，准备参加明年在京师举行的会试、殿试。他连续五次参加会试，都名落孙山。但是，"塞翁失马，焉知非福"！会试的失意，使他对科举制度彻底绝望，从而义无返顾地投身科技事业，向着事业的巅峰挺进！况且，五次水陆兼程、长途跋涉赶考，并非一无所获，在这些长途旅行中，他拓开了自己的眼界，扩充了社会见闻。沿途他们经过江西、湖北、安徽、江苏、山东、河北等省的许多城市和乡村，使其有机会在田间、作坊游历，从劳动群众那里调查到不少农业和手工业生产技术知识，也为他以后的写作，获得了一些阅历和素材。

崇祯七年（1634年），宋应星首次外出做官，就与仙女湖区结下了不解之缘。他担任江西袁州府分宜县教谕，在分宜任职期间，他充分利用公闲时间搜集资料，查找文献，夜以继日地进行写作。崇祯九年（1636年），写出《野议》《画音归正》和《原耗》等文集；《野议》是在分宜县令曹国祺支持下写成的政论集，分成世运、进身、民财、士气、屯田、催科、军饷、练兵、学政、盐政、风俗和乱萌十二议。目的是为了挽救明末社会所面临的政治和经济危机，提出了一系列的改革措施，期望社会由乱而治，希望国家转危为安，体现了他关心国家前途和民族命运的爱国思想，可以看成是其希望崇祯皇帝实行变法的万言奏议。《画音归正》是讨论音韵、乐理的作品，与《乐律》的内容相近。崇祯十年（1637年），在友人涂绍烽资助下，刊刻并发表了他一生中最伟大的著作——《天工开物》。同年写出的还有《论气》《谈天》等自然哲学著作。在分宜的四年，是他投身科技事业后最辉煌的四年。

（三）政绩显著，列为"名宦"

崇祯十一年（1638年），宋应星在分宜任期已满，经考核列为优等，随后升任福建汀州府推官（负责刑狱）。他在任期间，断了多起疑案，平反了多起冤案、命案，并放了一批不足以定罪的平民。而对汀州街头欺行霸市、敲诈勒索、强占民女的不法之徒毫不手软，严厉打击，敢于抑制豪强，伸张正义。以他的智慧和胆略，采取"智取""攻心"等方法，稳定了一起以陈缺咀（海盗出身）为首的数千人的闹事群体。因其爱护百姓，政绩突出，他在汀州像"包青天"一样受到百姓的爱戴。汀州人民却为活着的宋应星建了生祠，在祠中树立了他的肖像，叩头祭拜，以表示纪念他的爱民之心。由于他安抚"海

贼"有功，受到总督巡抚的保举推荐，在崇祯十六年（1643年），升为南直隶凤阳府亳州知州（从五品），这是他一生中担任的最高官职。

他是明朝亳州最后一任知州，是在农民军攻破亳州，亳州饱经战火破坏下到位的。他到任后，组织部属，出榜安民，重建家园，带头损资筹款，兴建官舍、书院，恢复州学……不到一年，政绩显著，列为"名宦"。

——科学成就——

宋应星的主要科学成就，就是《天工开物》，该书分为十八卷，第一卷讲农业耕种、农具及灌溉机械的用法；第二卷涉及服装，讲养蚕、缫丝、种棉、植麻的方法和纺织技术；第三卷讲染料植物的种植方法及染色技术；其他各卷包括粮食加工、盐的生产、糖的制造、酿酒技术，还包括冶铸、矿石开采冶炼、车船制造驾驶、兵器制造以及造纸、文具制作、珠宝加工等。

全书除文字叙述之外，还附有123幅插图并配以说明，展示工农业各有关生产过程，生动而真实。比如，农业方面记述了精耕细作、砒霜拌种、磷肥施用、甘蔗育苗移秧、交培育蚕良种等先进技术。把砒霜用来拌种子或蘸秧根，以防治鼠害和病虫害，这是中国农业技术的一大发明。至于甘蔗育苗移秧的好处在于：节约蔗种，苗匀而壮，早熟高糖，高产稳产。这项传统技术至今仍在沿用。

纺织方面，记述了棉、麻、丝、皮、毛的来源和织造。其中轧花机是当时世界最先进的纺织机械，在《天工开物》里有完整的轧花机结构图。中国历史博物馆保存有一架清嘉庆、道光年间造的蜀锦机，结构跟《天工开物》所画明代的轧花机没有多大差别。

生物学方面，他在《天工开物》中记录了农民培育水稻、大麦新品种的事例，研究了土壤、气候、栽培方法，对作物品种变化的影响，又注意到不同品种蚕蛾杂交引起变异的情况，说明通过人为的努力，可以改变动植物的品种特性，得出了"土脉历时代而异，种性随水土而分"的科学见解。把我国古代科学家关于生态变异的认识推进了一步，为人工培育新品种提出了理论根据。

物理学方面，其《论气·气声》篇是论述声学的杰出篇章。他通过对各种声音的具体分析，研究了声音的发生和传播规律，并提出了声是气波的概念。

点 评

《天工开物》是我国文化遗产中最优秀的工农业科技史籍之一，在世界科技史上举足轻重。法国的儒莲把《天工开物》称为"技术百科全书"，英国达尔文将《天工开物》称赞为"权威著作"。正因为如此，它被翻译为日、法、英、德、俄、意等国文字出版，传播到世界各地，服务于全世界的人民。

英国的中国科学技术史专家李约瑟博士，因《天工开物》

称宋应星为"中国的阿格里科拉"(古罗马地质学与矿物学之父)和"中国的狄德罗"(法国人,主编《百科全书》)。日本学者薮内清也认为,宋应星的书足可与18世纪法国启蒙学者狄德罗主编的《百科全书》匹敌。

三十一、徐霞客:伟大地理学家,著述千古奇书

徐霞客(1587—1641),名弘祖,字振之,号霞客,明南直隶江阴(今江苏江阴市)人。伟大的地理学家、旅行家和文学家。徐霞客一生志在四方,所到之处探幽寻秘,他先后写了200多万字的游记,为后人留下了珍贵的地理考察记录。现存的《徐霞客游记》,是一部把科学和文学融合在一起的"奇书",向后人展现了他广阔范围的考察记实,特别是边远地区的地理风貌,而他也被称为"千古奇人"。

(一)博览群书,志在四方

徐霞客出生在江阴一个有名的富庶之家。祖上都是读书人,称得上是书香门第。他的父亲徐有勉一生不愿为官,喜欢游览山水景观。因受其父影响,他自幼喜爱读历史、地理和探险、游记之类的书籍,向往着"问奇于名山大川"的生活。他十岁时,一次读书时有感而笑,母亲问他笑什么,他说:"全国有九州五岳,本书作者自夸已走完了八州,攀登了四岳。这个人的志向并不大,要是我,非要历九州登五岳不可。"所读

的书籍使他从小就热爱上了祖国的壮丽河山,立志要遍游名山大川。

15岁那年,他应过一回童子试,没有考取。父亲见儿子无意功名,也不再勉强,就鼓励他博览群书,做一个有学问的人。他的祖上修筑了一座万卷楼来藏书,这给他博览群书提供了很好的条件。他读书非常认真,凡是读过的内容,别人问起,他都能记得。家里的藏书,不能满足他的需要,他就到处搜集没见到过的书籍。只要看到好书,即使没有带钱,也要脱衣换取。

(二)母亲鼓励,决心远游

在博览群书中,他发现书中的内容,多是历代沿袭,转抄较早的地理学著作,很少有人进行实地考察。因而,有的地理著作记述错了,也被照抄照搬,以讹传讹。前代的人错了,后代的人也跟着错。他对前人著作中的不少问题,提出了大胆的怀疑。例如,关于长江的源头问题,经典地理著作《禹贡》中,说是"岷山导江",后来不少人都沿袭这一说法,徐霞客提出了"为什么长江比黄河长,而长江之源那么短,黄河之源却那么长"的疑问,认为《禹贡》上的说法是解释不通的。为了弄清祖国河山的真实面貌,他决定亲身进行实地考察。

19岁那年,他的父亲去世了。他很想外出去寻访名山大川,但是按照当时的道德规范"父母在,不远游",他因有老母在堂,所以没有马上出游。他的母亲是个读书识字、明白事理的女人,她鼓励儿子说:"身为男子汉大丈夫,应当志在四

方。你出外游历去吧!到天地间去舒展胸怀,广增见识。怎能因为我在,就留在家园,无所作为呢?"

徐霞客听了这番话,非常激动,决心远游。临行前,他头戴母亲为他做的远游冠,肩挑简单的行李,就离开了家乡。这一年,他22岁。从此,他绝大部分时间都是在旅行考察中度过的。

(三)惊人游迹,千古奇人

28岁那年,徐霞客来到温州攀登雁荡山,这是他外出考察的第五个年头了。五年来,他白天跋山涉水,晚上书写游记,从无一日间断。这个习惯,一直保持到他最后一次考察。

夏日山间的气候,简直说变就变。刚才还是丽日晴天,转瞬间已是暴雨倾盆,徐霞客等人顿时被淋成落汤鸡。他们踏着泥泞的山路,冒雨前行,待来到雁荡山时,正好雨住天晴,彩虹高悬。被大雨冲洗过的层峦迭嶂,更加雄奇挺拔,秀美绝伦。他深深陶醉在这迷人的山色之中,不觉信步走到大小龙湫,那瀑布犹如两匹白练垂空而下,直泻深潭,卷起千堆雪,轰鸣之声响彻山谷。据方志记载,大小龙湫之水源为山顶宕湖,但不知是否如此?他边看边想,决定亲自登上山顶,亲眼看个究竟。

第二天天刚微明,他便从西边开始登山。那山脊如削,险峻陡峭,根本无路可走,而且藤缠枝绕,荆棘丛生。他好不容易手足并用爬上一座峭壁时,却发现上面连立足之地都没有。低头一看,下面的峰顶倒有一个小小的平台。他只得用绳子系

住山顶大石,攀援而下,不料绳子被岩石磨断,好在他的脚已接近平台,否则掉进深渊,必将粉身碎骨。夜间,月光如水,照着酸痛的身躯。想起白天的经历,还真有些后怕。不过,对于生死,他已置之度外,只要能考察出结果,便感到心满意足。

20年后,徐霞客又重游雁荡山。这次,他在僧人的带领下,从东面登山,遍游诸峰,终于找到了宕湖。不过,他发现,湖中流出的两股水,与大小龙湫毫不相干,志书所记,纯属谬误。

明万历年间(1616—1618年),这位"五岳寻仙不辞远,一生好入名山游"的大旅行家,曾两次登临被誉为"人间仙境"的黄山游览考察。有一次去黄山考察,途中遇到大雪,当地人告诉他有些地方积雪有齐腰深,看不到登山的路,无法上去。他没有被吓住,他拄了一根铁杖探路,上到半山腰,山势越来越陡。山坡背阴的地方最难攀登,路上结成坚冰,又陡又滑,脚踩上去,就滑下来。他就用铁杖在冰上凿坑。脚踩着坑一步一步地缓慢攀登,终于爬了上去。山上的僧人看到他都十分惊奇,因为他们被大雪困在山上已经好几个月了。他以其深邃的眼光,生花的妙笔,竭力描摹黄山秀美的景致。

明万历四十四年(1616年),徐霞客首次入闽,专程到武夷山游历三天,他走过福建武夷山的三条险径:大王峰的百丈危梯,白云岩的千仞绝壁和接笋峰的"鸡胸""龙脊"。在他登上大王峰时,已是日头将落,下山寻路不得,他就用手抓住攀悬的荆棘,"乱坠而下"。这次他对武夷山丹霞地貌的山水,进行了认真细致地考察,写下了《游武夷山日记》,可谓为武

夷名山的写真。

明熹宗天启三年（1623年）农历二月初一，徐霞客离开家乡江阴，取道徐州、开封，从陆路上行走了19天，到达郑州的黄宗店，经密县进入登封境内的耿店，开始了他的嵩山之旅。从二月二十到二十四，前后五天时间，相继游览了石淙、测影台、中岳庙、金峰玉女沟、太室绝顶真武庙、法皇寺、嵩阳崇福宫废址、会善寺、少林寺、少室绝顶南寨、甘露台、初祖洞、初祖庵等众多景点。中岳的嵩山险道上，他从太室绝顶上顺着山峡往下悬溜下来，不仅洒下了他的汗水，留下了他的足迹，同时还给我们留下了3 000多字的《游嵩山日记》，真实地记录了他与河南山水永难解开的深厚情结。

（四）困难重重，硕果累累

徐霞客在游历考察过程中，曾经三次遭遇强盗，四次绝粮。一个雨后放晴的夜晚，停泊在湘水之中的一艘客船上，乘客们在连绵好些日子的阻雨之后，看到了皎洁的明月，观赏月光下的山形水色，精神顿觉爽朗异常。正当乘客们尽兴之后上床休息时，忽然喊杀之声骤起，一群强盗窜上船来，一时火炬乱晃，刀光剑影交错，大难降临船上。这时，只见一个人飞身跳入水中，逆流而行，躲进了别的船里。这个跳水的人，年约50开外，身材修长，看上去精力旺盛，行动敏捷，他就是徐霞客。

这次湘江遇盗，跳水脱险，发生在1636年他51岁时的第四次出游中。这次出游，他计划考察湖南、湖北、广西、贵州、云南等地。出游不久，就在湘江遇到强盗，他的一个同伴

第六章 明清时期

受伤,他的行李、旅费被洗劫一空,他自己也险些丧命。当时,有人劝他不如回去,并要资助他回乡的路费,但他却坚定地说:"我带着一把铁锹来,什么地方不可以埋我的尸骨呀!"他继续顽强地向前走去,没有粮食了,他就用身上带的绸巾去换几竹筒米;没有旅费了,就用身上穿的夹衣、袜子、裤子去换几个钱……重重的困难被他踩在脚下,他终于达到了自己的目的。

崇祯九年(1636年),徐霞客前往西南做万里之行,与他结伴而行的有两个人,仆人老顾与静闻和尚,静闻和尚死于广西南宁,他遵其生前遗愿,将静闻和尚的骨灰带回鸡足山安葬,这样,西行的路上只剩下徐霞客与仆人老顾相依为命,应该说,他能够顺利进入地形险恶的边远地区,探测了众多的地下洞穴,取得前无古人的科学成就,忠心耿耿的老顾是有一份功劳的,在漫长的旅途中,他始终如一的照顾徐霞客,与其同甘共苦,共渡难关。

崇祯十二年(1639年)八月十二,徐霞客到达鸡足山,故地重游,这时候他的身体状况已经很差了,皮肤红肿,脸上和四肢都起疹块,左耳左足时常有蠕动之感,起先他以为身上长了虱子,后来才知道是由于长时间在潮湿多雨的环境,染上了严重的风湿病,情况却越来越糟糕。

即便是这个时候,他仍然坚持重返大理,进一步考察风光秀丽的苍山洱海。离家三年的老顾不禁暗暗思量,这样下去,回家之日还是遥遥无期,一连几天,徐霞客为修订《鸡足山志》一直住在山上的悉檀寺,初九这天,他在僧人和光的陪同

下，遍访山中寺庙，不知不觉到了僧人兰宗的小庙，兰宗是他的老朋友，执意要徐霞客在庙中住一宿，于是同行的和光便与老顾一同回山下的悉檀寺，徐霞客怕老顾夜里冷，让老顾带上被子，于是老顾将他们装衣物的箱子挑走，临走还从他手中拿走了钥匙，约好第二天来接他。

第二天，老顾没有按时过来，徐霞客顿时心生疑惑。到了悉檀寺，眼前的一切证实老顾不辞而别了，他们装衣物的箱子已经空无一物。

仆人老顾的离开，虽然也有他的难处，但是对于徐霞客来说，是一个沉重的心理打击。老顾与他一起出生入死多年，如今却如此待他。他的身体也因为受此刺激，病情越来越重，后来竟然连行走都很困难，这对于一个探险家来说是巨大的不幸。尽管如此，他依然以顽强的毅力撰写《鸡足山志》，公元1640年，他终于将《鸡足山志》校订完毕。

（五）锐意探索，力图求新

1637年正月的一天，徐霞客来到湖南茶陵以西的一个小镇。在客店吃饭时，他向店主打听道："老哥，不知去麻叶洞怎么个走法？"店主一听"麻叶洞"三个字，脸色顿时大变，惶惶然回答说："快不要提麻叶洞，里面的妖精年年作怪，有两个书生不听劝，进去就再没出来！"

听店主这么一说，他游兴反而大增。好不容易盼到天明，立即按照打听的路线直奔麻叶洞而去。到得洞口，四下一看，只见奇峰高耸，怪石嶙峋，那麻叶洞在松柏掩映之下，隐约可

第六章 明清时期

见。好个险恶去处!他不慌不忙,徐徐点燃手中火把,便向黑洞钻了进去。那洞口甚是狭窄,仅容一人通过。洞内冷气袭人,阴森可怖,不时有水珠猛不防滴在颈上,令人毛骨悚然。也不知七拐八弯走了多少时间,只见侧面突然有一丝亮光,他忙绕了过去,随即被眼前的奇景惊得目瞪口呆:头顶的巨石上,齐刷刷裂开一丝狭缝,阳光从缝隙中射入,把洞中的景象映得宛如仙境一般。朦胧中,但见根根石柱从洞顶垂下,棵棵石笋从地上生出,千姿百态,变化万千,令人目不暇接。他心中明白,这是流水侵蚀岩石,溶化在水中的石膏(碳酸钙)逐渐凝结而形成的。像这样奇特的景观,他还是第一次见到,不觉暗自庆幸,亏得没听店主的话,否则岂不遗恨终身?

徐霞客三十多年旅途考察,靠变卖家产,求友告贷,解决旅游之资,有时身无分文,被迫卖掉衣裙才换得一顿饱饭;有时因迷误路途,往返周折,晚上只好寄宿寺庙破屋之中,冒着寒气,顶着虫咬,甚至在人迹罕至的森林里风餐雨宿,"瞌则寝树石之间,饥则唤草木之实"也是常有之事。

旅途考察中,他凡登山,总要登到山的最高峰,看其全貌。他的足迹遍及大半个中国。

科学成就

徐霞客在地理学科的各个方面都做出了杰出贡献。最大成就就是关于我国西南岩溶地貌(即石灰岩地貌)的研究。他详细地对从今湖南到滇东磅礴数千里的石灰岩溶浊地貌分布状

况、类型、特征,各地相互差异以及形成原因等都做了系统记述和研究,并给予科学说明,对峰林、岩洞、天生桥、盘洼、暂井、天池等各种岩溶现象加以定名,并做了详细记录。这是我国也是世界上最早的有关岩溶地貌的科学文献资料,比欧洲最早描述和考察石灰岩地貌的爱士培尔早150多年,比最早对石灰岩地貌进行系统分类的罗曼早200多年。

对山川源流考察方面,徐霞客亦做出了巨大贡献。他在初期博览史籍时,见对长江源流的记载均以发源于岷山,自《禹贡》中的"岷山导江"开始,他翻阅大量资料,亲身涉履淮河和汴水,北到陕西,南至五岭,西及石门金沙江,东临大海,根据亲自考察的第一手客观材料,从而找出了金沙江是长江的正源,写了著名论文《溯江纪源》。这一科学论述,揭示了万里长江从发源至入海的本来面目,对当时人们能够正确认识江、河水系,推动地理学科发展做出了巨大贡献。

徐霞客在沿途考察过程中,由于他细心观察,认真分析,正确揭示了有关自然界发展变化规律,尤其是对流水侵蚀原理给予了科学解释。在《闽游日记》中他对比福建省的宁洋溪与建溪两条河流纵剖面特点时写道,"宁洋之溪,悬流迅急,十倍建溪"。为何如此查其原因,结果得知两溪发源地高度大约相等,但去海距离相差很大,"盖浦城至闽安入海,八百余里;宁洋至海澄入海,三百余里"。所以形成流程与流速相互关系为"程愈迫则流愈急"的自然规律,又如河流两岸弯曲处或岩岸近水之地,常显示出急流冲刷的巨大力量。

由于徐霞客一生考察了很多高山大川和田野疆域,实践知

识广深,游记中对植物记载不少,并对植物的垂直地带性与水平地带性生长变化规律,亦做了科学记述,并明确指出高山顶风大,气温低,所以常无树木,只有荒草。在游云南昆明碧鸡关盘棋山时写道:"顶间无高松巨木,即丛草亦不盛深茂,盖高寒之故也。"即使有树木也会变态,如黄山顶"怪松悬结,高者不盈丈,低仅数寸,平顶短俄,盘根虬干,愈短愈老,愈小愈奇"。他在《游天台山日记》中又写道:"岭角山花盛开,顶反不吐色,盖为高寒所勒尔。"在游云南西北部丽江地区时记道:"其地杏花始残,桃犹初放,盖愈北而愈寒也。"这说明海拔高度越大,纬度位置越高,都会影响植物生长发育,延缓和推迟开花结果期。这些植物学与气候学的相互关系,他已清楚记述了出来,并正确分析了原因,这在当时来说确是一件了不起的事情,他比德国地理学家洪堡德发现山上植物分布形成垂直地带性现象要早200多年。

《徐霞客游记》在文学艺术方面也独有所长,对西南石灰岩地区景物的摹景抒情方面最为特长。由于他实观实写,无虚拟之词,无雕饰之痕,以朴素的语言,生动的笔调,所描述的真实山川,历历如画。《滇游日记》中记述云南东部岩溶地貌时写道:"罗庄山森峭,东界皆峭峰离立,分行竞颖,复见粤西面目。盖此丛蠢怪峰,西南始于此,而东北尽于道州,磅礴数千里,为西南奇胜。"言桂林独秀峰"四削如天柱",谈滇东山地"参差森列",环观四周,奇如"碧莲玉笋世界"这种岩溶地貌的秀丽峰林,被徐霞客记述得活灵活现。

点评

徐霞客的一生,是从事于野外科学考察的一生,他的野外考察活动,对于认识我国自然界和推动地理科学发展起了积极作用。他的旅游文学经典巨著《徐霞客游记》,是其所有成就中的高峰。徐霞客不仅是中国的,也是世界的。除中国大陆与台湾外,现在美国、日本、新加坡等国,都建立了"徐霞客研究会"。徐霞客在地学,特别是岩溶地貌的考察研究方面,居于当时世界的领先地位。他与13世纪西方大旅行家马可·波罗有着许多相似之处,分别被推尊为"东方、西方游圣"。徐霞客及其游记,在世界各国所享有的这些影响和声誉,是中国旅游走向全球的重要文化基石之一。

三十二、王锡阐:明清天文学家,尤精历象之学

王锡阐(1628—1682),字寅旭,号晓庵,江苏吴江人,明末清初天文学家、数学家。少年时博览群书,尤精历象之学。明亡后,终生不仕,一生钻研历法、天象。曾独立发明计算金星凌日、水星凌日的方法,并提出推算日食、月食的方法。他与薛凤祚并称"南王北薛"。著有《晓庵新法》六卷、《历说》六篇、《历策》一篇、《大统西历启蒙》《推步交朔测小记》《圜解》《三辰晷志》《五星行度解》等。

（一）自命遗民，气节之士

王锡阐出生在吴江震泽，从小跟叔父度日，家境贫困，11岁开始悉心于学。他的诗文基础很好，现在的吴江图书馆就藏有他的诗文集。

在王锡阐十多岁时，潘柽章随父到震泽康庄别墅吴氏家里做客，而当时，正巧潘柽章的朋友吴炎，也跟从叔父吴宗汉到震泽住在王锡阐家里。康庄别墅吴氏家与王锡阐家相距二里多路，于是王锡阐就相识了潘柽章。

1644年，李自成的农民起义军进入北京，明朝覆亡。在急风暴雨的时代大变迁中，由于难以忍受"留发不留头，留头不留发"的民族高压政策，江南各地纷纷起兵抗清。面对这场巨变，有着忠君思想的王锡阐做出的反应是自杀殉国。他先是投河，遇救未死，又绝食七日，后来在父母强迫下才不得不重新进食。他不是一时冲动，其报国之思、亡国之痛，是刻骨铭心的，这伴随了他的一生。王锡阐放弃科举，为明守节，穿古衣、用古字表示对现实不满。从此隐居在乡间，以教书为业，致力于学术研究，甘心做一个故国遗民而贫困一生。

清初，王锡阐以遗民自命，广交天下有气节之士。他忠于明朝，不愿与清朝廷合作，自然就与明朝遗民中的一些志同道合者走到一起。他最密切的朋友是潘柽章和吴炎。

顺治七年（1650年），吴越一带眷怀故明、耻事新朝的文人，成立了惊隐诗社（又称逃社、逃之盟），当时加入诗社的有顾炎武、潘柽章、吴炎等名流，王锡阐亦参与其中。潘、吴

都是王锡阐的挚友,潘柽章之弟潘耒,曾受业于王锡阐数年。潘柽章、吴炎两人精通史事,因念明代没有成史,遂仿《史记》体例合著了一部《明史记》,该记由潘柽章作本记和志,吴炎撰世家列传,王锡阐写年表历法,戴笠编流寇志。从顺治十一年(1654年)开始,他们寒暑无间,埋头写作。然而就在《明史记》即将完成之时,康熙二年(1663年),清朝廷大兴文字狱,受浙江湖州府富商庄廷鑨"明史案"牵连,潘、吴两人被杀,惊隐诗社遭此变故遂解散。为此,王锡阐作《挽潘、吴二节士》《齐仕门》《广宁门》等诗篇以表怀念。

"明史案"使王锡阐变得谨小慎微,以后不再热心于为亡明修史了。就在这时,西方耶稣会士来华,为达到传教的目的,他们带来了西方一些近代科学知识,客观上促进了中国历史上第二次较大规模的中外文化交流,史称"西学东渐"。西学东渐对中国科学影响最大的是天文学,这为王锡阐研究天文学打开了大门。

(二)天文历算,为人称道

王锡阐对天文历算情有独钟。明末时,中西历法并行,因其中原理深奥,常人不经专门传授难以掌握,而徐光启所修《崇祯历书》世人奉为典范,学者亦依其为旨归。

王锡阐闭户著述,勤于观测,作为民间天文学家,虽然得不到官方资助,但仍然坚持不懈。他一方面具有科学的态度,兼取中西之长;另一方面具有实践第一的献身精神,夜晚遇天色晴朗,即登上屋顶,仰观天象,竟夕不寐。积月累日,学问

越深。王锡阐兼通中西历学,并作《西历启蒙》和《大统历法启蒙》,评断中西历法之优劣。崇祯年间,鉴于明《大统历》较为疏简,王锡阐又著《晓庵新法》六卷,兼采中西,参以己见,首创准确计算日月食的初亏、复圆方位的演算法,以及金星、水星凌日和五星凌犯的演算法,此书后被编入《历象考成》,成为编算历法的重要依据。

清康熙二十年(1681年),王锡阐作《推步交朔测日小记》,确切测算了当年发生日食的时间。后又相继著成《丁未历稿》《五星行度解》《历表》《历说》《日月左右旋问答》《圜解》《三辰晷志》等。其中《五星行度解》和《日月左右旋问答》侧重于宇宙理论的阐释,影响颇大。

王锡阐在天文方面的独到见解与成就,为人所称道。时人将他与当时北方的历算名家薛凤祚并称为"南王北薛"。与王锡阐交谊甚笃的顾炎武,亦甚为推崇王锡阐的天文学造诣,曾作《广师》一文,文中有"学究天人,确乎不拔,吾不如王寅旭(王锡阐,字寅旭)"之句,即称自己在天文历算方面,远不如王锡阐。天文数学家梅文鼎甚至认为,王锡阐的历学成就更胜薛凤祚一筹。

王锡阐与天文数学家梅文鼎同时而又齐名,王锡阐号晓庵,梅文鼎号勿庵,遂被后人并称为"二庵"。两人都娴于天文历算,然而王锡阐精核,梅文鼎博大,各造其极,不分高下。

王锡阐对历算书籍进行精心研究,验证实际测算的结果。经过长期的实际测算,王锡阐对于中西历法有了深度了解,他曾作有《西历启蒙》和《大统历法启蒙》来讨论中西历法的优劣。在《历说》《晓庵新法序》以及以后的著作中,对中西历法的交食、回归年、刻度划分、节气闰法、行星理论等,进行了独到的评论。

王锡阐一向重视天文观测,借以验证步历理论,在他的多次观测中,唯有康熙二十年(1681年)的日食,留下了较详细的记述。这次日食前,他作有《推步交朔序》,并将自己及中西历的测算方法备陈于后。日食发生时,他与徐发等人用五家方法同时测算,而自己的测算方法最为慎密。每遇日食、月食,必以实测来检验自己的计算结果。由此可见王锡阐严肃的科学态度。

王锡阐生活在耶稣会士东来,欧洲天文、数学知识开始传入中国的时期。这些天文方法,有较高的精确度,其中运用了对中国来说还是全新的三角几何学知识,明确的地球观及度量概念,因而产生了巨大影响。他从当时集欧洲天文学大成的《崇祯历书》入手,在吸收欧洲天文学优点的基础上,发展了中国天文学。他在对中西历法有了较深了解的基础上,兼采中西,参以己意,写成《晓庵新法》。

《五星行度解》是在第谷体系的基础上,建立的一套行星

运动理论。王锡阐认为五大行星皆绕太阳运行,土星、木星、火星在自己的轨道上左旋(由东向西),金星、水星在自己的轨道上右旋(由西向东),各有各的平均行度;太阳在自己的轨道上绕地球运行,这轨道在恒星天上的投影即为黄道。他据此推导出一组公式,能预告行星的位置。他还考虑到日、月、行星运动的力学原因,认为这些是因假想的"宗动天"(恒星所在天球外的一层天球)的吸引所致。这样,使他成了中国较早注意引力现象的学者之一。

点 评

由于王锡阐年少时已形成了忠于明朝的思想,所以,清朝建立后,他放弃科举,拒不仕清,多与明朝遗民顾炎武、潘柽章、潘耒、吕留良、张履祥等人交往,穿古衣、用古字的言行,表现了他的个性与为明守节的态度。在那个特别的时代激流中,他一介布衣却在思想、精神、学术上有所创造,对社会发展做出了不平凡的贡献。他研究历法注重实际观察,务求合于天象,以形成自己的观点。限于当时条件,他未能接触到欧洲天文学的最新发展,但他会通中西,以求得更好的尝试。其出色的研究才能对中西历法精深独到的见解,以及一生致力于探求数理之本的努力,使他在明清天文学史中占有重要地位。

三十三、梅文鼎:清初天文学家,历算第一名家

梅文鼎(1633—1721),字定九,号勿庵,宣城(今属安徽)人。清初著名的天文学家、数学家,为清代"历算第一名家"和"开山之祖"。梅文鼎中西天文学的造诣很深,天文学著作有40多种,纠正了前人的许多错误。康熙帝曾三次召见他,向他请教天文数学。梅文鼎最重要的贡献是在数学方面,他写了二十多种数学著作。他将中西方的数学进行融会贯通,对清朝数学的发展起了推动作用。

(一)聪颖过人,热爱科学

梅文鼎生于明崇祯六年(1633年),其父梅士昌,通《春秋》《易经》;其母胡氏,为其父侧室。仲弟文鼐,季弟文鼏,皆通数学、天文学,有著述。

梅文鼎自幼聪颖,儿时随父并塾师罗王宾仰观天象,遂能了解运旋大意;清初,新旧历法之争日趋激烈,演成了长达十年之久的"历讼"。梅文鼎深谙这场历法争议是"去数谭(谈)理,聚讼徒纷;举一废多,抑扬失实"。因此,他广泛搜寻古今中外历算书籍,下功夫研读,力求贯通,遇所疑处,废寝忘食,"必通贯才已"。历法的制定与修改离不开测算;历理更需要用数学原理来阐明。梅文鼎为研究天文历法的需要,对数学进行了深入的研究,取得重大成就。

（二）著书立说，学贯中西

然而真正使他对科学发生兴趣的，是一个叫倪正的明代逸民，梅文鼎和他的两个弟弟文鼐、文鼏一同向倪正学习历法，倪正即以明代官方颁行的《大统历》相授。梅氏三兄弟"乃相与晨夕讨论，为之句栉字比（逐字逐句仔细推敲），不惮往复求详"。文鼎将学习心得整理成《历学骈枝》四卷，这是他最早的书稿。

西方的一些科学知识逐渐传入我国，但在一个相当长的时期内，并不能为一般的知识分子理解和接受，历算之学遂有中法和西法之分。清初杨光光提出，"宁可使中夏无好历法，不可使中夏有西洋人"，挑起长达十年之久的"历讼"。中西之争从此染上了浓厚的政治色彩，两派形同水火，绝无调和余地。杨光光本来是一个不懂天文历法的腐儒，他偏偏要打着"正国礼"的旗号，在西洋人的历法上做文章，最后落得个罢官问罪、客死他乡的下场。这自然也使主张中法的学者受到牵连，本来已在走下坡路的传统天文、数学又一次受到打击。

梅文鼎的研究即从大统历、授时历开始，上溯到历代七十余家历法，当时正是杨光先"历讼"失败客死他乡（1669年）后不久，西洋教士趾高气扬，蔑视中国传统文化。1672年，梅文鼎完成了他的第一部数学著作《方程论》。他抓住"方程"这一"非西法所有"的中国传统数学精华首先发论，来显示中华数学的骄傲，是颇有爱国情怀的。

但他对于西算却能采取正确的态度，主张"去中西之见，

以平心观理"。他在发掘整理中国古算的同时,潜心研读《几何原本》等西算书籍,力求会通中西算法。他把所著26种数学书统名之曰《中西算学通》,以此来实践他的主张。

(三)康熙赏识,三次召见

康熙四十一年(1702年),康熙帝南巡至德州,抚臣李光地进所刻梅文鼎《历学疑问》三卷,康熙十分赏识,带回宫细阅。次年春,康熙将御笔批阅过的本子发还李光地,说:"无疵谬,只算法未备。"是年,梅文鼎再次应李光地之请,携弟弟文鼐,儿子以燕,孙子𣪠成,至保定下榻李光地官署中,一方面教授李氏子弟和青年学者,一方面校订所著《弧三角举要》等书,准备付刻。

康熙四十四年(1705年)农历闰四月,康熙帝于南巡途中,在德州运河舟中三次召见梅文鼎,"从容垂问,至于移时",临行时亲赐"积学参微"四字给以褒奖。越明年(到了第二年),又征召其孙梅珏成入内廷蒙养斋学习历算。

1. 进行传统数学研究。 梅文鼎比较系统地整理和研究了一次方程组解法、勾股形解法和求高次幂正根的方法。在《方程论》中,他纠正了当时一些流行著作的错误,对系数为分数的一次方程组提出新的解法。他又最先对数学进行分类,把传统

数学分为算法和量法。在《勾股举隅》中,已知勾、股、弦、勾股和、勾股较、弦和和、弦和较以及勾股积等十四事中任两事,可求解勾股形,梅文鼎举出若干例题来说明这种算法。在《少广拾遗》中,他依据二项定理系数表,举例说明求平方、立方到十二乘方的正根的方法,使明代消失的求高次幂正根的方法,重新发展起来。

对当时传进来的西方数学,梅文鼎进行了全面、系统的整理和会通工作。其中,《笔算》是介绍"同文算指"的算法,《筹算》是介绍纳皮尔算筹的计算,《度算释例》是介绍伽利略比例规的算法。《平三角举要》《弧三角举要》是系统整理当时传入的平面三角和球面三角,并对"不详其理"的公式和定理,进行推导与证明。他在《几何补编》中证明了,除六面体外的其他四种多面体的体积和内切球半径的公式,纠正了《测量全义》计算二十面体体积的错误。

2. 证明《几何原本》定理。 梅文鼎认为此书"以点、线、面、体为测量之资,制器作图颇为精密",因此,他用传统的勾股算法进行会通,证明了《几何原本》卷二、卷三、卷四、卷六中15个定理。《堑堵测量》是用勾股算法会通球面直角三角形的边角关系公式。《环中黍尺》是用直角射影的方法证明球面三角学的余弦定理。结合球面三角计算的需要,他在此书中还用几何方法证明平面三角学的积化和差公式。

3. 撰述巨著,阐发新学。 梅文鼎既学中国古算,又学西方新学,他写的《古今历法通考》是我国第一部历学史;他的《中西数学通》,几乎总括了当时世界数学的全部知识,达到当

中国历代科技精英成才故事

时我国数学研究的最高水平；在《勾股举隅》中提出了勾股定理的三种新证法；著《平三角举要》《弧三角举要》等我国最早的三角学和球面三角学专著；又著《环中黍尺》五卷，论述球面三角形解法并应用于天文学，解答有关天球赤道、黄道的问题；著《少广拾遗》，阐发"杨辉三角形"；著《仰观仪式》，把我国星图有名而外国无名、我国无名而外国有名的星一一注明，并列出二十八宿与星座对照表；著《交食管见》《交食蒙求》等，提出了更加准确的交食预报方法。

4. 梅氏丛书，独树一帜。在《筹算》《度算》《比例数解》等书中，解释和介绍了西洋的对数、伽利略的比例规等方法。其《梅氏丛书辑要》收录数学著作13种40卷，天文著作10种20卷，还著历算书80余种；丛书收入《四库全书》，流传日、英、法等国，对世界数学、天文学产生了巨大影响。他还做了大量拾遗补阙、匡正谬误的工作，如著《庚午元历考》匡正《元史》《志》之讹；著《交食图法订误》纠正杨光先《日食图》之误。著《回文法补注》《西域天文书补注》《浑盖通宪图说订补》《七政草补注》等30余种。在西方历算东渐，中国古代科学衰微之时，他独树一帜，积60年之精力，专攻历算，冶中西于一炉，集古今之大成，述旧传新，继往开来，开清代历算中兴的先河。

点评

17—18世纪，世界上有三位齐名的大数学家：英国牛顿、

日本关孝和、中国梅文鼎。牛顿是英国伟大的数学家、物理学家、天文学家和自然哲学家,他在科学上最卓越的贡献是创建微积分和经典力学。关孝和是日本古典数学(和算)的奠基人,也是关氏学派(或称关流)的创始人,在日本被尊称为算圣。中国的梅文鼎则是承前启后、横贯中西的数学大师,清代天文算法"开山之祖",清代"算学第一人"。

梅文鼎一生以读书、著书为事,以教书为业。其著述丰厚,成就巨大。他把学习研究和传道授业结合为一体,是中国传统数学处于沉寂和复苏交接时期的一位承前启后、融会中西的数学大师,在发掘、整理古代传统数学和传播、疏散引进西方数学上做出了巨大的贡献。

三十四、明安图:蒙古族数学家,创割圆十三术

明安图(1692—1765),字静庵,蒙古族,清代蒙古正白旗(今内蒙古锡林郭勒盟正镶白旗)人。蒙古族杰出的数学家、天文历法学家和测绘学家,也是历史上少有的多学科科学家之一。他学识渊博,研究领域广,不仅在数学研究中有重大突破,而且在天文历法、地图测绘等方面,都做出了巨大贡献。他绘制了《皇舆全图》,编著了《时宪书》《律历渊源》,创立了割圆术等。

（一）勤奋苦学，精奥异人

明安图少年时期，勤奋苦学，通过"院试"考试，获得生员（秀才）资格。他自18岁起，来到了钦天监学习，从此就作为一名天文生，开始专门攻读天文历法。

当时康熙帝热心学习西方科学技术，常在宫廷中开设西方自然科学的专题讲筵。明安图又经常以官学生的身份，到皇宫里去听讲。可见，他亲自得到过康熙帝的教诲。

明安图在钦天监学习，成绩十分突出，深得康熙帝的赏识。康熙五十一年（1712年），康熙帝曾陪同皇太后去热河避暑山庄。在临行时组织了一个随行队伍，其中包括著名历算学家，如梅文鼎之子梅毂成，苏州府教授陈厚耀，钦天监五官正何君锡之子何国柱、何国宗，钦天监监副成德等人。当时，明安图也在随行人员之中。在那支队伍当中，只有他是一个无名小辈，是仅有的一名官学生。可见当时他在钦天监中，无疑是一位出类拔萃的高材生了。

当时，人们称道明安图的学识，"精奥异人"。正因如此，在康熙五十二年（1713年），当他22岁学习期满时，就被留在钦天监任职了。

（二）安于本职，孜孜不倦

明安图自康熙五十二年至乾隆二十八年（1713—1763年）一直在钦天监任职。他热心于本职工作，认真观测天象和编制

《时宪书》，使自己的科学技术水平与日俱增。在天文历法的实践和理论研究上，都取得了突出的成就。

明安图在钦天监宪科里任职时，他所担任的五官正（五官正：官职，主要从事天文立法事务）一职，工作内容是非常繁重和复杂的。他以勤奋的工作态度，渊博的学识和高超的技艺，几十年如一日，年复一年地出色完成自己的本职工作。在他晚年被提升为监正的五年中，他除了负责监内全面工作之外，其所从事的科学技术活动，大体仍是他任五官正时的那些工作内容，可以概括为以下三个方面。

一是参与岁刊《时宪书》的编制工作。《时宪书》是一种历书，俗称黄历，又叫皇历。其中着重记入有关天文历法和农时节气等，这些对于指导生产特别是农事有着重要意义；书中宣扬皇恩浩荡及忠孝道德思想，还有"宜忌""宜迎"等，如某日忌出行，某日宜祭祀，某日某时在何方迎财神或喜神等。当时，对《时宪书》的制定，皇帝是非常重视的。钦天监首先要把《时宪书》样式呈给皇帝审批，经过皇帝审批之后，正式定稿印刷，然后颁行全国。

二是参与汇制题本的工作。明安图要经常参与把他们观测的各种天文现象的结果汇制成题本呈给朝廷。在这些题本中，除进呈《时宪书》样式的题本之外，大量是预报"日月食"或"观候事"的题本。这类题本上呈的次数很多，有时进呈之频，一年之中竟是月连月，甚至一月之内日连日。这项工作既是琐碎又是科学性很强的，稍有不慎就会出现错误，要做好它，非勤奋精明之人是难以胜任的。就预报日食、月食来说，在当时

科学技术条件下,能够把这种预报精准无误,确实是一件非常不易的事情。特别是在当时君主专制下面,要担负着很大风险。雍正七年(1729年)正月十七,发生了月食。在这次月食发生之前,在监正明安图的主持下,共同进呈了两次预报月食的题本。在题本中,预报了这次月食在北京地区的初亏和复圆的时刻,同时绘制了在北京地区月食的起复方位图像,还预报了在各省月食初亏先后的不同时刻。可见要准确地预报一次月食,其中涉及许多科学性和技术性的问题,要花费很多精力。明安图就是这样一次又一次地预报了日食、月食,以及其他一些天文现象的。由于他技术纯熟,工作细心谨慎,几十年中没有出现过什么大的错误,任务大都出色地完成了。

三是参与了将《时宪书》译成蒙古文的工作。我国是个多民族的国家,所制定的《时宪书》是面向全国的,除汉文版之外,还要翻印成几种民族文字的版本,颁发到少数民族地区。明安图出身于蒙古族,将《时宪书》翻译成蒙古文的任务,他责无旁贷。由于他对这项翻译工作做得出色,乾隆皇帝曾赐他"翻译进士出身"的荣誉。

明安图常年在钦天监里孜孜不倦地埋头工作,是一名勤于本职工作的天文官。他在钦天监任职整整51个春秋。其前47年里一直是任钦天监时宪科的五官正,直到乾隆二十四年(1759年),由于赴新疆测绘任务的需要,被破格提升为钦天监的监正。

（三）编制历法，尽心尽职

明安图还参与了康熙、雍正时期所编的《律历渊源》和乾隆时期所编的《历象考成后编》《仪象考成》等几部大型天文历法著作的集体编纂工作。在编书当中，他做出自己应有的贡献。

一是参与了《律历渊源》的编写。该书是在康熙皇帝敕令之下，由集体编纂的一部以天文历法为主的巨著。全书包括《历象考成》《数理精蕴》《律吕正义》三大部分，计100卷。《历象考成》是专讲天文历法的；《数理精蕴》是专讲数学的；《律吕正义》是专讲乐律理论的。这部大型的以天文历法为主要内容的书，从康熙五十二年至雍正元年（1712—1723年），历时11年，才修纂完毕。

编写这部巨著的工作，早在明安图于钦天监毕业之前就已经开始了。他参加为时11年的编书工作，就其个人来说，是破天荒的第一次。他除自己努力工作并做出应有的贡献之外，同时也将此事当成一个难得的学习和锻炼机会。所以，这次编书实践，为他以后从事科学研究打下了坚实的基础。

二是参与了《历象考成后编》《日躔月离表》的编写。当时之所以要编写，是由于《历象考成》一书的缺点随着实践的发展而日益扩大。该书编写时虽是按照西法制定的，但当时存在着微差，经过十年的实践，所谓"积微差渐成分秒"。由于这种时差的增长，就与天体实际运行不相符合了。由于有了这些情况的变化，它就不适合于历法实践的需要了。于是钦天监

于雍正八年（1730年）上书皇帝，请求编制《日躔月离表》和全面修订《历象考成》一书。在得到皇帝批准之后，便着手进行了编制。

《日躔月离表》是太阳和月亮运行的天文表。这次编表，是在西洋人戴进贤主持下进行的。当时能够使用这个表的人，除监正戴进贤和监副徐懋德二人外，中国人只有五官正（官名）明安图会使用它，可能他参与了这项制表工作或已达到了能够编制此表的科学水平了。

《历象考成后编》自乾隆二年至乾隆七年（1737—1741年），历时4年编写完毕。这部书由明安图担任副总裁，他和总裁戴进贤、副总裁徐懋德共同主持了这部书的编纂工作。他把全部精力都注于编写工作之中，该书比前编的《历象考成》有许多提高。最主要的进步，是书中写进了刻卜勒的定律。之所以如此，是因为经过长期实地观测天象，在从地谷和刻卜勒的计算方法的比较中，发现刻卜勒的定律更为正确些。最明显的例证是在雍正八年（1730年）的日食当中，天文工作者用地谷方法计算日食的食分为 $9'22''$，用刻卜勒方法计算为 $8'10''$，两者相比，用刻卜勒方法求得的数据和实际更为密合，因此才确定把刻卜勒定律写入《历象考成后编》之中。这是我国历法史上第一次正式采用刻卜勒定律，也是这次编书中的一项突出的成就。

三是参与了《仪象考成》的编写。之所以要编写这部书，是因为经过一段时间的天文实践，过去由西洋人南怀仁主持下所制造的几件天文仪器及对它所撰写的说明书——《灵台仪象

志》，上面所记入的数据已经和实际发生了很大出入。同时在天文实践中对天体的认识不断加深，并进一步积累了一些新资料。为此，钦天监倡修《仪象考成》一书，以便纠正前书的错误和补充新的内容。

这部书是从乾隆九年至十七年（1744—1752年），历时八年编成的。全书共32卷，书中有一些篇章是为了说明天文仪器而撰写的，其余大量篇幅是各种星表。在这次测量的前后，英国和德国也都进行了同样的测量，中国所进行的这次测量，在时间上正处于西欧两国之间，它是当时世界上对恒星所进行的三次大规模测量中的一次。就《仪象考成》所载星表中的星数来看，是当时世界载入星数最多的星表。可见这次编写《仪象考成》一书，所进行的实地测量工作，其浩繁程度，可以说是空前的。明安图参加了这部书的编写和测量工作，据史书记载，这部书是在西洋人刘松令、鲍友管的主持之下，"率同监员明安图等详加测算，着之于图"。那时，他的学识更加渊博，经验更加丰富，明安图是投入了很大精力的。

明安图在上述编写工作中，做了大量的实地测量、计算和编绘工作。与此同时，他自己的科学技术水平随着编书的实践而不断获得提高和深化。他在天文历法方面，从实际工作到理论阐发，都做出了重要的贡献。

（四）绘制地图，贡献巨大

明安图除参加上述大型天文历法书的编写之外，还奉命参加了康熙、乾隆时期的三次测量地貌、绘制地图的工作。在地

理测绘学方面,也做出了巨大的贡献。

一是参加了对全国性地貌勘测与地图绘制工作。从清康熙四十七年至康熙五十五年(1708—1716年),进行了一次全国性大规模的地貌测量和地图绘制工作。

清政府之所以要开展这项工作,原因有二:一是中国古代虽然有多次绘制地图之举,但由于受历史与技术条件的局限,所编制的地图存在着严重的缺点,尤其在西方近代地图测绘法传入中国之后,其缺点就更显得突出。二是中国长期存在的封建割据,呈现着交通不便和边疆地区闭塞的状况。中央政府所制定的地图未能实际测量,一些地名、地形、气候传闻,所绘地图,常有误谬失真之处。因此,为了采用西方绘图法并进行实际测量,以便编出一幅比较确切和科学的全国地图,康熙下令进行一次全国性的地貌测量和地图绘制工作。

在这次测绘之中,全国测定了600余处经纬点,其规模之大,是世界各国所不能与之比拟的。图中内地各省地名用汉字标记,满、蒙地名用满文标记,然后,将这次实地测绘的成果,绘制成《皇舆全图》。它是我国运用近代科学测量法,绘制的第一幅全国地图。其中,明安图在乾隆时期前后参加了按照乾隆皇帝指令所组成的勘测队,两次前往新疆测量当地的地貌和绘制地图。

二是参加了新疆西北部的勘测与绘制地图的工作。乾隆二十年(1755年),由乾隆皇帝下令组成勘测队,前往疆西北部勘测该地的地貌和绘制地图,以进一步完成其祖父康熙在测绘地图上的未竟之业。第二年便组成了以何国宗为礼部侍郎、左

都御史，为了这次工作上的方便，也表示对这项工作的重视，乾隆皇帝特给何国宗在原官之上加授了尚书衔。明安图参加了这次勘测工作，他是仅次于何国宗的一名重要科学技术官员。

此次勘测工作，经过了夏秋两季，大约进行了半年的时间。勘测队在乾隆二十二年（1757年）冬天踏上归途，于次年正月，回到北京。由于当时在天山山脉南麓的广大地区里，清政府正处在用兵平定厄鲁特蒙古分裂势力阿睦尔撒纳叛乱的战争之中，对许多地方都难于进行勘测，结果只完成了天山北麓的勘测工作，天山南麓勘测工作只好待日后完成。

三是参加了新疆南麓的勘测工作。乾隆二十四年（1759年），乾隆皇帝再次下令派人赴新疆，继续完成因战争耽误的天山南麓的勘测工作。这次赴新疆的勘测队，是以明安图为首、以傅作霖为副组成的。在勘测队临行之前，为了更好地发挥明安图领队的指挥作用，乾隆皇帝特破格提升他为钦天监的监正。参加这次勘测队的成员，除钦天监监副傅作霖作为明安图副手前往之外，还有西洋人高慎思。在清朝政府中，则派出了二等侍卫什长乌林太、乾清门行走蓝翎侍卫德保等。

这次对新疆的勘测，所进行的测绘点，分布是比较广泛的。大体从哈喇沙尔以西开始，沿着塔克拉玛干大沙漠西北、西、西南部边缘有人烟的地带，经库车、阿克苏、喀什以达和阗，又折而西向的一些地点。在这次测量之中，广泛地应用了"三角法"的近代测量方法，它是在我国测绘史上，继康熙以后的又一次应用。这次勘测，把实地测量工作时间和往返行程所用的时间加在一起，大约经历了一年的时间。勘测队于乾隆二十

五年（1760年）三四月间，在领队官明安图率领之下回到了北京。

这次勘测工作和以往几次一样，明安图也做出了重要贡献。

（1）通过这次测量，补全了过去未测完的地方，填充了康熙时《皇舆全图》的空白，并在其基础上，进一步编成了《乾隆内府舆地全图》。

（2）为编制《时宪书》，准备了实验资料和新的数据。明安图将其所测量的26个经纬点，写入了乾隆二十六年（1761年）的《时宪书》中。

（3）通过实际勘测，改正了过去由传闻产生的错误，使地形、地名以及各地的二十四节更加与实际相切合。

明安图在历次测绘实践中，能和其他勘测人员一起，在中国传统科学技术的基础之上，注意吸收西方的科学技术和科学方法，做出了卓越贡献。所取得的新成就，为中国地理测绘学开辟了新的蹊径，使中国地理测绘学的面目焕然一新。因此，这几次勘测和绘制地图工作，在中国地图绘制史上具有跨时代意义。在此期间，他历尽了千辛万苦，奔忙在数千里的土地之上，攀越了数不尽的高山和峡谷，充分表现了中国科学家的那种为真理、为科学而献身的高贵品质。

科学成就

天文学研究的基础学科是数学，明安图在这方面取得了更为突出的成就。他结合本职工作对数学进行了长期深入的研

究，创立了割圆术。这一大放异彩的科学研究成果，由其弟子最后整理编成《割圆密率捷法》一书。这部书在我国数学发展史上，占有重要的地位，并产生了深远的影响。

明安图深入钻研数学，是从探讨这三个无穷极数的根数开始的。他以惊人的毅力，坚持了对数学的研究。他不论严寒酷暑，不论在京师还是在外地，不论在白日还是夜晚，年复一年地进行了持久的钻研探索。就连他奉命到新疆测绘地图的时候，对数学的研究也从未间断过。就这样，经过"积思三十余年"，终于取得了前人所未曾取到的成果。

明安图首先独立论证了杜德美秘而不宣的"圆径求周""弧背求正弦""弧背求正矢"三个公式的"立法之原"，从而揭示了杜德美所"藏匿"的根数。他在钻研这三个公式的同时，自己又发现和创立了超越当时世界科学水平的六个新公式，即弧背求通弦、正弦求弧背、弧背求矢、通弦求弧背、正矢求弧背、矢求弧背。将原杜德美的三个公式和他新发现的六个公式相加起来，后人称为"九术"。由于在证明上述九个公式的过程中，在数的计算上极为繁琐，为了简化计算程序，进而采取了三角变换的方法，由此又创出四个公式：余弧求正弦正矢、余弦余矢求本弧、借弧背求正弦余弦、借正弦余弦求弧背，总称"割圆十三术"。

明安图的割圆术，是采用"连比例方法"来证明的。所谓割圆连比例方法，就是使用若干相联的等腰相似三角形对应边成比例的关系，连续采用比例三角形进行推算的。由此推算就可得十分弧、百分弧、千分弧、万分弧，以至"析之至于无穷"。

明安图的数学成就,在中国数学史上产生的巨大影响如下:一是他的三角函数和反三角函数,为我国解析研究开辟了新的途径;二是为19世纪初我国著名数学家项名达的以割圆连比例求椭圆周长法,提供了前行思想;三是其数学方法被广泛地运用到天文推步和地理测绘方面,对我国天文学、地理测绘学的发展,起到了一定推动作用。明安图的这一数学成就,在我国近代数学史上,具有跨时代的意义。

点 评

明安图在研究中,运用了严密的逻辑推理,思路之清晰,方法之严谨,在我国数学史上是罕见的。他的这一研究,在我国数学史上占有重要的位置,被清朝学者称为"明氏新法""弧氏不桃之祖"。他在数学上的贡献,对我国近代数学产生了深远的影响。特别是他在继承和发扬祖国传统科学知识的同时,大胆吸收外国科学的长处,以毕生精力从事数学研究的精神,在不大重视客户技术的社会中,能够做到这一点,实在是难能可贵!

三十五、汪莱:清代数学家,著《衡斋算学》

汪莱(1768—1813),字孝婴,号衡斋,安徽歙县瞻淇人,清代著名数学家。其在数学、天文、经学、训诂学、音韵学和

乐律等方面,都有很深造诣,尤以数学成就最著。主要著作有《衡斋算学》《馨氏倨句解》《参两算经》《校正九章算术及戴氏订讹》《四边形算法》《十三经注疏正误》《禹贡图考》《说文声类》《乐津逢源》《衡斋诗集》等。

(一)早年岁月,铸就个性

汪莱祖上以"诗书继世,孝友传家"为家训,其父汪昌早年失亲,就此家道中衰。但汪昌博览群书,能诗善文,并曾中举人,撰有《静山堂诗文集》。汪莱就诞生在这样一个读书人家庭。汪莱自幼秉承文学,6岁能诗,14岁入庠(入庠:rù xiáng,明清时儒生经考虑进入府学、县学为生员)。当时歙县水、旱不断,家中生活更加艰辛。有一次,汪莱奉父母之命,进城典当衣物,回归途中遭恶犬咬啮,在腿上留下了深深的伤疤。在这种艰难的生活环境下,铸就了他日后坚毅、顽强和独立不羁的个性。

(二)舌耕生涯,结交学者

1788年,汪莱的父亲去世,他也离家谋生,这一年他刚满20岁。他首先来到苏州,在葑门外教馆,依靠教书谋生,在此期间,汪莱结识了著名学者焦循,开始研读《梅氏历算全书》和《数理精蕴》等数学著作。1792年,汪莱返归故里,在家中自制浑仪、简平仪等,并用它们来观测天象,在此期间,他完成了《参两算经》,这是他最早的数学作品。1796—1798年,

汪莱先后与同乡好友巴树谷、江玉讨论数学，完成《弧三角形》和《勾股形》两部书稿，之后，巴树谷将两书合而为一，取名《衡斋算学》，这就是汪莱数学著作最早的刊本。同年，汪莱乡试不第，巴树谷有失子之伤，二人"移其情"于数学，完成了《衡斋算学》之三的《平圆形》。1799年，汪莱又一篇《弧三角形》，连同旧著《递兼数理》一道，后来成为《衡斋算学》之四。

1801年，汪莱由歙县来到扬州，在翰林秦恩复家教馆。秦家藏书颇丰，当时的扬州又是学士名流荟萃的中心，汪莱在此读到了宋元数学家秦九韶、李冶的著作，又得以与张敦仁、江藩、钱献之、李锐等相识。在对秦、李算书进行研究的基础上，汪莱写成了关于方程论的《衡斋算学》之五。这年秋天，汪莱离扬州赴六安，途中撰成《衡斋算学》之六。年底，汪延麟在扬州为他刊刻了六卷本的《衡斋算学》。

汪莱《衡斋算学》之五写成后，他曾分送数人征询意见；其中唯有大数学家李锐理解他的用心，赞为"穷幽极微，真算氏之最"。李锐又作跋文一篇，后来也被收入《衡斋算学》之中。1804年，李锐应知府张敦仁之邀来扬州充任幕宾，当时焦循也在扬州，汪莱与他们二人交往频繁，时人称他们为"谈天三友"。在此期间，汪莱继续钻研方程论，撰成《衡斋算学》之七。至此，汪莱的主要数学著作都已完成。

（三）坚持治学，刻意求新

汪莱毕生致力于数学研究，其算学造诣，曾为当时的同行

专家所认可,焦循的《加减乘除释》,张敦仁的《辑古算经细草》都曾请汪莱为之作序,其序文收在其最有代表性的著作《衡斋文集》之中,其中对球面三角形的解法,做了详细论述。之前梅文鼎、江永、戴震、焦循都曾为此撰文论述,然而都不及汪莱本书提出的"量角度新法"来得系统和详审。汪莱提出在求解方程时,方程根不只有一正根,亦有负根,并设96道例题加以证明,是中国数学史上关于方程根研究的一个突破。汪莱对于其他诸如弧三角形、勾股形、平圆形、弧矢关系、代数方程理论等专题,都有详尽的阐述。汪莱始终坚持治学,刻意求新,研究算学往往参用西法,其主要著述流传至今,使之在二百多年后的今天,仍可窥见其才华和风采。

(四)天下奇才,县学教渝

1805年,知名学者夏銮调任新安训导,到歙县后闻知汪莱贤名,立即前往造访。两人"一见称莫逆,与语终日",夏銮称汪莱为"天下奇才",并令门生胡培翚,子夏炘、夏曼师从汪莱,学习数学。1806年,汪莱曾应两江总督铁宝之请,主持黄河新旧入海口的高程测算,功成后依然返歙。1807年,在歙县以优行(品学兼优)第一的成绩考取八旗官学教习,被选调入京参与国史馆的修历工作。在北京期间,汪莱读到明安图《割圆密率捷法》遗稿,对自己当年关于割圆分弧的作品有所检讨。国史馆的工作完成后,汪莱于1811年被分配到安徽石埭县,任县学教渝。

科学成就

1. 独创球面三角学。 1796年，汪莱应友人请求，演推五大行星的"伏见"（即不见和见）问题，他用三角形来演算，并将研究成果整理成《弧三角形》，即《衡斋算学》第一册，系统地讨论了球面三角形有解和无解的条件，并对自己所创的"省算"和前人的解法"正算"作了比较。1799年，汪莱继续研究"弧三角形"，撰《衡斋算学》第四册，讨论了球面三角形只有一解条件，共得出40条定理。《中国数学史简编》中介绍："外国关于讨论球面三角形有解无解的书籍，是在汪莱以后才出现。"可见汪莱的这些研究是独创的、领先的。书中评价说："汪莱对球面三角形有解、无解的详细系统的讨论，是对球面三角形发展的一大贡献。"

2. 提出方程与进位制理论研究。 嘉庆六年（1801年），汪莱在研究正负开方术即方程时发现以前的数学家有错误，讨论了二次方程和三次方程的根"可知"与"不可知"，列举了不同类型的方程96个，其中58个是"可知"的方程，另外38个为"不可知"方程，开创了清代方程理论研究的一个新方向。

3. 开创了组合及进位制理论。 汪莱在《衡斋算学》第四册后有"递兼数理"一文，论述了组合概念、算法及一些组合性质。在《衡斋遗书》中有"参两算经"一文，论述二进制至九进制理论及其算法，在中国开创了组合及进位制的理论。

点评

汪莱从一个年轻士子到"海内通人",乃至天子"亦嘉其通晓算学"的数学家,经历了这样一个过程,即自弱冠后,在吴中课馆时开始研究历算,进而研究天文,更进而专注于数学研究,终于在数学领域的探索中,取得突破性的更深层次的成果,以其卓著的数学成就而载入史册。他的数学成就和创造精神,受到当时和后人的高度评价。焦循在《汪若孝婴别传》中说:"今世精九数之学者,推孝婴(汪莱,字孝婴)及李尚之(锐),尚之善言古人之所已言,而阐发得其真。孝婴善言古人所未言,而引申得其间。"罗士琳在《畴人传·续编卷五十·汪莱传》中评论说:"孝婴超异绝伦,凡他人所未能理其绪者,孝婴目一二过,即默识静会,洞悉其本原,而贯达其条目。诸所论著,皆不欲苟同于人,是诚算家之最。"

三十六、郑复光:称光学先驱,著《镜镜诊痴》

郑复光(1780—1862),字元甫、瀚香,安徽歙县人。清代著名科学家,精通数学、物理与机械制造。1842年写成《费隐与知录》,涉及物理、气象、天文、生物、医药、烹饪等方面,试图解释自然现象与日常生活中的一些疑难问题。1846年

写成《镜镜诊痴》五卷,集当时中西光学知识之大成。他在完成此书的基础上,制造了中国最早的一台测天望远镜。另著有《郑元甫札记》(手抄本)《郑瀚香遗稿》《安徽通志稿》有传。

(一)爱好广泛,学有所成

郑复光少年时代爱好广泛,博览群书,研习中西科学原理,探索自然物理和机械制造的奥妙。青年时期,考取监生以后,对读书入仕渐渐显得淡漠了。为了扩大视野,取得实证资料,他漫游了大江南北很多省份,收集物理研究素材,进行科学试验活动。他终身以做家庭教师或幕僚维持生计,这是当时许多醉心学术、无意功名者的谋生方式。

郑复光于数学、物理学,都有一定的成就。在数学方面,他自幼热爱几何学,后又结识数学家汪莱、李锐、罗士琳、张敦仁等人,与其交往颇多,经常研讨算理,很有学术成就。著有《周髀算经浅注》《割圆弧积表》《正弧六术通法图解》《笔算说略》《筹算说略》等;此外,安徽省博物馆收藏的《郑瀚香遗稿》中,还有一份几何学著作手稿,内容包括点、线、面、比例等有关平面几何学的作图问题。他在当时数学界有一定影响,所以,《歙县志》评价他:"以明算知海内,凡四元、中西各术无不究竟入微。"

在机械制造方面,郑复光曾研制成"测天之仪,脉水之车,尤切民用"。尤其是关于火轮船的研究,为我国早期从事火轮船研究的先驱之一。19世纪30年代,西方蒸汽机船刚刚传入中国不久,郑复光便根据几张传抄的火轮船图,开始研究蒸汽机的原理和火轮船的构造。由于原图过于简略，且有错误，加上蒸汽机船涉及较复杂的热学和机械原理，当时一般人很难看懂原图。他经过苦心钻研，几经修改，终于写成《火轮船图说》，附于《镜镜詅痴》书末。著名思想家魏源将其收进了《海国图志》中。《火轮船图说》较详细地介绍了火轮船的构造特点和蒸汽机的工作原理。

（二）擅长光学，撰写成书

郑复光善于融会中西算术，常与当时数学名家李锐、汪莱、张敦仁等讨论天算问题。他还善于用科学的道理去解释容易引起当时人们"惊骇以为灾祥奇怪"的自然现象，并汇集了200多条自然异象，于道光二十二年（1842年）纂成《费隐与知录》一书，内容包括天文、气象、化学、物理等，自然界和日常生活中的各类现象。该书共225条，用问答形式来编写，故包世臣说："所说皆世人惊骇，以为灾祥奇怪之事。而郑君推本说之，或以物性而殊，或以地形而变，或以目力而别。明白平易，如指诸掌。当郑君之未说也，循其迹几于圣人所不知；及其既说而目验之，则夫妇之所与知也。"（《费隐与知录》序）此书在一定程度上，反映了我国当时的科技水平。所谓"费隐"是"用广体微"之意，"与知"是"参与闻知"的意思。

郑复光擅长光学，此书中涉及光学知识的有二十多条，约占全书的十分之一。《费隐与知录》的写作过程历时二十余年。

在此期间，郑复光同时进行着《镜镜詅痴》的写作，故两书中对于光学知识的论述有详略之异，也有写作先后，可以互

相补充、印证。《费隐与知录》以几何光学部分最为精彩,如第 77 条"隙无定形,漏日恒圆",是研究小孔成像的原理。他做了一系列的实验,包括正像、模糊无像以及倒像,揭示了这一物理现象的全过程。他在光学研究上有卓绝贡献,在气象问题上也有一些独到的见解。

(三)研究数年,写出专著

郑复光在科学上的出色研究是在光学方面。他经过数十年的观察、实验和研究,终于在道光十五年(1835 年)前后,归纳出一套具有独特形式的几何光学理论,著成《镜镜诊痴》一书,于道光二十六年(1846 年)出版。

全书共五卷,七万余字,简单扼要地分析了各种反射镜和折射镜的镜质与镜形,系统地论述了光线通过各种镜子(主要是凹凸透镜和透镜组)之后的成像原理。具有丰富的光学知识。书中创造了一些光学概念和名词来解释光学仪器的制造原理和使用方法。

《镜镜诊痴》还对各种铜镜的制造、铜质透光镜的透光原理、冰透镜取火等问题,做了详细的论述。它是中国 19 世纪上半叶,一部重要的光学专著,代表了清代中期中国的光学发展水平。

《镜镜诊痴》的书名,第一个"镜"字是"照"的意思,"诊痴"是"本无才学,又喜欢向人夸耀"的意思,所以,"镜镜诊痴"可解释为"就镜照物问题之愚见"。该书的创作,正有如康熙之后,鸦片战争之前的一些数学著作,除了固有的文

化遗产和明清之际翻译的西书可资凭借外,就必须靠作者本身的独创性!

从内容的安排来看,其逻辑结构十分严谨,对光学的各相关问题,讨论得也很全面。《中国光学史》载:"堪称一部几何光学专著,也是中国古代物理学史上第一部科学专著。"其内容安排,可能受到汤若望《远镜说》的影响,其中第一部分讲用途,第二部分讲原理,第三部分讲造法、用法、保养法,与此书有相似之处。该书有些地方就直言"《远镜说》未备",很明显地想要补《远镜说》之不足。

在完成此书的基础上,郑复光制造了中国最早的一台测天望远镜,对神秘的天空进行了近代科学意义上的实验观测。

科学成就

郑复光的地脉说,是中国古代地磁场论的最高成就。他提出:"地脉根两极南北,如植物出土皆指天顶,但不能稍曲焉。又地脉之根止有地心一线其处最直,而渐及地面不无稍曲。针为地脉牵掣故偏亦甚微。"

郑复光的地脉说有以下几大突破:

(1)他明确赋予了地脉以确切的物理的力学性能:"针为地脉牵掣",地脉是能够对磁针施予力的作用的。

(2)《黄帝内经》中人的脉络,存在于人的体内及体表。后来将大地之体与人体相类比而产生的地脉概念,也未突破这一局限。但在郑复光的地脉说中,这一局限实际上是不存在

的。因为,在大地之上的磁针能"为地脉牵掣",显然地脉是可以超越大地之体而在地球附近空间存在的。

(3) 将地脉抽象为无数曲线组成的曲线族:地脉"根两极"而"止有地心一线其处最直,渐及地面不无稍曲"。

在其著作中,可以看出他对中国的元气说还是十分钟情的,但在解释地磁力的作用时,他没有简单借用元气论笼统解释,而是悟出了看不见摸不到的一根根能"牵掣"铁针的地脉的存在,十分难得。这既需要对中国古代的元气论、经络说等有深刻的把握,还要借助高度的抽象思维与创新。其地脉说与法拉第的力线、电场和磁场思想貌异而神合,所以说他是中国第一个具有近代物理场论思想的人。

综观郑复光的一生,他在当时极其艰难的条件下,凭着他那热爱科学和实事求是的精神,在中西学融会贯通的道路上努力地探索着,从而取得了一些重要成就。他精通数学、物理与机械制造,制造了中国最早的一台测天望远镜。其一生专心研究自然科学,在光学、代数学和几何学等方面都进行过探讨,特别在光学实验、光学仪器的制造方面造诣颇深。《镜镜詅痴》一书,是其一生光学研究成果的代表作。他对西学十分重视,但不盲从,只是"信其可信者而已",这是十分客观的态度。

三十七、吴其濬：称"宦迹半天下"，著《植物名实图考》

吴其濬（1789—1847），字瀹斋，又字季深、吉兰，河南固始人。清代植物学家、矿物学家。他 21 岁中举人，28 岁中状元，先后任翰林院修撰、礼部尚书、兵部侍郎等职，又出任湖北、湖南、甘肃、浙江、广东、云南、贵州、福建、山西等省的巡抚或总督，兼任过盐政等高官，所以说他"宦迹半天下"。他对植物学与矿产学有深厚的造诣，著有《植物名实图考》《植物名实图考长篇》《滇南矿厂图略》和《滇行纪程集》等，这些书籍都有很高的学术价值。

（一）科举世家，高中状元

吴其濬出生在明清兴盛之至的世家，进入清代，吴家上下四世考取进士十人。其祖父吴延瑞是乾隆三十一年（1766 年）的二甲十四名进士，官至广东按察使，著有《清芬书屋文稿》；其伯父吴浦是乾隆四十六年（1781 年）进士，官至解州直隶州知州，有《卧云山房文稿》传世；其父吴烜是清乾隆五十二年（1787 年）进士，官至兵部吏部左右侍郎、礼部右侍郎，著有《中州文献考》《读史笔记》等；其长兄吴其彦是嘉庆四年（1799 年）二甲六十三名进士，官至兵部右侍郎，著有《藤花书屋遗稿》等。另有其堂兄吴其浚、堂弟吴其泰，子侄吴元炳、吴烈，均为进士。

生长在这样一个科举世家,教育条件极为良好,吴其濬五岁时,母亲许氏(翰林院庶吉士许家齐之女)便对他进行启蒙教育,十岁拜伯父为师,就读于固始临淮书院。他自幼异常聪颖,好学不倦,群书博综,无所不窥,而且他生性好强,遇上不懂的问题总要究根问底。12岁时,他又随母亲到北京,先是攻读于清芬书屋,后又考入国子监,学业大进。

吴其濬21岁即考中举人,七年后,即嘉庆二十二年(1817年),他高中状元,更是其家族三代积淀结出硕果。

与唐宋相比,明清河南状元人数急剧下降,这从一个侧面说明,随着政治中心迁移,河南也失去了文化教育中心的地位。僻处一隅的固始吴家,却是河南清代科举的一抹亮色,可谓进士辈出。

清代两百多年,河南仅有吴其濬这一个状元。随后,吴其濬被授予翰林院修撰,此时他父亲吴烜任礼部右侍郎,哥哥吴其彦任兵部右侍郎,父子三人均供职于朝廷,一时荣耀无比。

(二)水果神奇,激发兴趣

吴其濬中状元四年后,父亲不幸病逝,他与兄长奉柩归里,在家丁忧。孰料家里连遭丧事,其兄和母亲先后辞世,他连续在家丁忧八年。这八年,从32岁到40岁,正是人生的黄金年龄,如果换成他人,可能就虚度光阴了,但一个特殊的爱好,反而成就了吴其濬。

他对植物有着特殊的兴趣,源自一种神秘水果的魅惑。在他大约十岁时,吴家来了位远方的客人,带来一种新奇的水

果,看着像鸭蛋,吃起来像橘子,味道更是上好。他很好奇,问父母,父母皆不知道;问客人,客人说是别人送的,自己也说不上名字。这激发了他强烈的好奇心,从此,他对五彩缤纷的花花草草,都有了异乎寻常的兴趣。

丁忧在家,有了时间,既不用钻研八股文,也无俗务缠身,他的个人兴趣得到了释放的机会。回到固始的第二年,县城东边的史河两岸,引起了他的浓厚兴趣,这里"东瞻大山,西望城郭,史水自南逶迤而北,河干蒹葭,秋时如雪……两岸人家多以种桃为业,数十里如绛霞","恐桃源洞未是过也"。他在河边买了大片田地,"堤上种桃八百株,栽柳三千株",同时建茅屋数间,"半藏农具半藏书","亦种奇花亦种菜",他将植物园命名为"东墅"。

在翰林院任职期间,吴其濬即借阅到大量有关植物学的古代文献。在"东墅",他一面静心阅读这些古籍,细加考辨,一面亲自栽培、观察各种植物的生长,还时常背上干粮到野外,对家乡各种花花草草进行了细致地观察。他的植物学名著《植物名实图考长编》初稿的主要框架,大约就是这个时候写成的。

服丧期满,回京任职,他清廉、勤政、能干,道光皇帝曾给他八字评语:"学优守节,办事认真"。因此,仕途十分顺利,先后出任礼部、兵部、户部侍郎等职,这时他已以植物学知识渊博著称,道光皇帝曾拿出宫中罕见植物让他辨识,并询问他黄瓜始于何时等问题,他都对答无误。

（三）宦游天下，完成巨著

道光二十年（1840年）起，吴其濬开始外放为封疆大吏，先后出任湖南、浙江、云南、福建、山西巡抚，并曾署湖广总督、云贵总督等职，可谓"宦游半天下"。这段时间，他政绩出众，颇得朝野好评。这位大员对吃喝玩乐没兴趣，而对各种工程技术有着浓郁的兴趣。他曾深入云南矿区，总结采矿和冶炼技术，写出《云南矿厂工器图略》《滇南矿厂工程图略》，除记载云南矿产资源外，还对矿物知识、采矿技术进行研究探讨，是中国矿业工具和矿厂经营管理最早的专著。

吴其濬最大的兴趣和成就，还是在植物学领域。宦游大半个中国的生涯中，他充分利用业余时间，深入实地观察各种植物，采集标本，绘出图谱，描述其形态和生长情况。这项工作长期而艰苦，需要付出巨大的心血，有的植物在湖南没找到，到了云南才找到。有的长期寻找仍难以采集，令他耿耿于怀，在《植物名实图考》卷六"油头菜"条下，他写道："余屡至，皆以深冬，搜采才所得，至今耿耿。"

他将一些野生植物移栽到盆中，观察其形态和生活习性。他经常出现在田间地头、山野大泽，向农夫和药农请教，甚至向放牛娃请教。古代"蕨"有结实和不结实两种，就是他从放牛娃口中知道的。这才是真正的不耻下问，真正的海纳百川，这样的心态和艰苦努力，让他收集到民间海量的植物知识。

他的《植物名实图考长编》一书共22卷，收集古代与植物有关的文献800余种；《植物名实图考》共38卷，记述植物

12大类1714种,比《本草纲目》多500多种,也超过了历代本草,是历史上记载植物种类最多的著作。这本书所记植物分布19省,其分布之广,也是前所未有,尤其所绘图谱精美准确,广为称道。该书曾被翻译为德文、日文、英文,在世界范围内有着广泛的影响。

在繁忙的公务之余,一位状元高官,以一人之力完成如此巨著,堪称中国学术史上的奇迹。

科学成就

1. 植物学研究,得硕果累累。 吴其濬编著的《植物名实图考长篇》,共22卷89万字,著录植物838种。分谷类、蔬类、山草、石草、湿草、蔓草、水草、毒草、果类、木类等十余类,每类植物中又分许多种。其数量超过历代任何一种本草和植物学著作,它是研究植物学、生药学的重要文献。

在此基础上,他利用去各地巡视的机会,广泛采集植物标本,绘制成图,结合历代文献,进行深入研究,写成了著名的《植物名实图考》,全书共38卷,记载植物12类1714种。这是一部专门记载植物,又集中反映其生物学特性的植物学专著,是其在植物学方面的重要成果。

2. 深入调查研究,著作矿厂图略。 吴其濬还对矿产进行了深入的调查研究,并著有《滇南矿厂图略》。此书主要介绍云南东川铜矿和其他矿产。全书分上下两卷,上卷名为"云南矿厂工器图略",包括工器图20幅;下卷名为"滇南矿厂舆程图

略",有全省图1幅,府州厅图21幅。

记述云南矿厂的书,比吴其濬成书早的有1799年由檀萃撰著的《滇海虞衡志·金石篇》和《铜政便览》。比吴其濬成书晚的有1948年由严中平著的《云南铜政考》和周钟岳总纂的《新修云南通志稿》。上述著作有的仅记载铜矿,有的虽涉及其他矿种,但较简略,有的所记学名与当时当地称谓不符。所以详细记载清康熙至道光朝云南铜、银、金、锡、铅、铁等矿产的产地、产状、找矿、采矿、洗选,以及开凿窿道所用的工具,矿井中的主要设备等,以吴其濬的《滇南矿厂图略》最全面。

云南金银矿的开采,多数在乾隆四年(1739年)以后,少数矿厂是开采铜矿时发现金银而附带开采的。这些在《滇南矿厂图略》中做了详细记录,所记载的有金厂四、锡厂一、铅厂四、银厂二十五等。

点 评

吴其濬一生十分重视实践,他在编著《植物名实图考》的过程中,充分利用去各地巡视的条件,深入实地观察各种植物,采集标本,绘出图谱,描述其形态和生长情况。他一方面重视前人经验,善于向书本学习。在1817年考取进士之后,他凭借担任各种官职的关系而阅读了大量藏书。在《植物名实图考》中,就引用了从古代到当时人的书中,有关植物的文献800多种。另一方面,吸取前人知识的态度十分审慎:既注意

对文献的考订、辨伪,又重视实地调查,通过自己调查研究,使书本知识与实际联系起来。这种严谨治学方法,使他在植物学、采矿学方面,取得了很大成就。

三十八、丁拱辰:机械工程专家,著作《演炮图说》

丁拱辰(1800—1875),又名君轸,字淑原,号星南,回族,福建晋江人。清代机械工程专家,他最早系统地考察了西方火器的使用和构造,并研究制造了中国火器。在中国首先进行了蒸汽机、机车和轮船的模型制造。1841年写成《演炮图说》,受到魏源、林则徐、邓廷桢的推崇。1843年修订为《演炮图说辑要》,1851年写成《演炮图说后编》,1863年又著《西洋军火图编》。被誉为中国近代"师夷长技以制夷"的爱国知识分子。

(一)酷爱天文历算,自制观测仪器

丁拱辰于清嘉庆五年(1800年)出生在福建晋江陈埭乡的一个商人家庭。始祖赛典赤·瞻思丁,系阿拉伯贵族,入仕元朝,官拜平章政事行省云南之职。他是瞻思丁的第十八代孙,其父名宗璧,是个商人。丁拱辰幼年时,家庭十分贫寒,其父经常往来于浙东、台湾等地经商,但收入微薄,无力养家,多靠母亲苏氏纺纱织麻维持生计。天资聪颖的丁拱辰幼入私塾,勤奋好学,进步很快,但由于家庭贫寒,无法继续上学,11岁

时就辍学回家务农。酷爱读书的丁拱辰,在乡村六年的耕读生活中,一直坚持业余自学,获得了不少的知识。后来,父亲经商有道,母亲纺织不辍,他也渐渐长大,家道逐渐富裕。父亲见他好学有长,就花钱给他捐了一个"监生"的头衔。

17岁时,他离开家乡,随父经商。父亲去世后,又随堂叔丁杜贤到广东等地经商。但在经商期间,仍然坚持苦读,日日求新。此时的丁拱辰,除了精于会计外,他还十分喜欢钻研天文、历算、兵法、地理等学科,一有空闲时间,就寻购书籍研究。为了把读书与实践结合起来,他亲自动手,制造"日晷"等多种小型仪器,并用此夜观天象,研究天文,思考测量天体的方法。他还对古代的天文仪器——璇玑玉衡进行了改造,制成了"象限全周仪"(即量角器),用来测量星座的度数,推算天体运行的时辰,广闻博览,洋为中用。

(二)出国谋生期间,发挥仪器作用

道光十一年(1831年),他出国谋生,先后到过菲律宾的吕宋诸岛和西亚的伊朗、阿拉伯半岛等地。他出国时,把自制的"象限全周仪"(即量角器)带到船上,测量水程的远近、地势的高低、北斗的方位,计程抵岸,准确无误。他的这些举动,引起了西方司航人员的重视和赞扬,他们拿出西方的"量天尺"(观测星象位置的仪器)和图式让丁拱辰参阅,又把所藏的书籍图样借给他看。他如饥似渴地学习,通过比较后,从中悟出炮位、造船的原理,从而进一步掌握了火炮发射的瞄准测量方法。正是这样的海上旅行,成就了他对军火制造的研

究,他每到一地都虚心向当地相关人员学习,更加注意考察访问,并加以发挥改进。

(三)正值鸦片战争,精于火炮研制

道光二十年(1840年),丁拱辰从海外游历回国时,正值鸦片战争爆发,英国侵略者的炮舰向我国东南沿海到处猖狂袭击,攻陷了许多口岸和城镇。爱国如家的丁拱辰,忧心如焚,请缨报国。

这时身为广东要员的林则徐,积极倡导抵制鸦片,抗击侵略,强调学习西方的先进技术,"师夷长技以制夷"。林则徐的倡导与丁拱辰的所学所为不谋而合,于是丁拱辰又对当时清军使用的旧式大炮,进行了详细的对比研究。他发现,清军旧式炮"似未合度",因此,炮法不精,发弹"多不准",攻击的有效性较差。于是,他为了对付英国侵略者,给中国炮军提供理论、方法和实践的鉴戒,在大量研究西方先进火炮技术资料的基础上,很快就写出了介绍西方造炮技术的专著《演炮图说》。本书以图文并茂的方式,详细地介绍了西方火炮的构造、性能、方法、瞄准系统,以及炮车、炮架、举重、移动等制造、操作方式等。

道光二十一年(1841年),丁拱辰将已完稿的《演炮图说》和测量炮位高低的象限仪,呈交给前任两广总督邓廷桢,由邓转呈给广东讨逆将军奕山与两广总督祁贡。于是,丁拱辰在奕山的赏识与支持下,与署督粮道的西拉本一道,考察炮台、炮位,共同研究实施方案,并在广州附近担任制造火炮、配制弹

药的监造。后来在广东士绅潘仕成捐资赞助下,他根据国外大炮的样式,亲自铸造大小8000斤、2000斤不等的大炮40门,同时从国外购回一批西洋火炮和弹药,捐献给朝廷,以打击英国侵略者。丁拱辰所造的洋炮已比中国原有大炮先进了许多,从铸造技术与功能上看,是中国的新一代火炮,这种新型的火炮具有创造性的突破。

清咸丰元年(1851年),太平天国运动爆发,朝廷大臣塞尚阿又邀请他到广西桂林监制造炮。丁拱辰到桂林后,与山东的火炮专家丁守存一道,很快制造出演示准确的大小火炮106门,号曰广西造。在造炮的同时,他还制造火药、火喷筒、火箭、抬枪、鸟火枪等非常实用的热兵器。由于其监制造炮的突出贡献,又被晋升为知县衔,留原省补用,并赏五品顶戴花翎。

此后,他根据广西造炮的经验,融合中西兵器制造技术,再次写成《演炮图说后编》两卷64篇,附图81幅,并于同年在桂林出版。《演炮图说后编》着重介绍了西方各国枪炮知识及各种瞄准测算方法,各种火药的制造,炮弹弹头的制作技术,用象限仪测量高低、远近、度数等,是一本系统的火炮实战教科书。

(四)火炮研制先驱,专注科技报国

在洋务运动时期,丁拱辰除对明人焦勖记录、整理的德国传教士汤若望的《火攻挈要》(又名《则克录》《武备火攻则克录》)进行校勘、修订、补充外,还于同治元年(1862)再次受倡办洋务的江苏巡抚李鸿章委令,到上海襄办军器,研制西洋武器。他勤勉敬业，努力工作，于同治二年（1683年），写出了六卷12万字，附图150幅的《西洋军火图编》，受到魏源、林则徐、叶子谦、邓廷桢等爱国将领的高度赞扬。

他从一名回族商人到我国军事科学的研究者、造炮专家，对中国近代火炮研制、使用、宣传，对西方先进军事科学技术介绍，功不可没。他的爱国思想、军事思想、科学精神和社会贡献，在我国科技发展史上占有重要的地位，是我国近代军事科学技术与火炮研究制造的伟大先驱者。

科学成就

1. 火炮研究，硕果累累。 1840年回国后，基于对外国火炮的研究，丁拱辰根据试验结果绘成《演炮差高图说》，大大提高了火炮的命中率。广东巡抚梁宝常在广州郊区亲眼看到用此法演放火炮成功后，奏报朝廷，赏给丁拱辰六品军功顶戴。为了防御侵略，他汇集有关西方兵器的资料，总结自己的研究所得，撰成《演炮图说》，于1841年出版。1842年，清朝政府下令推广《演炮图说》所述方法。后来，他将此书修订为《演炮图说辑要》四卷，于1843年秋出版。

丁拱辰在兵器技术方面的研制成果颇多。他设计了火炮的滑车绞架，用于调整炮身的位置，改变射击的角度，使其操作灵活方便。例如，移动调整几千斤重的火炮，过去要用几十人，采用滑车绞架后仅需几个人。因此，这种滑车绞架在广东被用于陆上炮台和兵船。当时，铸炮可用铜或铁，但铸铜炮成

本高于铸铁炮。他研究改进铸铁炮技术，铸得的炮弹光圆无痕。他还主张将炮弹铸成实心与通心两种，后者的长处是弹体轻、射程远。在桂林时，他与丁守存合作，铸造各种火炮百余门。还制造了火箭、火喷筒、抬枪、鸟枪、火药等。

2. 研究制造，新式火箭。 丁拱辰曾目睹过小式蒸汽机车，因而"粗知机械之大概"，又"召良匠督配尺寸，造小火轮车乘"。这辆小蒸汽机车，长1尺9寸（632.7毫米），宽6寸（199.8毫米），载重30余斤（约15公斤），配置一台铜质直立双作往复式蒸汽机。他还在这台蒸汽机的基础上，制造了一艘小轮船，船长4尺2寸（139.86毫米），"放入内河驶之，其行颇疾，惟质小气薄，不能远行"。尽管如此，他的工作仍表明中国机械工程技术，进入了一个新的发展时期。

丁拱辰和丁守存根据英国新式火箭，于1850年在广西桂林成功地研制了由金属火箭筒构成的近代大火箭，射程200余丈（660米）。"后底五孔出火焚烧（5个喷管）一刻之久，烟雾迷空。以之火烧敌营，冲锋破阵，人遭必死，甚为得用，其功力与火炮并烈"。这是中国研制近代火箭之始。

点 评

丁拱辰是中国第一个比较正确完整地论述西洋武器的机械工程专家，比著名科学家李善兰、徐寿和华衡芳等早十多年，在我国近代科学技术方面有较突出的建树。他的军器和发明，对巩固国防，抗击外敌侵略，曾起过一定的作用，引起了我国

当代军事科学家的重视。他的治学态度和科学方法,值得后世借鉴学习。

三十九、李善兰:称数学教育鼻祖,著《则古昔斋算学》

李善兰(1811—1882),字壬叔,号秋纫,浙江嘉兴海宁人,中国近代著名的数学家、天文学家、力学家、植物学家。他一生著述颇多,主要著作都汇集在《则古昔斋算学》内,成为清代数学史上的杰出代表。他从事数学教育十余年,其间审定了《同文馆算学课艺》《同文馆珠算金鍼》等数学教材,培养了一大批数学人才,是中国近代数学教育的鼻祖。他一生翻译西方科技书籍甚多,将天文学、植物细胞学等最新成果传入中国,对促进近代科学的发展做出了卓越贡献。

(一)勤于算学,用心极深

李善兰出身于读书世家,他天资聪颖,勤奋好学,只要读过的书,过目即能成诵。

10岁时,他发现父亲的书架上,有一本中国古代数学名著《九章算术》,读了这本书后,他感到十分新奇有趣,从此迷上了数学;13岁时,他开始学习古代的诗歌创作;14岁时,靠自学读懂了欧几里得《几何原本》前六卷,这是明末徐光启、利玛窦合译的古希腊数学名著。欧几里得几何严密的逻辑体系,清晰的数学推理,与偏重实用解法和计算技巧的中国古代

传统数学思路迥异,自有它的特色和长处。他在《九章算术》的基础上,又汲取了《几何原本》的新思想,这使他的数学造诣日趋精深。

15岁时,他作诗的水平也大有提高,几年后,作为州县的生员,到省府杭州参加乡试。他因为八股文章做得不好而落第。但他毫不介意,利用在杭州的机会,留意搜寻各种数学书籍,买回了李冶的《测圆海镜》,戴震的《勾股割圆记》,仔细研读,这使他的数学水平有了更大提高。

(二)潜心研究,合作译著

1845年前后,李善兰在嘉兴陆费家设馆授徒,得以与江浙一带的学者顾观光、张文虎、汪曰桢等人相识,经常讨论数学问题。此间,李善兰有关于"尖锥术"的著作《方圆阐幽》《弧矢启秘》《对数探源》等问世。其后,又撰《四元解》《麟德术解》等。

1851年,李善兰与著名数学家戴煦相识,经常在学术上相互切磋,取长补短,他与数学家罗士琳、徐有壬也"邮递问难,常朝覆而夕又至"(崔敬昌《李壬叔征君传》)。

1852年夏,李善兰到上海墨海书馆,将自己的数学著作给来华的外国传教士展阅,受到伟烈亚力(A. Wylie)等人的赞赏,从此开始了他与外国人合作翻译西方科学著作的生涯。

李善兰与伟烈亚力翻译的第一部书,是欧几里得《几何原本》后九卷。在译《几何原本》的同时,他又与艾约瑟(J·Edkins)合译了《重学》20卷。其后,还与伟烈亚力合译了

《谈天》18 卷、《代数学》13 卷、《代微积拾级》18 卷，与韦廉臣（A. Williamson）合译了《植物学》8 卷。以上几种书，均于 1857—1859 年，由上海墨海书馆刊行。

（三）绝意时事，著书立说

1860 年，李善兰在江苏巡抚徐有壬幕下做幕宾。太平军占领苏州后，他留在那儿的行箧，包括各种著作手稿，散佚以尽。从此他"绝意时事"，避乱上海，埋头从事数学研究，重新著书立说。其间，他与数学家吴嘉善、刘彝程等人，都有过学术上的交往。

1861 年秋，洋务派首领、两江总督曾国藩在安徽筹建安庆军械所，并邀著名化学家徐寿、数学家华蘅芳入幕。李善兰也于 1862 年被"聘入戎幄，兼主书局"。他一到安庆，就拿出《几何原本》等数学书籍，请求曾国藩重印刊行，并推荐张文虎、张斯桂等人入幕。他们同住一处，经常进行学术讨论，积极参与洋务新政中有关科学技术方面的活动。

1864 年夏，曾国藩攻陷太平天国首都天京（今南京），李善兰等也跟着到了那里，他再次向曾国藩提出刻印他译著的数学书籍，得到曾国藩的支持和资助，于是，有 1865 年金陵刊本《几何原本》15 卷，1867 年金陵刊本《则古昔斋算学》24 卷问世。与此同时，在南京开办金陵机器局的李鸿章，也资助李善兰重刻《重学》20 卷，并附《圆锥曲线说》3 卷并出版。

1866 年，在北京的京师同文馆内，添设了天文算学馆。后经广东巡抚郭嵩焘上疏举荐，李善兰为天文算学总教习。从

此,他完全转向于数学教育和研究工作。其间,所教授的学生"先后约百余人。口讲指画,十余年如一日。诸生以学有成效,或官外省,或使重洋"(崔敬昌《李壬叔征君传》),知名者有席淦、贵荣、熊方柏、陈寿田、胡玉麟、李逢春等。之后,获得意门生江槐庭、蔡锡勇二人,立即致函华蘅芳,称"近日之事可喜者,无过于此,急欲告之阁下也"。这些人在传播近代科学,特别是数学知识方面,都起过重要作用。

李善兰到同文馆后,第二年(1869年)即被"钦赐中书科中书"(从七品卿衔),1871年加内阁侍读衔,1874年升户部主事,加六品卿员外衔,1876年升员外郎(五品卿衔),1879年加四品卿衔,1882年授三品卿衔户部正郎、广东司行走、总理各国事务衙门章京。一时间,京师各"名公钜卿,皆折节与之交,声誉益噪"(蒋学坚《怀亭诗话》)。但他依然孜孜不倦从事同文馆教学工作,并埋头进行学术著述,1872年发表《考数根法》,1877年演算《代数难题》。

科学成就

道光年间,李善兰陆续撰成《四元解》《麟德术解》《弧矢启秘》《万圆阐幽》及《对数探源》等,声名大起。咸丰元年,他又与伟烈亚力、艾约瑟等,合译《代微积拾级》《重学》《谈天》等多种西方数学及自然科学书籍。

咸丰同治年间,他以《测圆海镜》为基本教材,培养人才甚多。他学通古今,融中西数学于一堂。1860年起参与洋务运

动中的科技活动,其主要著作都汇集在《则古昔斋算学》内,其中对三角函数与对数的幂级数展开式、高阶等差级数求和等题解的研究,达到中国传统数学的很高水平。

李善兰的翻译工作具有独创性,他创译了许多科学名词,如"代数""函数""方程式""微分""积分""级数""植物""细胞"等,不仅在中国流传,而且东渡日本,沿用至今。

在数学研究方面,主要有尖锥术、垛积术和素数论。尖锥术理论主要见于《方圆阐幽》《弧矢启秘》《对数探源》三种著作,约于1845年前后成书,当时解析几何与微积分学尚未传入中国。他创立的"尖锥"概念,是一种处理代数问题的几何模型,他对"尖锥曲线"的描述,实质上相当于给出了直线、抛物线、立方抛物线等方程。

他使用微积分方法处理数学问题取得了创造性的成就。垛积术理论主要见于《垛积比类》,他从研究中国传统的垛积问题入手,获得了一些相当于现代组合数学中的成果,实质上就是组合数学中著名的第一种斯特林数和欧拉数。驰名中外的"李善兰恒等式"自20世纪30年代以来,就受到国际数学界的普遍关注和赞赏。《垛积比类》是早期组合论的杰作。素数论主要见于《考数根法》,是中国素数论方面最早的著作。

在19世纪把西方近代物理学知识翻译为中文的传播工作中,李善兰的译书为中国近代物理学的发展起了启蒙作用。同

治七年,他到北京担任同文馆天文、算学部长,执教达 13 年之久,为造就中国近代第一代科学人才做出了贡献。他是继梅文鼎之后,清代数学史上的又一杰出代表。他一生翻译西方科技书籍甚多,将近代科学最主要的几门知识,从天文学到植物细胞学的最新成果介绍传入中国,对促进近代科学的发展做出了卓越贡献。自 20 世纪 30 年代以来,李善兰受到国际数学界的普遍关注和赞赏。

四十、徐寿:近代化学先驱,创建科技学校

徐寿(1818—1884),字生元,号雪村,江苏无锡人,清末数学家、翻译家和教育家,中国近代化学的启蒙者。其译著有《化学鉴原》《化学考质》《西艺知新》《化学求数》《法律医学》等;主要介绍西方近代化学,并创造汉字命名化学元素;他还在上海参与创办了中国近代第一所教授科技的学校——格致书院,出版了中国第一份科技期刊《格致汇编》。

(一)吃苦耐劳,自学成才

徐寿五岁丧父,靠母亲抚养长大。17 岁时,母亲也去世了。家境清贫,使他养成了吃苦耐劳、诚实朴素的品质,正如后人介绍的那样:"赋性狷(juàn,坚守己志,不屈从于人)朴,耐勤苦,室仅蔽风雨,悠然野外,辄怡怡自乐,徒行数十里,无倦色,至不老倦。"

青少年时,徐寿学过经史、诸子百家,常常表达出自己的独到见解,因而受到许多人的称赞。然而他参加童生(取得秀才资格)考试时,却没有成功。经过反思,他放弃了通过科举做官的打算,开始涉猎天文、历法、算学等书籍,准备学习点科学技术为国为民效劳。这种志向促使他的学习更为主动和努力。他学习近代科学知识,涉及面很广,凡科学、律吕(即音乐)、几何、重学(即力学)、矿产、汽机、医学、光学、电学的书籍他都看。这些书籍成为他生活中的伴侣,读书成为他一天之中最重要的活动。就这样,他逐渐掌握了许多科学知识。

在徐寿的青年时代,学习近代科学知识的唯一方法是自学。坚持自学需要坚韧不拔的毅力,徐寿有这种毅力,因为他对知识和科学有着真挚的追求。在自学中,他和同乡兼学友华蘅芳(近代著名的科学家,擅长数学,比徐寿年幼15岁)常在一起,共同研讨遇到的疑难问题,相互启发。

(二)结识名人,探求新知

在学习方法上,徐寿很注意理论与实践相结合。他与华蘅芳结伴同往上海探求新的知识,专门拜访了当时在西学和数学上已颇有名气的李善兰。李善兰正在上海墨海书馆,从事西方近代物理、动植物、矿物学等书籍的翻译。他们虚心求教、认真钻研的态度,给李善兰留下了很好的印象。这次从上海回乡,他们不仅购买了许多书籍,还采购了不少有关物理实验的仪器。回家后,徐寿根据书本上的提示进行了一系列的物理实验。攻读光学时,因买不到三棱玻璃,他就把自己的水晶图章

磨成三角形，用它来观察光的七彩色谱，结合实验攻读物理，使他较快地掌握了近代的许多物理知识。有一次，他为包括华蘅芳的弟弟华世芳在内的几个孩子进行物理实验演示：先叠一个小纸人，然后用摩擦过的圆玻璃棒指挥纸人舞动。孩子们看了感到很惊奇和可笑。通过这样的演示，他就把自己学到的摩擦生电的知识传授给了他人。

1856年，徐寿再次到上海，读到了墨海书馆刚出版的英国医生合信编著的《博物新编》中译本，这本书的第一集，介绍了诸如氧气、氮气和其他一些化学物质的近代化学知识，还介绍了一些化学实验。这些知识和实验引起了他的极大兴趣，他依照学习物理的方法，购买了一些实验器具和药品，根据书中记载，边实验边读书，这不仅加深了他对化学知识的理解，同时还提高了化学实验的技巧。徐寿甚至独自设计了一些实验，表现出他非凡的创造能力。坚持不懈地自学、实验与理论相结合的学习方法，终于使他成为远近闻名的掌握近代科学知识的学者。

（三）大办洋务，制造战船

鸦片战争失败后，清朝兴起一阵办洋务的热潮。洋务是指应付西方国家的外交活动，购买洋枪洋炮、兵船战舰，兴建工厂、开发矿山、修筑铁路、办学堂等。洋务派首领李鸿章上书要求，除八股文考试之外，还应培养工艺技术人才，专设一科取士。在这种情况下，博学多才的徐寿引起了洋务派的重视，曾国藩、左宗棠、张之洞都很赏识他。

1861年，曾国藩在安庆开设了以研制兵器为主要内容的军械所，以研精器数、博学多通的荐语征聘了徐寿和他的儿子徐建寅，以及包括华蘅芳在内的其他一些学者。

1862年3月，徐寿和华蘅芳进入了曾国藩创办的安庆军械所。眼看当时外国轮船在中国的内河横冲直撞，十分愤慨，他们通力合作，决心为我国制造蒸汽机。但是，一无图纸，二无资料，仅仅从《博物新编》这本书上看到一张蒸汽机的略图，又到停泊在安庆长江边的一艘外国小轮船上观察了整整一天，他们经过反复研究，精心设计，花了三个月的时间，终于在1862年7月制成了我国第一台蒸汽机，这是中国近代工业的开端。

蒸汽机试制成功后，他们又着手试制蒸汽船。1863年，徐寿、华蘅芳以及徐建寅（徐寿的次子，当时只有17岁）一起在安庆军械所开始了试制蒸汽动力战船的工作。当时，清军水师使用的都是帆桨动力的战船，不仅航速慢，而且颇受风向、风力、潮流的影响，远比西方国家的蒸汽动力战船落后。一批先进的中国人，如魏源、郑复光等看到了这种巨大的差距，他们呼吁中国人要自造蒸汽战船，在江海上与入侵者抗衡。当时湘军首领曾国藩采纳了他们的建议，并指派徐、华等筹办此事。

1864年，安庆军械所迁到南京，他们继续从事制造研究工作。1866年4月，在徐寿、华蘅芳主持下，南京金陵机器制造局制造出中国海军的第一艘蒸汽动力船——"黄鹄"号。4月的一天，南京下关码头旌旗招展，人头攒动，"黄鹄"号首航式在此举行。"黄鹄"号长55市尺，排水量45吨，木质外壳，

主机为斜卧式双联蒸汽机,每小时可行驶约12.8公里,共耗白银8 000余两。曾国藩、曾纪泽父子出席了仪式。在解释船名的意义时,曾国藩说:"古书说,黄鹄,大鸟也,一举千里者……"中国军队的第一艘蒸汽船,中国近代的造船工业正是从这里启航。

(四)投身翻译,创建书院

为了造船需要,徐寿在此期间,亲自翻译了关于蒸汽机的专著《汽机发初》,这是他翻译的第一本科技书籍,它标志着徐寿从事翻译工作的开始。

1866年年底,李鸿章、曾国藩要在上海兴建主要从事军工生产的江南机器制造总局。徐寿因其出众的才识,被派到上海襄办(帮助办理)江南机器制造总局。徐寿到任后不久,根据自己的认识,提出了办好江南机器制造总局的四项建议:"一为译书,二为采煤炼铁,三为自造枪炮,四为操练轮船水师。"把译书放在首位是因为办好这四件事,首先必须学习西方先进的科学技术,译书不仅使更多的人学习到系统的科学技术知识,还能探求科学技术中的真谛,即科学的方法、精神。

为了组织好译书工作,1868年,徐寿在江南机器制造总局内专门设立了译书馆,除了招聘包括傅雅兰(J. Fryer)、伟烈亚力等几个西方学者外,还召集了华蘅芳、季凤苍、王德钧、赵元益及徐建寅等略懂西学的人才。他们克服了重重的语言障碍,翻译了数百种科技书籍。这些书籍反映了当时西方科学技术的基本知识、发展水平和发展动向,对于近代科学技术在中

国的传播发挥了很大的作用。

徐寿和他的译书馆，随着一批批介绍国外科学技术书籍的出版发行，声誉大增。在制造局内，徐寿对于船炮枪弹还有多项发明，例如，他能自制镪水棉花药（硝化棉）和汞爆药（雷汞），这在当时确实是很高明的。他还参加过一些厂矿企业的筹建规划，这些工作使他的名气更大了。李鸿章、丁宝侦、丁日昌等争相以高官厚禄来邀请他去主持他们自己操办的企业，但是徐寿都婉言谢绝了，他决心把自己的全部精力，投入到译书和传播科技知识的工作中去。

为了传授科学技术知识，徐寿和傅雅兰等人于1875年在上海创建了格致书院，是中国第一所教授科学技术知识的场所。它于1876年正式开院，1879年正式招收学生，开设矿物、电务、测绘、工程、汽机、制造等课目，同时定期地举办科学讲座，讲课时配有实验表演，收到较好的教学效果，为中国兴办近代科学教育起了很好的示范作用。

在格致书院开办的同年，徐寿等创办发行了中国第一个科学技术期刊——《格致汇编》。刊物始为月刊，后改为季刊，介绍了不少西方科学技术知识，对近代科学技术的传播发挥了重要作用。

科学成就

在徐寿生活的年代，要把西方的科学技术术语用中文表达出来是项开创性的工作。徐寿他们的译书过程，是由傅雅兰口

述,徐寿作笔译,即傅雅兰把书中原意讲出来,继而是徐寿理解口述的内容,用适当的汉语表达出来。西方的拼音文字和中国的方块汉字,在造字原则上有极大的不同,几乎全部的化学术语和大部分化学元素的名称,在汉字里都没有现成的名称,这是徐寿在译书中遇到的最大困难,为此他花费了不少心血,对金、银、铜、铁、锡、硫、碳及氧气、氢气、氯气、氮气等元素,他沿用前制,根据其性质命名。对于其他元素,徐寿巧妙地应用了取西文第一音节而造新字的原则来命名,例如钠、钾、钙、镍等。徐寿采用的这种命名方法,后来被中国化学界接受,一直沿用。这是徐寿的一大贡献。

徐寿自投身译书工作后,共译书17部105本168卷约287万余字。其中译著的化学书籍和工艺书籍有13部,反映了他的主要贡献。他译的《化学鉴原》《化学鉴原续编》《化学鉴原补编》《化学求质》《化学求数》《物体遇热改易记》《中西化学材料名目表》,加上徐建寅译的《化学分原》,合称化学大成,将当时西方近代无机化学、有机化学、定性分析、定量分析、物理化学以及化学实验仪器和方法做了比较系统的介绍,与徐寿译著的《西艺知新初集》《西艺知新续集》等书籍,被公认为是当时最好的科技书籍。此外,他编制的《化学材料中西名目表》《西药大成中西名目表》,对近代化学在中国的传播发展发挥了重要作用。

在中国,系统地介绍近代化学的基础知识,约始于19世纪60年代。在这方面,徐寿做了重要的工作,许多科学史专家都公推其为中国近代化学的启蒙者。

― 点　评 ―

徐寿自学成才,与其子徐建寅从事的都是与"工程"有关的行业,在中国早期的现代兵船、化学工业、机械制造的历史上,都少不了这位"总工程师"。钱伟长称他为"中国近代科学先驱"。纵观徐寿的一生,不图科举功名,不求显官厚禄,勤勤恳恳地致力于引进和传播国外先进的科学技术,对近代科学技术在中国的发展做出了贡献,不愧为科学家的一生,中国近代化学的启蒙者。

四十一、邹伯奇:中国照相机之父,百科全书型学者

邹伯奇(1819—1869),字特夫,广东南海人。清末科学家,精通天文学、数学和几何光学,对测量学有深入的认识,是中国摄影的先驱之一,成功拍摄人物肖像。他还制作过很多科学仪器,例如望远镜、显微镜、天球仪和称为"七政仪"的太阳系模型等。他一生著述很多,其文集收录《格术补》和《对数尺记》等著作中。

(一)学习算术,研究光学

邹伯奇生于晚清一个私塾教师家庭,从小其父教他学算术,为他后来在科学方面的发展打下了良好基础。在他十岁

时,当时较为出名的秀才外祖父,见他如此聪慧过人,就将他接到家中教他《周易》《九章算术》。后师从嘉庆丁丑进士梁序镛,阅读了《三统术》《弧角设如》《弧三角举如》等当时难得一见的珍本。从青年时代起,他就能熟练运用数学方法论,扎实的数学基础为他以后跨学科学习研究,提供了更多的可能。

邹伯奇17岁开始研究光学,当时曾有人以塔倒影的疑难问他——"阳燧照物,迫之则正,渐远则无所见,过此则倒,中间有物故也"。他在钻研北宋沈括《梦溪笔谈》时得到启发,深入研究光学,并撰写成《格术补》一书,透彻分析"小孔成像"的光学原理。

他奇异地发现"日圆影圆,月缺影缺,影距孔近则小,影距孔远则大"。证明了光孔大小与成影的关系,即"孔束愈小,则影像愈清"的光学现象。还观察到小孔无论方、圆、三角,成影与物的原理相同。《格术补》是其在物理方面的代表作,是一部光学巨著。

道光十九年(1839年),20岁的邹伯奇已研制出"比例规"。翌年,他又研制出一种叫作"指南尺"的测量器。

(二)自制仪器,巧解难题

邹伯奇的科学成就,不仅在摄影技术上,而且还在光学、天文学、数学、力学和声学等现代科学上,他几乎样样涉猎,可以说是我国近代"牛顿"式的科学先驱,在近代科学史上占据重要一席。

咸丰三年(1853年),邹伯奇设计制造了"对数尺",该尺

有多种功能,除一般的计算之外,还能作气节、天文、体积等计算。之后,他设计制造了一批日晷(计时器),有"坚晷""地平式日晷""日夜晷"等。以前,中国自制的日晷以及外国传教士进贡的日晷,都没有考虑日晷使用地点的磁偏角问题。邹伯奇设计的日晷把使用地点的磁偏角在日晷中纠正了,使晷针真正直指北极。如广州文物管理处珍藏的邹伯奇制造的两台"地平式日晷":一台日晷晷针倾斜度为23度,适用于广州;另一台晷针倾斜度小于40度,则适用于北京。如此精确的日晷,已达到当时的先进水平。

咸丰七年(1857年),邹伯奇被聘为广东学海堂学长,与著名经学大师陈澧过从甚密,陈澧常请邹伯奇为他解决学术难题。

(三)执着研究,淡泊名利

邹伯奇的学识与人品,得到清朝廷高官的重视,几次应邀任职,均被婉言谢绝。其清心寡欲,志向高远,视科学研究为使命,对功名利禄无兴趣,不参加科举考试,只潜心于钻研科学。因其生于清朝后期,深感中国经济落后的原因是科学技术落后,从此,立志于研究,献身于学术。

当地民间至今还流传一段佳话,邹伯奇一身粗布衣,手持长烟管,步行50里路到九江拜见岭南大儒朱次琦。当时,朱次琦正在上课,其学生看见他落魄穷酸的样子,禁不住哄堂大笑,而朱次琦却恭敬地将其迎过来,当上宾款待。学生议论纷纷,待他落座安顿好之后,朱次琦才向学生们宣布,来客就是有名的科学家邹伯奇。得知邹伯奇是步行50里路前来,朱次

琦及其学生不禁肃然起敬。

在他用自己创制的摄影器自拍的照片下,有这么一首题诗:"平常容貌古,通套布衣新。自照原无意,呼之如有神。均瞻留地步,觉处悟天真。樵占鳌峰侧,渔居泌水滨。行将年五十,乐道织纤尘。"

邹伯奇这位质朴无华的学者,深得清朝廷高官的重视。郭嵩焘成立广东地图测绘局,听闻其"立心纯实""德性坚定",而"只有这些不喜欢浮夸奢靡的人才,才能克服好大喜功、沽名钓誉的习气,而开严谨踏实、认真负责的风尚",遂邀请邹伯奇等人负责测绘专事。

科学成就

1. 制造中国第一部照相机。 道光二十四年(1844年),邹伯奇制成"摄影之器",即取景器,时年25岁。后来又把它装上"收光"(即光圈)与"弹簧活动"(即快门)以及自制感光底片,制成了中国第一台照相机。他对感光底片的制作,照片的拍摄、冲洗和印晒等都有介绍。一年之后,他的《摄影之器记》和一篇文稿问世,其论述了光学原理、暗箱制作、感光板制造和拍摄、冲洗等方法,是中国第一部系统的全面的摄影著作,也是世界最早的摄影文献之一,被世人尊称为"中国照相机之父"。

邹伯奇制作的照相机,不仅具有调焦功能,而且具备光圈功能。根据光线条件的不同,可控制进入暗箱的光线,这实际

上就是今天照相机光圈的功能。其照相机结构比较完备,基本上具备了今天照相机的一般功能。

他制造照相机之后,又制成感光湿版,以及照相用的化学制剂。制作感光湿版,必须有严格的技术要求,他的制作方法相当原始,但是,这并没有妨碍他在获得负片上取得成功。

2. 现代地图绘制先驱。 邹伯奇掌握了摄影技术后,他并没有止步于拍肖像照,他开始将他的研究成果运用到地图绘制上来。在地图绘制方面,经纬线的绘制在当时是一个高难度的问题。尽管地球球形说在15世纪末,已经得到了西方的广泛认可,但是清代听说到这个消息比西方晚了200多年,当时甚至仍有多数声音反对球形说。当时已经是科学先行者的邹伯奇,却欣然接受了这个理论,并迅速进行研究。

他摸索出用曲线来表示经纬线的画法,开始设计和运用摄影来绘制地图,他的摄影绘图为古老的中国实地勘测地表地质打开了一扇尘封之门,他也成了现代地图绘制的科学先驱。他用自己的这套方法,改绘了当时最具权威的全国地图《皇兴全图》(共66幅),成为当时"洛阳纸贵"的地图。

邹伯奇还把自己创立的"以圆绘圆"法,改进为椭圆画法。他认为,地球两极半径比赤道半径小,是椭圆形的,在测算时应"以椭圆曲率算之",使绘图技术趋于准确。他率领弟子绘制的家乡地图——《广东省地图》《南海县地图》《浔冈州地图》,更是被乡人所热爱。被当地的乡亲所称道的是,邹伯奇热爱绘制地图还有一个更深层次的目的,在那个动辄就割地赔款的年代,尤其是他的家乡所在地广东,正是入侵列强争夺

得最为激烈的地方之一。他以自己的方式表达着对这片土地的热爱,为此,他爬山涉水,穿街走巷,不辞劳苦。

3. 其他科学成就。 邹伯奇在科学技术上,有多方面的成就。在物理学方面,著有《磬求重心术》《求重心说》《格术补》等,分别论述力学和光学问题。在数学方面,著有《乘方捷术》三卷,第一卷讲乘方和开方,第二卷讲对数,第三卷讲乘方、开方、对数之应用,被誉为"数学家称首"。在天文学方面,他绘制过《赤道南恒星图》《赤道北恒星图》,制作过"天球仪""太阳系表演仪"等。

在当时,中国学术界对哥白尼的太阳中心说还有争议,邹伯奇制作的仪器,以太阳为中心,显示出进步的天文学思想。他用天文学理论,考证了中国古籍中关于天文学现象论述的正误,写了《夏少正南门星考》等论文十余篇,有很高的学术价值。在仪器制作方面,他还研制了"浑圆水准仪""水银溢流式水准器""风雨针"(气压计兼测高仪)等。

点评

邹伯奇一生不贪图功名利禄,不赴科举考试,不进官场应聘,视科学研究为专笃使命,就像他的字"特夫"一样。他精于光学、天文学、数学、力学和声学等现代科学,有"中国照相机之父"的美誉,更是中国近代第一个百科全书型学者。他还是南粤先贤之一。

四十二、华蘅芳：近代科学先行者，文集《行素轩算稿》

华蘅芳（1833—1902），字若汀，江苏无锡荡口镇人，清末数学家、翻译家和教育家。青年时游学上海，被著名数学家李善兰推荐学习西方代数学和微积分。1861年为曾国藩擢用，与同乡好友徐寿一同到安庆军械所，绘制机械图并造出中国最早的轮船"黄鹄"号。一生与洋务运动关系密切，成为当时有代表性的科学家之一。翻译西方数学书籍，传播先进的数学知识，为中国近代科技做出了重大贡献。

（一）刻苦自学，广求师友

华蘅芳在童年时代对自然科学有着浓厚的兴趣，在科学上的造诣，完全是依靠顽强刻苦自学获得的。他自14岁起，就在算学领域中跋涉，至20岁，他已攻读百余部算学名著，并且学习了明朝由传教士利玛窦引进我国的《几何原本》。一次乘船外出，途中人声嘈杂，他仍手不释卷。晚上，旅客睡熟了，他就着小灯演算数学题。突然，一道难题解开了，他那股高兴劲儿，正如他自己所说："连漆黑的夜晚，也好像一下子大放光明了！"他还专心研究抛物线原理，把"目标"缚在不同高度的竹竿上，用弹弓从不同角度进行射击，观察弹子运行的弧线，并认真作记录。

他在自学数学的同时，还广求师友。他曾慕名拜访素昧平

生的徐寿,皆因徐寿精于科技发明创造。他还专程去上海,拜访正在翻译西方科技书籍的李善兰。在上海,他还见到了中国近代最早出国留学并归国效力的容闳,结识了传教士伟烈亚力和傅兰雅等人。与这些人交往,大大开阔了他的眼界,并汲取了新的学术营养。咸丰九年(1859年),26岁时,由徐寿作图,他作文,写出了第一部数学著作《抛物线说》。

(二)倾心洋务,译著颇丰

咸丰十一年(1861年),华蘅芳和徐寿受曾国藩推荐入其幕府。同治元年(1862年)三月,他与徐寿一起到曾国藩创办的安庆军械所从事机动船的研制。他们经过周密的计算和设计,用三个月时间制造出我国第一台蒸汽机。接着又于同治四年(1865年)设计制成我国第一艘机动轮船"黄鹄"号。同年,他到上海江南机器制造总局参加筹建工作。

同治六年(1867年),华蘅芳协助徐寿主持技术方面的工作,他与美国友人玛高温合译出版了《金石识别》。他又协助徐寿在制造局内创设翻译馆。同治十一年(1872年),他写出《开方别术》一书,被当时著名数学家李善兰推为杰作。此后,他与玛高温、博兰雅先后合译了《地学浅释》《防海新论》《御风要术》等书,于同治十二年相继出版。是年,他和徐寿、徐建寅并任江南机器制造总局提调。同治十三年(1874年),与英人傅兰雅合译《代数术》《微积溯源》,由江南机器制造总局出版。光绪二年(1876年),华蘅芳协助徐寿创办的上海格致书院开学,他主讲数学。与傅兰雅合作,又先后译出《三角数理》《代数难题解》《决疑数学》等,还编写出版了《开方古义》《算法须知》《数根术解》《积较术》《学算笔谈》等著作。光绪十三年(1887年),华蘅芳主讲天津武备学堂。在此期间,他撰写了《测量法》,并与傅兰雅合译了《合数术》等书。光绪十八年(1892年),他主讲湖北武昌两湖书院和自强学堂,编写出《求乘数法》《数根演古》《循环小数考》《算学琐语》等著作。

(三)建造轮船,自制镪水

约在1857年,华蘅芳和徐寿在上海研读了清朝晚期英国人合信(B. Hobson)于1855年写的《博物新编》,对蒸汽机有了初步的了解。1862年,他和徐寿、吴嘉廉、龚芸棠、徐建寅等人,在安庆军械所试制轮船。他们以《博物新编》中的图文等为主要参考资料,由华蘅芳负责"推求动理,测算汽机",徐寿负责"造器置机",制造小样。开始时,他们曾到外国轮船上观察,"心中已得梗概"。经过三个月的努力,终于制成一台缸径1.7英寸(43毫米)每分钟240转的小蒸汽机。于是,着手设计制造轮船。1865年3月终于在南京试制成木质明轮轮船,曾国藩"勘验得实"后,将其命名为"黄鹄"号。该船长55尺,重25吨,时速20余里,蒸汽机为单缸,缸径1尺,缸长2尺,回转轴、锅炉和烟囱的钢铁是进口的。

同治十三年,江南制造局创建龙华火药厂,为上海境内有近代工业之始。创始之初,为配制火药需要大量硝镪水原料,国内不能生产,只得依赖进口。但是,欧美国家趁人之危抬高

价格。华蘅芳得知此事，十分气愤，表示要"自制镪水以塞漏卮"。他经过反复研究、实验，终于在龙华火药厂研制成功，所需成本只有进口的三分之一，从而为国家节约了大量资金，打破了列强的垄断。

（四）武备任教，自制教具

华蘅芳十分重视数学教育，把发展数学的希望寄托于后学（后学：谦辞，指后进的学者或读书人）；在数学评论中，阐明了他的数学教学思想，像"观书者不可反为书所役"等精辟见解，表明他的方法论中已具有辩证的内容；华蘅芳的哲学观点散见于著述之中。

光绪十三年，他在天津武备学堂任教时，发生过这样一件事。一名德国军事教官，拿来一个中法战争中法国使用的行军瞭望气球（已坏）进行讲解。他说，这个气球，在我们德国一百年前就有了，而在你们中国，大家还没有见过，你们既不会使用，更不要说制造。

华蘅芳得知此事后，非常气愤，决心一定要造出一个，让德国人亲眼看看。他立即着手进行设计，并亲自督工试制，在工厂夜以继日地奋战。终于在1887年制成了一个直径为5尺的氢气球。华蘅芳运用他在数学领域的丰富知识，向大家一一讲清了这部机器的道理和使用方法。人们对他由衷地敬佩，并为中国有这样的学者而自豪。当这个中国人研制的气球冉冉升空时，人们欢欣鼓舞，感到扬眉吐气。

光绪十八年（1892年），华蘅芳在湖北武昌主讲两湖书院。

他的学生江蘅、杨兆鋆以及胞弟华世芳等受其影响,都成为数学家。光绪二十二年(1896年),华蘅芳先后担任常州龙城书院和江阴南菁书院院长。他讲授知识,深入浅出,启发诱导,鼓励学生独立思考。

(五)潜心编译,引进"概率"

光绪六年(1880年),由华蘅芳与来华英国传教士傅兰雅合译《决疑数学》一书,首次把西方概率论著作传入我国。该书原著者是英国人加罗威(T. Galloway)和安德生(R. E. Anderson)。关于"Probability"这个词,华蘅芳译为"决疑",后来又有人译为"或然率""可能率""适遇""机率"等。1964年,《数学名词》(补编)统一确定用"概率"。

华蘅芳潜心编译这部书,是由于他当时已认识到概率论在研究社会现象中的地位与作用,迫切期望中国人尽快掌握这方面的知识。他在书的卷首"总引"里提到:"概率论的应用广泛,能用于国家治民,或民自治,或兴起风俗,改定章程"。可"代替占卜",估测人口,预求判案准确率以及统计邮政、医疗事业中某些平均数等。

《决疑数学》译出后,没有及时刊刻,这是由于译者感到此书新颖而艰深,时难以为读者接受而搁了下来。直到光绪二十二年(1896年)才首次刊刻发行。翌年,又有铅印本面世。宣统元年(1909年),经数学家周达(美权)校勘印行,使此书得以流传开来,成为当时学习和研究概率论的唯一读物,对概率论在我国的传播起了积极作用。

今天，概率论在我国已有相当程度的普及，用概率论解决国民经济和社会发展问题已硕果累累。我们自然不会忘记百余年前把概率论引入我国的先驱——华蘅芳的开创之功。

华蘅芳的数学研究成果，主要见于他的著作《行素轩算稿》，于1882年出版。在《开方别术》等著作中，他提出求整系数高次方程的整数根的新方法——"数根开方法"，李善兰评价其"较旧法简易十倍"。在《积较术》等著作中，他讨论招差法在代数多项式研究和垛积术中所起的作用，其中的"诸乘方正元积较表"和"和较还原表"在组合数学和差分理论中都有一定的意义。在《数根术解》等著作中，他讨论了"筛法"，还用诸乘尖堆法证明了费马素数定理与欧拉证法相似。他的数学成就备受当时数学界的赞誉。他的《学算笔谈》一书，论述了数学理论、数学思想和学习数学的方法。这部独具特色的书，在19世纪90年代再版多次，被许多学堂和书院当作数学教材，以致"东南学子，几乎家有其书"。

华蘅芳与外国人合译出版了12种171卷近代科技著作，内容涉及数学、地质学、矿物学、航海、气象、天文学等。比起他的数学研究工作，他译书的成就更大、影响更广。他与玛高温（D. J. MacGowan）于1869年合译的《金石识别》，将近代矿物学和晶体物理学知识系统介绍到中国。这部书的原版是美国地质学家和矿物学家代那（J. D. Dana）的《矿物学手册》

(1848年)。此后,他与玛高温又将英国地质学家赖尔(C. Lyell)的《地质学纲要》译为《地学浅释》,首次向中国介绍了赖尔的地质进化均变说和达尔文的生物进化论。他与傅兰雅合译了多种数学著作,介绍了代数学、三角学、微积分等,其中《决疑数学》是中国第一部概率论译著。后人称赞他的译著"足兼信、达、雅三者之长"。华蘅芳等人的译著在中国近代科学启蒙中发挥了重要作用。

华蘅芳同外国学者合译的书籍,一类属于矿物、地质、气象和军事工程等,一类是数学,主要有《代数术》《微积溯源》《三角数理》《代数难题解法》《决疑数学》《合数术》《算式解法》等。其数学著作有《开方别术》《数根术解》《开方古义》《积较术》《学算笔谈》《算草丛存》,以上六种收入文集《行素轩算稿》中。

点 评

华蘅芳把毕生精力献给了自然科学事业,为我国数学的发展做出了卓越贡献。他为官至四品,但非从政。他坚持了科学、教育的道路,与李善兰、徐寿齐名,同为中国近代科学事业的先行者。他先在江南制造总局和天津机器局担任提调,后在上海格致书院担任教习。他对数、理、化、工、医、地以及音乐等学科有广博的学识,并注重科学研究。他编写了深入浅出的数学讲义和读本,以专著《学算笔谈》进行数学评论,对于培养人才和普及科学有殊多贡献,成为有声望的一代学者。

最后，将一些有创见的著作合刻为《行素轩算稿》一书。

作为近代中国卓越的数学家和爱国的科学家，他的名字和业绩永留青史。

四十三、徐建寅：清末兵工学家，无烟火药之父

徐建寅（1845—1901），字仲虎，江苏无锡人，清朝末年科学家，徐寿之子。自幼热爱自然科学，最初，在江南制造总局与李善兰、华蘅芳等人翻译西方自然科学书籍，之后，在天津机器局、山东机器局、福州船政局任职。光绪四年（1878年），担任驻德国使馆参赞，到英国、法国等地考察。1886年在金陵机器局炼钢制枪，后担任湖北枪炮厂督办。译著有《造船全书》《兵学新书》《化学分原》《水雷录要》《欧游杂录》等四十余种。

（一）勤敏察微，随父创业

道光二十五年（1845年），徐建寅出生于江苏无锡钱桥社冈里（今无锡山北乡会西村），是清末著名科学家徐寿的次子。他在其父教育影响下自幼聪敏好学，热爱自然科学，随徐寿、华蘅芳学习现代科学技术知识，有时参与他们做实验。人称其"少勤敏，善察微"。

1861年，徐建寅17岁，随父到洋务派首领曾国藩在安庆创办的军械所供职。当时，徐寿与华蘅芳正筹划试造一艘用蒸

汽机作动力的轮船。为此事，他们"日夜凝思，苦无法程"，徐建寅"累出奇思以佐之"。在徐建寅的协助下，1863年，由中国人自己设计制造的第一艘实用轮船"黄鹄"号试航成功。

1867年，曾国藩推荐徐寿、徐建寅父子到上海江南制造局工作。此时江南制造局刚迁进新址，百事草创，头绪多端，为提高制造能力，以徐寿为主提出了翻译西书，开煤炼铁，自造大炮，操练水师的四条建议。在徐氏父子倡议下，江南制造局于次年即设立了翻译馆，并聘请了英美学者伟烈亚力、傅兰雅等，专门从事翻译出版西方科学技术书籍的工作。

徐建寅在江南制造局任职七年，"于船炮枪弹多所发明"。1868年，他协同徐寿、华蘅芳制造成中国第一艘汽机兵船"惠吉"号，为中国近代造船工业拉开了序幕。

在此期间，徐寿、徐建寅还作为"华方董事"的代表，与西方人麦华陀、傅兰雅等用募款集资的办法，在上海创办了一所专门向社会青年传授科学技术知识的"格致书院"。它的教学内容、教学方法、办学形式，为中国兴办近代式的科学技术教育开了先例。

（二）临危受命，出国考察

1874年，徐建寅应李鸿章的邀请，到天津机器局主持硫酸（时称镪水）的研造。他经过筹划，采用铅室制酸法，不久便研造成功，为天津机器局解决了所用之镪水依赖进口的问题。

是年，清政府征用人才，江苏巡抚丁日昌素识徐建寅的才学，要其筹论时局，他遂"上书万言"，详陈时势，受到总理

各国事务衙门的重视。

1875年,徐建寅应山东巡抚丁宝桢聘请,来山东协助其筹划机器局的创建,并受命成为机器局总办,全面规划,统筹一切。山东机器局,在徐建寅一手经管下,不逾一年,即已全部建成,开创了由中国自己的工程技术人员设局建厂的先例。

1879年,徐建寅被委派以驻德使馆二等参赞的名义,出国进行技术考察。这是中国第一个被派往外国专门作技术考察的工程技术人员。徐建寅这次出国考察,一是订购铁甲舰船,二是考察英法等国生产制造技术。从1879—1881年,他先后对英、德、法三国80多家工厂和科技部门,本着"取其所长,为我所用"的目的,进行了深入细致地考察。一次,他去法国考察一家染丝厂,看到这个厂的机器设备齐全而精致,生产工人很多,工艺也比较复杂,"但染成之丝,皆脆而易断,且不能成艳色"。相形之下,他认为反不如中国的简易方法,用人既少,而所染出之丝,色泽好,效率高,且成本较低。由此,他联想到中国固有的长处,也有不少值得西人所学习的,并将其所见所闻详细地做了纪录,尤其对生产设备、工艺技术方面的重要问题,更为专注。

对于订购铁甲舰船,徐建寅更是尽心竭力。他考察了英、德两国最著名的一些造船厂,经过对比、考证,最后选定德国最大的一家造船厂(伏耳铿造船厂),订造了两艘铁甲舰船。这就是清政府北洋舰队中的两艘主力舰:"镇远"号和"定远"号。

（三）尽职爱国，建厂著书

1886年，两江总督曾国荃聘请徐建寅督办金陵机器制造局，主持技术工作。他在这里工作了两年多，利用旧设备改造成可自己铸炼钢材的设备，减少了进口，节省了开支。同时，他还研制成了新式后膛抬枪。此外，还对人事任用、生产调度等管理工作做了不少改进。

1889年，他在督办金陵机器局时，镇江发生了一起外国巡捕打死中国人的事件，由此激起镇江民众的愤怒，捣毁了洋行和领事署，英美两国借此扩大事态。时任两江总督的曾国荃对此束手无策，便派徐建寅去处理此事。他"卒以一人独当数国，据理辩论，不亢不卑，未及三月，竟得和平结案"。

1890年，徐建寅应湖广总督张之洞的邀请，会办湖北铁路局。是时，张之洞正兴办汉阳铁厂和枪炮厂，急需大量用煤。为减少从外国购买，徐建寅于大冶附近"勘得真煤层"一处。经试开，质量极佳，"与英国之上等煤足堪匹敌"，并且也足够这两个厂使用。

1896年，中日战争后，徐建寅被调至福建船政局任提调。在公务之余，他博览中外有关书籍，撰写了《兵学新书》一部。在这部书的自序中，阐述了他对人和物、兵器与操训的初步认识。他写道："兵之强，不全恃军火之利，而在其操练之精。"在训练兵士方面，他主张要有中国懂兵学的有志之士"讲求兵学""训练兵士"，而不能请外国人为中国培训兵士。对于民族的危急，当局屈辱投降的政策及避战"主和派"，在

这里也作了深刻揭露。他说:"唯是割地、偿金主和者,其所割之地,系国家之版图;其所偿之金,系民间之脂膏。""这是慷他人之慨,大作人情,以图显达,并可从中染指而牟其利。"而受害、受耻辱最深的,是"中国四万万人民"。

—— 科学成就 ——

1. 传播西学,尽心竭力。 徐建寅勤奋好学,对事业精益求精,一生翻译、撰写了许多名篇、巨著,为传播西方文化,引入先进科技,尽心竭力,笔耕不辍。他翻译出版的书籍、专著有40多部(篇)170多万字。包括化学、物理、数学、天文、制图、机器制造、工艺技术、政治、经济、军事等。其中,有不少是中国出版史上问世最早或首次发行的。

1872年,他与傅兰雅合译出版的《化学分原》,是中国最早问世的一本有关实用化学工艺和分析化学的书。这本书讲述了多种玻璃器皿、器材的制做方法,介绍了做定性分析的操作方法,怎样配制做定性、定量分析的试剂等。这样一本科普启蒙的书籍,对当时的中国社会来说,是非常实用和新颖的。

为适应造船、制造机械的需要,徐建寅先后与傅兰雅等合译出版了《运规约指》(几何学)、《器象显真》(机械制图)、《汽机必以》(蒸汽机制造)以及有关建筑工程、制造机器常用的工具书《艺器记珠》等10多种。

在欧洲几国考察期间,他将其所见所闻,编著成《欧游杂录》一书。其中介绍了几十个门类和行业,涉及设备、工艺、

机器安装、船坞建造等200多项。此外,还有关于金属加工方面的60多项,这些内容,对中国近代工业的发展和创办,是非常及时和有益的。这是一部具有很高史料价值的书。

科学技术方面的译著有《造铁全法》《造石灰法》《测地捷法》《声学》《电学》《谈天》等。

2. 中国近代造船业的先驱。 徐建寅一生致力于科学技术事业,不仅为创办和发展中国近代的军事工业、化学工业做出卓越的贡献,并且也是中国近代造船工业的先驱者和奠基者。

咸丰十一年(1861年),在安庆军械所从事技术工作的徐寿,向提倡"洋务"的曾国藩建议自制轮船的设想,很快得到曾国藩的支持。于是,徐建寅、华蘅芳多方搜寻资料,经过多次试验,终于在1863年,由中国工程技术人员自己设计制造出的第一艘轮船"黄鹄"号试造成功。当这艘船在长江下水时,外国人办的《字林西报》,以《中国人的机器技能》为题作了专门报道,说这艘船的"全部工具器材,连同雌雄螺旋、螺丝钉、活塞、汽压计等,均经徐氏父子亲自监制,并无外洋模型及外人之协助"。

1867年,徐寿、徐建寅经曾国藩推荐,到上海江南制造局工作。江南制造局初建时规模很小,以制造枪炮为主,之后增设了造船、锅炉等一些新厂。为吸取西方各国先进的造船技术,制造局根据徐氏父子的提议,设立了专门翻译出版西书的翻译馆。于此,徐建寅一面协同徐寿等研究造船技术,一面同傅兰雅等合作翻译科学技术书籍。经过努力和几次改进,1868年以徐寿为主,为江南制造局造成了第一艘木壳明轮兵船,即

"惠吉"号。这艘兵船,远远胜过了"黄鹄"号。"惠吉"号的成功制造,不仅拉开了中国近代造船工业的序幕,同时在中国的造船工业史上,也标志着中国的造船工业开始朝着自立、自主的方向迈进。

"惠吉"号下水后,又陆续造成了"操江""测海",1 000吨级的"威清"及2 800吨级的"驭远"等大型舰船。徐寿、徐建寅不仅为中国近代船舶工业开创了新局面,也为中国培育了第一代产业工人和造船骨干。

徐建寅在西方考察的两年多时间里,几乎访遍了英、德、法三国的所有造船厂,对他们的制造能力、设备、技术状况以及各种船舰的性能、装备、优缺点等,都进行了深入细致地考察和了解,并把其中的一些重要问题做了详细纪录。这对正起步兴建中的中国造船工业,是非常适时和有益的。

1896年,徐建寅被派往福建船政局做技术工作。福建造船厂,又名马尾造船厂,是清政府于1866年在福州马尾建造的规模最大的新式造船厂。徐建寅到此后,亲自设计并督工监造了当时被称为国内最大的一座船坞,即"青州船坞"。他在这里工作了一年多,深得时任船政大臣裕禄的赏识。

3. 中国近代化学工业的开拓者。1874年,直隶总督李鸿章调徐建寅到天津机器制造局,主持镪水的研制工作。当时,天津机器局正扩建新厂,加大枪炮弹的制造,对于镪水更为需要。徐建寅到天津后,殚思竭虑,因地制宜,参照龙华火药厂的"铅房法",不久便试造成功。其质量"与外来无异",而价钱却便宜了数倍。由于能自制镪水,为天津机器局之后的大规

模发展，新火药的研制，开创了有利条件。

经过实践和总结，以徐氏父子为主，先后为江南制造局、天津机器局编写了有关制酸、淋硝等各种工艺和制做规程，如《净提毛硝法》《熬炼镪水法》《提浓镪水法》《提浓磺镪水法》等。这些方法、规程，有些至今仍有一定的参考价值。

4. 中国近代军事工业的专家。 1875年9月，徐建寅被聘调往山东，受命总办山东机器局的创建工作。他经过勘察和多方面了解，首先确定了厂址问题。他选定了"不切近海口"，"水陆运输便利"，附近又盛产煤铁的济南北郊。对于建设规模、生产制造、置办机器、选工募匠等，也都"详加考究"。在其经营规划下，一个能生产火药、制造枪炮的中型制造局，只用了一年时间便全部建设完备。所用经费，与同时期的其他各局相比，节省了许多。

山东机器局是清政府创办机器局以来，第一个由中国的工程技术人员自己设计并建造起来的。对此，丁宝桢和李鸿章等都称赞不已，并多次上报清朝廷，褒奖徐建寅的功绩。

山东机器局的另一特点是设备"精良"，技工"熟练"。为购置机器设备，徐建寅几次去上海，走访许多家外国商行，经过对比考验，达到了实用和节支的目的。在工匠配备方面，他通过各种渠道，从浙、沪、宁等地招聘来一批"熟手巧匠"作为生产技术骨干。因此，山东机器局从创办到数十年后，设备、制造都非常良好，被誉为"设备堪与西洋诸厂相媲美"，"制造的各种军火悉皆精良适用"。

其他，如对马尾造船厂大型船坞的设计、监造，提高了湖

北保安火药局竣工投产的速度等,都充分显示了徐建寅这位工程技术专家的才能与智慧。

徐建寅是中国近代一位爱国科学家,在许多科技领域中卓有建树,是传播西方进步文化,翻译和引进西方先进科学技术的先驱。他一生从事和任职的工作部门,几乎包括了清政府规模最大的几个机器局、造船厂,为近代中国的造船事业、军事工业、化学工业,及现代科学技术教育的创立与发展做出了杰出贡献。